Je pratique l'astrologie pour les nuls

Je pratique l'astrologie pour les Nuls

Une partie du contenu de cet ouvrage a déjà été publié dans L'astrologie pour les Nuls, éditions First un département d'Édi8, 2005.

ISBN : 978-2-412-07693-4
Dépôt légal : janvier 2022
Imprimé en Espagne

Illustrations : Fabrice Del Rio Ruiz
Correction : Judith Lévitan
Mise en pages : Stéphane Angot

Éditions First, un département d'Édi8
92, avenue de France
75013 Paris
France
Tél : 01 44 16 09 00
Fax : 01 44 16 09 01
Email : firstinfo@efirst.com
Site Internet : www.editionsfirst.fr

Rae Orion

Je pratique l'astrologie

pour les nuls

F1RST
ÉDITIONS

Les bases de l'astrologie

L'interprétation

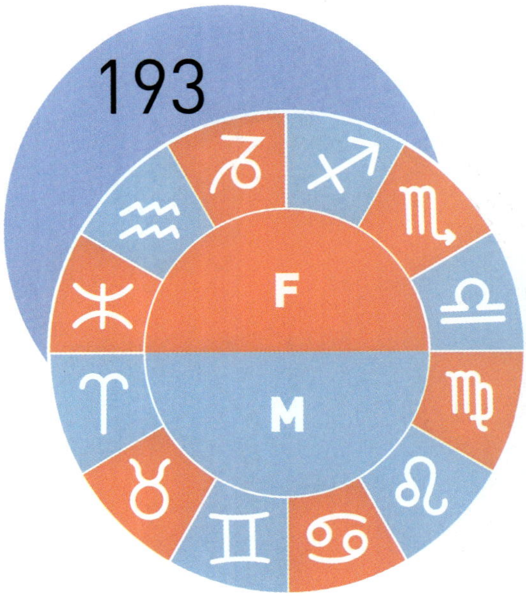
F
M

Introduction

L'astrologie peut changer votre vie. Elle a changé la mienne. L'astrologie éclaire les recoins secrets de votre « moi », vous donne des clés pour comprendre les autres, vous procure une méthode utile pour examiner soigneusement les rapports entre les personnes, et vous propose même un aperçu sur le futur. Comme tous les grands domaines de connaissance, l'astrologie possède en outre le pouvoir de modifier la perception. Une fois que vous connaîtrez un peu l'astrologie, vous ne verrez plus le monde de la même façon.

En utilisant un vocabulaire à la fois objectif et poétique, l'astrologie va aiguiser votre curiosité (parce qu'une fois que vous en aurez absorbé les principes, chaque personne que vous rencontrerez deviendra un mystère attendant d'être résolu) ; elle va étendre votre compréhension du comportement et de la motivation des gens ; et par-dessus tout, elle va accroître votre compassion. Certains pensent que l'astrologie divise tous les êtres humains en douze groupes différents. Comme ils ont tort ! L'astrologie enseigne que tous les êtres humains sont sujets à des besoins et à des désirs universels – et que chaque personne est un être splendide et unique.

Ce livre...

Considérez ce livre comme un guide pratique. Il n'est pas nécessaire que vous lisiez les chapitres dans un ordre particulier. Si vous connaissez un peu le sujet, vous pourrez y plonger à n'importe quelle page. Mais si vous êtes novice, il vaut mieux vous dire tout de suite la vérité : l'astrologie est un système complexe. La seule manière de le décrire, c'est de commencer par le commencement. C'est donc ce que je fais ici.

Je suppose que...

Je suppose que l'astrologie vous intrigue et, que vous soyez novice ou adepte de longue date, que c'est avant tout votre propre thème natal qui vous intéresse. En gardant cela à l'esprit, je vous propose plusieurs manières d'obtenir votre thème astral. En utilisant les informations contenues dans ce livre, vous pourrez dresser une carte simplifiée du ciel de votre naissance, qui vous donnera des informations bien plus détaillées et bien plus personnelles que « votre signe du zodiaque » uniquement. Mais elle ne sera pas complètement précise. Pour obtenir une carte du ciel complète, vous devrez consulter un astrologue professionnel, ou vous rendre sur certains sites Internet spécialisés.

Ce qui m'amène à ma deuxième supposition : je suppose que vous êtes à l'aise avec un ordinateur (ou du moins que vous êtes suffisamment dégourdi pour trouver quelqu'un qui le soit). Une fois sur le Web, vous pourrez facilement obtenir votre thème natal. En utilisant votre carte du ciel et ce livre, vous pourrez explorer l'astrologie de multiples façons.

Ma troisième et dernière supposition, c'est que vous avez la tête sur les épaules : vous attendez de l'astrologie qu'elle vous apporte de la compréhension, et pas les numéros gagnants du Loto ; et que vous comprenez bien que l'astrologie, ce n'est pas le destin ni même la chance. L'astrologie traite de possibilités, de propensions et de potentiels. Un ancien axiome, qui a été enseigné à de nombreuses générations d'astrologues, formule cela de la façon suivante : « Les étoiles incitent, elles n'obligent pas. »

Les conventions utilisées dans ce livre

À mon avis, l'un des aspects les plus charmants de l'astrologie, c'est que chaque thème astral, chaque calendrier, et presque chaque livre est parsemé de petits symboles mystérieux. Mais tant que vous ne connaîtrez pas ces symboles par cœur, leur présence pourra vous sembler gênante et même vous induire en erreur. C'est pourquoi j'ai adopté comme règle générale d'écrire les noms des signes, des planètes et des aspects. Mais l'utilisation des noms étant parfois inadéquate, j'ai employé les symboles. Par exemple, chaque fois que j'utilise un thème astral réel dans ce livre, je le présente exactement comme le ferait tout autre astrologue professionnel, c'est-à-dire en utilisant les symboles.

Il est incroyablement utile de mémoriser ces symboles. Mais vous pouvez vous en passer. Voici leur signification :

Bélier	♈	Balance	♎
Taureau	♉	Scorpion	♏
Gémeaux	♊	Sagittaire	♐
Cancer	♋	Capricorne	♑
Lion	♌	Verseau	♒
Vierge	♍	Poissons	♓

Lorsque vous rencontrerez quelque chose comme : ☽ 26 ♊ 23 cela signifie que la position de la Lune (☽) est de 26 degrés et 23 minutes dans les Gémeaux (♊).

Cela m'amène à vous parler d'un autre sujet : lorsque je traite dans le livre d'une position planétaire comme celle de l'exemple précédent, je l'écris « 26°23' Gémeaux ». En général, je n'écris pas les mots *degré* (°) ni *minute* ('). Je suppose que vous connaissez leurs symboles. Dans les thèmes astraux réels de ce livre, je vais plus loin et j'omets complètement ces minuscules symboles scientifiques. À la place, les thèmes astraux de ce livre signalent les degrés en caractères gras et les minutes en caractères normaux, comme suit : **26** 23.

Les icônes utilisées dans ce livre

Vous rencontrerez sept icônes dans *Je pratique l'astrologie pour les Nuls*, elles servent de panneaux de signalisation.

Attention

Certaines erreurs se produisent facilement. Cette icône vous en avertit. Elle vous prévient aussi de difficultés qui pourraient survenir entre des personnes de certains signes ou lors de certains transits, comme Mercure rétrograde, qui peuvent coïncider avec des périodes d'ennuis et de frustration.

La fortune sourit

Je ne crois pas à la chance. Mais je crois sans le moindre doute que certains emplacements et certains aspects de planètes peuvent vraiment faciliter les choses. Et je suis convaincue qu'il existe des périodes durant lesquelles l'alignement des planètes vous est favorable. Cette icône les signale.

Mythologie

Les planètes sont nommées d'après des personnages de la mythologie classique. Ces noms ne furent pas attribués par hasard, car les planètes reflètent les mythes. Cette icône vous signale le récit de l'un de ces mythes.

Histoire vraie

Dans un monde idéal, chaque position, chaque aspect et chaque transit de planète traités dans ce livre seraient accompagnés d'un exemple tiré de la vie d'une personne en chair et en os. Dans la réalité, l'espace disponible dans un livre est limité, et je ne peux en conséquence n'utiliser que quelques-uns de ces exemples. Cette icône les indique.

N'oubliez pas

Certains faits et principes sont essentiels. Je traite la plupart d'entre eux dans les chapitres du début. Mais lorsque vous devez vous souvenir d'un fait pour pouvoir comprendre un autre aspect d'un thème astral, j'essaie de vous le rappeler, en douceur, avec cette icône.

Note technique

Il est impossible de parler d'astrologie sans avoir recours à l'astronomie et aux mathématiques. Chaque fois que je vous donne une explication scientifique pratique sur un phénomène astrologique, je vous préviens avec cette icône. Si vous voulez sauter l'explication, n'hésitez pas. En général, vous pouvez l'ignorer sans perdre le fil du sujet.

Conseil

Un paragraphe signalé par cette icône peut proposer une manière plus facile de faire quelque chose. Il peut aussi vous signaler un livre ou un site Web qui traite d'un sujet semblable à celui qui est traité dans le texte ; il peut encore suggérer une manière de régler un problème posé par une configuration particulière dans un thème astral.

Et maintenant...

Commencez par examiner votre propre carte du ciel. Puis demandez à d'autres personnes de vous donner leurs heure, date et lieu de naissance, et étudiez aussi leurs thèmes. Considérez des événements clés qui ont eu lieu dans votre vie, et comparez les positions des planètes à ces époques à celles des planètes dans votre thème astral. Puis regardez où se trouvent maintenant les planètes. Vous verrez que vous faites face à un mélange d'opportunités et d'afflictions, et vous serez peut-être anxieux. Dans ce cas, souvenez-vous que nous avons tous souvent tendance à dramatiser, surtout ceux d'entre nous qui sont astrologues débutants. De même que les étudiants en médecine se font du souci au sujet des pires maladies exotiques qu'ils pourraient théoriquement attraper, les astrologues en herbe ont tendance à prévoir d'extraordinaires triomphes et de terribles tragédies. En réalité, de tels événements sont rares. Mais les pressions et les probabilités ordinaires de la vie sont toujours avec nous. L'astrologie pourra vous expliquer comment vous y prendre avec ces influences. Elle pourra vous indiquer les domaines dans lesquels vous devrez être patient, ceux dans lesquels vous devrez être vigilant, ceux dans lesquels vous devrez faire des efforts, et ceux dans lesquels vous pourrez vous attendre à du changement. Mais, à moins que vous ne soyez extraordinairement doué, elle ne pourra pas vous prédire ce qui va exactement arriver.

C'est la raison pour laquelle j'ai fait mienne la devise prononcée par le devin dans *Antoine et Cléopâtre* de Shakespeare : « Dans le livre infini des secrets, je ne peux lire qu'un peu. » Je trouve que les connaissances que j'ai acquises grâce à l'astrologie sont toujours fascinantes et utiles. Et j'espère de tout cœur que vous bénéficierez vous aussi de la connaissance des étoiles, et que vous vous en réjouirez.

Partie 1

Les bases de l'astrologie

Dans cette partie...

« Connais-toi toi-même », pouvait-on lire au fronton du temple d'Apollon à Delphes.

C'est un bon conseil. Mais il n'est pas toujours facile à mettre en pratique... à moins que vous ne connaissiez l'astrologie.

Ce système ancien et en constante évolution éclaire les recoins secrets de la psyché, et signalise le chemin de la connaissance de soi. L'astrologie vous permet de reconnaître vos forces, vos faiblesses, d'accepter vos besoins, et aussi de comprendre le comportement apparemment inexplicable de personnes que vous côtoyez.

Cette section de *Je pratique l'astrologie pour les Nuls* commence par un peu d'astronomie, elle souligne les concepts de base de l'astrologie, puis elle plonge la tête la première dans les eaux troubles du calcul. Mais n'ayez crainte : même un cancre en algèbre pourra suivre les instructions sans se noyer. Et, si vous étudiez attentivement toute la première partie, vous finirez par avoir en main la carte du ciel de votre naissance.

DANS CE CHAPITRE

L'observation du ciel étoilé (le point de vue de l'astronome)

Une promenade à travers le zodiaque

L'observation du Soleil, la Lune et les planètes

L'ascendant

Chapitre 1

Un tour d'horizon de l'astrologie : le thème astral

La figure que les planètes ont formée dans le ciel au moment de votre naissance – c'est-à-dire votre thème astral, ou horoscope – décrit vos tendances, vos aptitudes, vos défis et vos potentiels. Votre thème ne décrit pas votre destinée, bien qu'il permette plus facilement la réalisation de certains destins que d'autres. Je crois que la forme exacte que prendra votre destinée dépend de vous.

Votre horoscope complet comprend le Soleil, la Lune, les planètes, et un assortiment d'autres points dans le cosmos. L'identification de votre signe solaire dans le zodiaque ne vous apporte qu'une fraction de la connaissance que l'astrologie met à votre disposition. Mais c'est par là que tout commence.

Observons le ciel étoilé

Représentez-vous notre Système solaire. Au milieu, le Soleil. Les planètes (et les astéroïdes) tournent autour du Soleil, et leurs orbites l'entourent à peu près de la manière dont les sillons d'un disque 33 tours entourent l'étiquette au centre. Où qu'ils se trouvent au cours de leur voyage autour du Soleil, les planètes et les astéroïdes restent toujours dans leurs sillons sur un plan relativement étroit, une sorte de « disque » d'espace (Pluton constitue l'exception majeure, car son orbite oscille au-dessus et en dessous des trajectoires des autres planètes).

Il existe des millions d'étoiles, bien au-delà des limites de notre minuscule Système solaire. Ces étoiles sont si incroyablement éloignées qu'on dirait qu'elles ne bougent pas du tout, et qu'elles tapissent l'espace qui entoure notre Système solaire comme du papier peint. En réalité, ces étoiles se déplacent bien, mais elles sont si lointaines que leur mouvement est virtuellement imperceptible. De nuit en nuit, de saison en saison et d'année en année, la position changeante de la Terre qui tourne sur elle-même fait que différentes sections du papier peint céleste deviennent visibles. Sur ce fond tranquille et fixe, les planètes exécutent leur ronde, en suivant toujours une certaine trajectoire qu'on appelle l'écliptique.

Note technique

Nous savons que la Terre tourne autour du Soleil. Le fait que nos ancêtres aient pensé le contraire n'en fait pas pour autant des imbéciles. On a vraiment l'impression que le Soleil tourne autour de la Terre. Il semble qu'il se lève à l'est et qu'il se couche à l'ouest. Année après année, on dirait qu'il passe par les mêmes constellations du zodiaque. En fait, c'est bien la Terre qui tourne autour du Soleil, non l'inverse, et ces effets visuels ne sont que ce qu'ils sont, des effets. Pourtant, du point de vue d'un Terrien, il semble que le Soleil tourne autour de la Terre (on parle de *mouvement apparent*), en restant toujours dans les limites d'une certaine trajectoire. Cette orbite, ce ruban d'espace, entoure la Terre comme un cercle géant. Comme c'est toujours là qu'ont lieu les éclipses, on l'appelle l'écliptique. Vous pouvez le localiser immédiatement en jetant un coup d'œil au ciel, parce qu'on trouve toujours le Soleil à l'intérieur des limites de l'écliptique.

En ce qui concerne l'écliptique, il faut retenir les trois choses suivantes :

» L'écliptique représente la trajectoire apparente du Soleil autour de la Terre – apparente parce qu'en réalité le Soleil ne tourne pas autour de la Terre. Cela en a seulement l'air.

» Comme un cercle, l'écliptique est divisé en 360 degrés, et chaque degré est à son tour divisé en 60 minutes. Les trente premiers degrés de l'écliptique constituent le Bélier, les trente suivants, le Taureau, etc. Si vous êtes né au premier moment du premier jour de l'année astrologique, votre Soleil se trouve à 0 degré 0 minute en Bélier, ce qui est représenté sur un thème astral par 0°0'. Environ 12 heures plus tard, le Soleil est à 0°30' en Bélier. Le jour d'après, le Soleil atteint 1°0' en Bélier. Sautez à l'équinoxe d'automne, vers le 23 septembre, et le Soleil se trouve à 0°0' en Balance. Deux semaines plus tard, on le trouve à 15°0' en Balance, etc.

» L'écliptique, qui est le parcours apparent du Soleil, et l'équateur, qui ceint la Terre par son milieu, sont deux choses différentes. L'écliptique est incliné à un angle de 23,5° par rapport à l'équateur.

Derrière l'écliptique, les étoiles qui forment les constellations du zodiaque sont éparpillées comme de la poussière sur toute sa longueur.

Les signes, les constellations et la précession des équinoxes

Il y a des milliers d'années, lorsque les Babyloniens établirent les principes de l'astrologie, les constellations et les signes du zodiaque étaient alignés. Lors de l'équinoxe de printemps (le premier jour du printemps), le Soleil se trouvait « dans » la constellation du Bélier. Cela veut dire que, si vous aviez pu observer simultanément le Soleil et les étoiles, vous auriez vu le Soleil entouré par les étoiles du Bélier. En ces temps heureux, les signes du zodiaque et les constellations portant les mêmes noms coïncidaient.

Hélas, ce n'est plus le cas. Aujourd'hui, lors de l'équinoxe de printemps, le Soleil apparaît au milieu des étoiles (à la lueur estompée) de la constellation des Poissons, ce qui est complètement différent.

La raison de ce changement réside dans le fait que la Terre oscille sur son axe, qui trace un cercle dans l'espace comme l'axe d'une toupie. Tandis que l'axe se déplace, les constellations semblent glisser en arrière. Mesurée à l'échelle d'une vie humaine, la quantité du dérapage est minuscule, mais elle se cumule au fil des générations. Il en résulte que l'instant de chaque équinoxe se produit un peu plus tôt que le précédent dans le zodiaque. Ce processus est appelé la *précession des équinoxes*. Il explique pourquoi l'équinoxe de printemps, qui se produisait autrefois dans la constellation du Bélier, a maintenant lieu dans la constellation des Poissons.

L'ère du Verseau commencera officiellement lorsque l'équinoxe aura encore plus reculé vers la constellation du Verseau. Les avis des astrologues divergent sur le moment de son début. Certains sont convaincus que nous nous y trouvons déjà. D'autres croient qu'elle commencera dans plusieurs décennies – voire plusieurs siècles. En tout cas, le cycle recommencera. Vers l'an 2380, l'équinoxe de printemps reviendra dans la constellation du Bélier, ce qui permettra aux astrologues de sauter toutes ces explications. En attendant, les constellations du zodiaque et les signes du zodiaque ne coïncident pas.

Les sceptiques qui attaquent l'astrologie – quelle qu'en soit la raison, ces âmes défiantes peuvent y être très hostiles – prétendent souvent que la position changeante des constellations et la précession des équinoxes constituent bien la preuve que l'astrologie ne fonctionne pas. En vérité, les astrologues sont bien conscients de ce phénomène, et ils considèrent plutôt les constellations comme des « panneaux de signalisation ». Ce qui compte vraiment, c'est la division de l'écliptique, et celle-ci est immuable.

Souvenez-vous-en : lorsque vous dites que vous êtes un Taureau ou un Scorpion, ce que vous voulez dire, c'est que le Soleil se trouvait dans cette portion de l'écliptique au moment de votre naissance. Les étoiles, aussi glorieuses qu'elles puissent être, n'ont rien à voir avec votre signe.

Et voici ce qui prête à confusion. Les signes du zodiaque et les constellations du même nom ne coïncident plus. Les signes sont des divisions de l'écliptique, et représentent chacun 1/12 de la longueur totale de celui-ci, soit 30 degrés, ni plus ni moins. C'est ce qu'explique l'encadré « Les signes, les constellations et la précession des équinoxes ».

Étudions les signes du zodiaque

Le signe que le Soleil a occupé au moment de votre naissance constitue la donnée astrologique la plus fondamentale qui vous concerne. Il définit votre « moi », vos motivations, vos besoins et votre approche de la vie. Mais le Soleil n'est pas la seule planète qui influe sur vous. (En astrologie, les deux luminaires, le Soleil et la Lune, sont appelés *planètes*. Évitez cette terminologie lorsque vous aurez affaire à des astronomes !) Mercure, Vénus, Mars, Jupiter, Saturne, Uranus, Neptune et Pluton, sans parler de la Lune toujours changeante, ont chacune occupé un signe du zodiaque au moment de votre naissance, et chacune d'elles a exercé une influence différente. Chaque planète représente un type distinct d'énergie ; chaque signe apporte un style différent de fonctionnement ; donc, chaque position d'une planète dans un signe influe sur vous d'une manière unique. C'est pourquoi l'astrologie du signe solaire seulement est insuffisante. Vous êtes bien davantage que votre signe solaire.

Néanmoins, du point de vue de l'astrologie, votre signe solaire est la donnée la plus importante vous concernant. Pour déterminer votre signe, utilisez le tableau ci-dessous. Mais souvenez-vous que les dates ne sont pas aussi précises qu'elles en ont l'air. Après tout, le cercle a 360 degrés, et chaque signe a précisément 30 degrés. Mais il est gênant que l'année soit divisée en 365 jours, sans parler des années bissextiles. En conséquence, les signes ne se divisent pas en jours aussi parfaitement qu'on pourrait le souhaiter. Si vous êtes né le premier ou le dernier jour d'un signe, vous pouvez vous aventurer sur Internet ou consulter un astrologue.

Ce tableau vous donne la liste des signes du zodiaque, les dates auxquelles ils s'appliquent, et les symboles dont on se sert pour les représenter.

Tableau 1-1 Les signes du zodiaque.

Signe	Dates	Symbole
Le Bélier	du 21 mars au 20 avril	♈
Le Taureau	du 21 avril au 20 mai	♉
Les Gémeaux	du 21 mai au 20 juin	♊
Le Cancer	du 21 juin au 22 juillet	♋
Le Lion	du 23 juillet au 22 août	♌
La Vierge	du 23 août au 22 septembre	♍
La Balance	du 23 septembre au 23 octobre	♎
Le Scorpion	du 24 octobre au 22 novembre	♏
Le Sagittaire	du 23 novembre au 21 décembre	♐
Le Capricorne	du 22 décembre au 20 janvier	♑
Le Verseau	du 21 janvier au 18 février	♒
Les Poissons	du 19 février au 20 mars	♓

Comprendre les signes

Comme tout autre système véritablement satisfaisant, l'astrologie classifie et interprète de diverses manières ses blocs de construction de base. En hors-d'œuvre, disons que chaque signe est défini par une *polarité* (modèle de réaction positive ou négative), une *qualité* ou *mode* (forme ou expression), un élément (qui décrit le tempérament de base) et quelques mots-clés qui résument son approche de base de la vie.

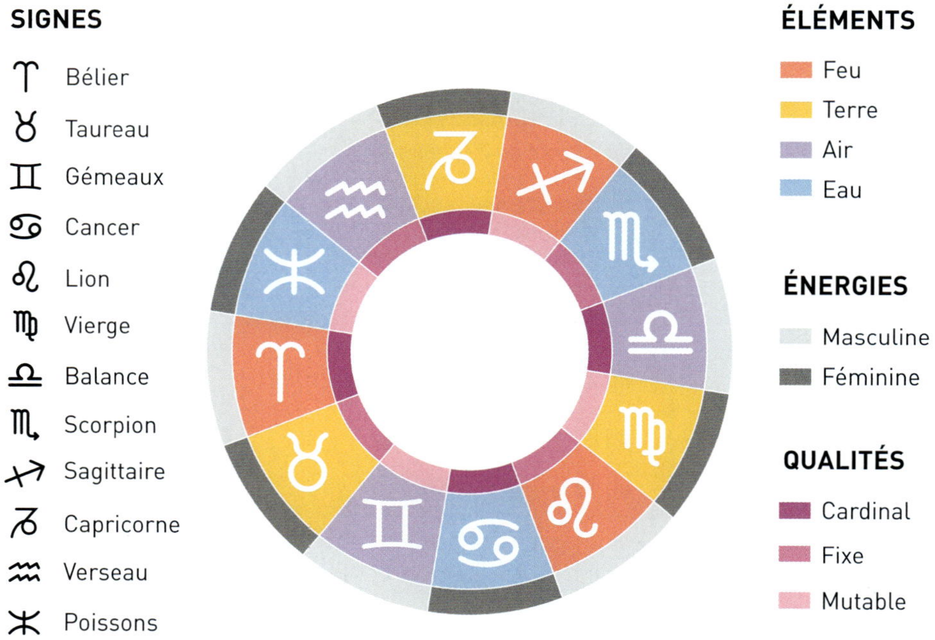

Figure 1-1 La roue des signes, des éléments, des énergies et des qualités.

La polarité : elle divise le zodiaque en deux

Figure 1-2
La roue des signes est divisée en deux énergies.

Vous pouvez vous représenter la polarité en divisant le zodiaque en deux moitiés. En commençant par le Bélier, six signes positifs, ou signes masculins, alternent avec six signes négatifs, ou signes féminins. Cette terminologie sexiste est traditionnelle, j'ai le regret de l'exprimer, mais cela ne l'excuse pas. De nombreux astrologues utilisent à la place les termes *yin* et *yang*, et résument la polarité de cette façon :

» **Les signes yang (positifs) sont plutôt extravertis, objectifs et assurés.**

» **Les signes yin (négatifs) sont plutôt introvertis, subjectifs et réceptifs.**

Les modes : ils divisent le zodiaque en trois

Figure 1-3
La roue des signes est divisée en trois éléments.

On parle de la *quadricité* du zodiaque (4 x 3 modes). Les trois différents modes décrivent les différentes formes d'expression de la manière suivante :

» **Les signes cardinaux** sont entreprenants. Ils entreprennent le changement ; ils font avancer les choses. Les signes cardinaux sont le Bélier, le Cancer, la Balance et le Capricorne.

» **Les signes fixes** consolident. Ils préservent et renforcent le changement. Ils sont tenaces, concentrés et déterminés. Ce sont le Taureau, le Lion, le Scorpion et le Verseau.

» **Les signes mutables** sont souples et changeants. Ils s'adaptent et s'ajustent. Les signes mutables sont les Gémeaux, la Vierge, le Sagittaire et les Poissons.

Les trois modes se suivent en séquences à l'intérieur du cycle du zodiaque. L'énergie cardinale initie le changement ; l'énergie fixe se braque et maintient le statu quo ; l'énergie mutable s'adapte aux changements de circonstances.

Les éléments divisent le zodiaque en quatre

Figure 1-4 La roue des signes est divisée en quatre éléments.

On parle de la triplicité du zodiaque (3 x 4 éléments). La description du tempérament associé à chaque signe du zodiaque en lui assignant l'un des quatre anciens éléments constitue probablement la plus célèbre des méthodes de classification. Les quatre éléments sont le feu, la terre, l'air et l'eau :

» **Le feu** amène la vitalité, l'excitation et l'intensité. Les signes du feu sont le Bélier, le Lion et le Sagittaire.

» **La terre** apporte la stabilité, le bon sens et l'aptitude à faire avancer les choses. Les signes de la terre sont le Taureau, la Vierge et le Capricorne.

» **L'air** anime l'intellect et augmente la sociabilité. Les signes de l'air sont les Gémeaux, la Balance et le Verseau.

» **L'eau** renforce les émotions et l'intuition. Les signes de l'eau sont le Cancer, le Scorpion et les Poissons.

Comme les trois modes, les quatre éléments se suivent également en séquences.

Les signes du zodiaque et leur appartenance aux différents groupes

Après avoir mémorisé l'ordre des signes, il est facile de leur attribuer leur polarité, leur mode et leur élément corrects, parce que ces classifications sont elles-mêmes toujours séquentielles. Ces classifications donnent déjà beaucoup d'informations. En connaissant la polarité, le mode et l'élément de chaque signe, vous en savez déjà beaucoup.

Tableau 1-2 Les qualités des signes.

Signe	Polarité	Mode	Élément
Bélier	Positive	Cardinal	Feu
Taureau	Négative	Fixe	Terre
Gémeaux	Positive	Mutable	Air
Cancer	Négative	Cardinal	Eau
Lion	Positive	Fixe	Feu
Vierge	Négative	Mutable	Terre
Balance	Positive	Cardinal	Air
Scorpion	Négative	Fixe	Eau
Sagittaire	Positive	Mutable	Feu
Capricorne	Négative	Cardinal	Terre
Verseau	Positive	Fixe	Air
Poissons	Négative	Mutable	Eau

Prenez le Cancer, par exemple. Le Cancer est un signe de polarité négative, avec un mode cardinal, et qui a l'air pour élément. Les personnes de ce signe ont tendance à être tournées vers la vie intérieure et sont réceptives (pôle négatif), avec une forte dose d'initiative (cardinale) et une forte conscience de leurs émotions – comme, par exemple, Jean de La Fontaine (08/07/1621 – Château-Thierry) et Marc Chagall (07/07/1887 – Vitebsk, en Russie).

Ou prenez le Lion, le signe qui suit le Cancer, mais qui implique une personnalité d'un type complètement différent (comme c'est toujours le cas avec les signes adjacents). Le Lion est le signe du feu fixe et positif. Les natifs de ce signe sont donc sociables (positif), déterminés (fixe) et pleins d'éclat (feu) – comme Paul Claudel (06/08/1868 – Villeneuve-sur-Fère – ascendant Lion, Lune en Poissons) et Claude Debussy (22/08/1862 – Saint-Germain-en-Laye – ascendant Lion, Lune en Cancer).

La Vierge est le signe de la terre négatif et mutable. Les natifs de ce signe sont des personnes introverties (négatives), qui essaient d'être productives (terre) et de toujours trouver des moyens de réaliser des améliorations et des ajustements (mutable). Pas étonnant qu'elles aient la réputation d'être des perfectionnistes – comme Agatha Christie (15/09/1890 – Torquay, en Angleterre – ascendant Vierge, Lune en Balance) et Léo Ferré (24/08/1916 – Monaco – ascendant Capricorne, Lune en Cancer).

Dans chaque cas, la polarité, le mode et l'élément du signe donnent une idée rudimentaire des qualités du signe. Pour une description détaillée de chaque signe, consultez le chapitre 3.

Le Soleil, la Lune et les planètes

Le Soleil, la Lune et les planètes jouent chacun un rôle complexe dans l'horoscope. Ils ont les significations suivantes :

» **Le Soleil** représente l'essence de votre moi, de votre volonté, de votre individualité, de votre vitalité et de votre désir de puissance. Plus que toute autre planète, il représente qui vous êtes. Il symbolise aussi l'homme en général.

» **La Lune** représente vos émotions, votre subconscient, vos instincts, vos habitudes et votre mémoire. Elle représente aussi la femme en général.

» **Mercure** symbolise votre style de communication, votre aptitude au raisonnement, et la façon dont vous pensez.

» **Vénus** représente les domaines de votre vie concernés par l'amour, la séduction, la beauté, les biens matériels et les arts.

» **Mars** est la planète du désir et de l'agression. Elle représente votre énergie physique, votre combativité, votre esprit d'entreprise et votre courage.

» **Jupiter** est la planète de l'expansion et de la bonne fortune. Elle représente la croissance, la prospérité, l'abondance, la sagesse, la générosité et la conscience supérieure. La position de Jupiter dans la carte du ciel indique où vous avez de la chance.

» **Saturne** représente la limitation, la restriction, la prudence, l'organisation, l'endurance et la discipline. Elle vous indique où vous devez faire face à vos peurs – et aussi où vous avez de l'ambition.

» **Uranus** représente l'originalité, l'indépendance, l'esprit de rébellion, l'inventivité, la perspicacité et tout ce qui n'est pas prévu.

» **Neptune** représente la spiritualité, les rêves, les capacités psychiques, l'intuition, la désintégration, la compassion, le sacrifice de soi, la tromperie et l'illusion.

» **Pluton** représente l'élimination, la destruction, la régénération, le renouvellement et la transformation.

Une manière de simplifier cette complexité consiste à attribuer un mot-clé à chaque planète. Le tableau ci-dessous vous donne la liste de ces mots-clés affectés aux planètes, avec les symboles qui les représentent.

Tableau 1-3 Mots-clés pour les planètes.

Planète	Mot-clé	Symbole
Soleil	Moi	☉
Lune	Émotion	☽
Mercure	Communication	☿
Vénus	Amour	♀
Mars	Action	♂
Jupiter	Expansion	♃
Saturne	Restriction	♄
Uranus	Révolution	♅
Neptune	Imagination	♆
Pluton	Transformation	♇

Qui commande ?

Dans un monde idéal, chaque planète fonctionnerait bien dans chaque signe. Mais, en réalité, certaines positions sont meilleures que d'autres (et personne n'a le thème astral parfait). Le signe dans lequel la planète semble se trouver chez elle et fonctionner de la façon la plus efficace est appelé son *domicile zodiacal*, ou *maîtrise*. Il y a deux mille ans, lorsque les astrologues n'avaient à s'occuper que du Soleil, de la Lune et de cinq planètes, ils attribuèrent les maîtrises comme suit :

Tableau 1-4 Les maîtrises de chaque planète selon l'ancien modèle.

Planète	Signe de domicile zodiacal (maîtrise)
Soleil	Lion
Lune	Cancer
Mercure	Gémeaux et Vierge
Vénus	Taureau et Balance
Mars	Bélier et Scorpion
Jupiter	Poissons et Sagittaire
Saturne	Verseau et Capricorne

Pendant des siècles, personne ne remit en cause ces maîtrises. Mais, après la découverte d'Uranus en 1781, qui fut suivie par celle de Neptune en 1846 et par celle de Pluton en 1930, les astrologues durent modifier le système. Quelques prophètes obstinés étaient convaincus que, étant donné qu'il existait douze signes, il devait exister douze planètes. Malheureusement, la recherche d'autres planètes dans notre Système solaire s'est révélée infructueuse à ce jour, bien que les astrologues aient en général de nombreuses discussions au sujet des astéroïdes et de Chiron, un astéroïde (ou peut-être une comète) que certains astrologues considèrent comme détenant la maîtrise de la Vierge. Mais le jury est toujours en train de délibérer. Pour l'instant, les maîtrises communément acceptées sont les suivantes :

Tableau 1-5 Les maîtrises de chaque planète selon le nouveau modèle.

Planète	Signe de domicile zodiacal (maîtrise)
Soleil	Lion
Lune	Cancer
Mercure	Gémeaux et Vierge
Vénus	Taureau et Balance
Mars	Bélier
Jupiter	Sagittaire
Saturne	Capricorne
Uranus	Verseau
Neptune	Poissons
Pluton	Scorpion

L'Ascendant

Avez-vous déjà rencontré une personne à l'abord sympathique, jusqu'à ce que vous ayez vraiment fait sa connaissance ? Avez-vous déjà rencontré quelqu'un qui semblait réservé et froid au début mais se révéla ensuite chaleureux ? Connaissez-vous quelqu'un dont l'attitude légère et insouciante masque en fait un esprit calculateur et manipulateur ? Et vous êtes-vous déjà demandé quelle impression vous faites à d'autres personnes, en particulier lorsqu'elles ne vous connaissent pas très bien ? Votre horoscope vous donne la réponse. Alors que votre signe solaire pourra ou non être perceptible par d'autres personnes, celles-ci remarqueront sans aucun doute chez vous les qualités liées à votre signe ascendant.

L'ascendant est le signe du zodiaque qui se trouvait à l'horizon est à l'endroit et au moment de votre naissance ; l'ascendant est le degré exact de ce signe. Si vous êtes né vers l'aube, alors que le Soleil pointait à l'horizon est, vous connaissez déjà votre signe ascendant : c'est le même que votre signe solaire. Si vous êtes né à n'importe quelle autre heure de la journée, votre ascendant et votre signe solaire sont différents. Parfois, le signe solaire et l'ascendant se heurtent ; parfois ils se soutiennent mutuellement. Quoi qu'il en soit, l'ascendant est un élément significatif de votre horoscope. Tandis que le Soleil décrit qui vous êtes fondamentalement, l'ascendant décrit la façon dont d'autres personnes vous voient et celle dont vous vous présentez au monde – votre personnage, votre surface, votre masque, votre panoplie. Votre ascendant détermine vos gestes, votre apparence, votre comportement, la surface de votre personnalité. Chez certaines personnes, celles qui sont nées à l'aube, la façade et la substance sont de même nature. Pour les autres, « ce que vous voyez n'est pas nécessairement ce que vous êtes ».

Histoire vraie

Prenez par exemple Georges Simenon (13/02/1903 – 0 h 10 – Liège, en Belgique) : son ascendant est en Scorpion, la Lune en Vierge. Le père du commissaire Maigret ne pouvait qu'avoir l'ascendant dans un signe lié au secret, à la sexualité, aux mystères et énigmes, à la passion. Il y a une compréhension profonde et amicale du genre humain par le Verseau. Sous des dehors brillants et mondains, il cache une nature inquiète, tourmentée, aux pulsions égocentriques. La Lune en Vierge, qui le rend perspicace, minutieux, organisé, l'incite à décrire des petites gens au destin ordinaire dans un cadre de vie médiocre, étouffant. Son caractère est affirmé, puissant, autoritaire mais difficile à vivre au quotidien. Forte personnalité dominée par un besoin d'indépendance et de liberté, tout à la fois sociable et secrète, cérébrale et érotique, dispendieuse et avisée.

Pour déterminer votre ascendant, vous devez connaître l'heure de votre naissance. Reportez-vous alors au chapitre 5, qui vous aide à l'interpréter.

Les maisons

Que vous soyez un Lion ludique ou un Capricorne bourreau de travail, vous devrez quand même avoir affaire aux relations sociales, à l'argent, à la santé, à la carrière, etc. Ces domaines sont représentés par les maisons. Les maisons divisent le ciel en douze parties, une pour chaque domaine de la vie.

Une question a tourmenté les astrologues pendant des siècles : comment déterminer les maisons ? En fonction du temps – une méthode dont le résultat est que certaines maisons sont plus grandes que d'autres ? ou en fonction de l'espace – un système qui alloue à chaque maison une tranche de ciel de taille identique ? Les deux approches existent avec de nombreuses variations. Heureusement, bien que les astrologues se disputent toujours au sujet de la méthode, ils sont généralement d'accord sur les significations de ces maisons, qui sont résumées dans le tableau ci-dessous.

Tableau 1-6 Les maisons et leurs significations.

Maison	Domaine
Maison I	Votre apparence et votre nature visible
Maison II	Argent, biens matériels et objets de valeur
Maison III	Communication, petits voyages, frères et sœurs
Maison IV	Foyer, racines, un des parents, circonstances à la fin de la vie
Maison V	Vie amoureuse, enfants, créativité
Maison VI	Travail et santé
Maison VII	Mariage et autres partenariats
Maison VIII	Sexualité, mort, régénération, l'argent d'autres personnes
Maison IX	Études supérieures, grands voyages, religion, philosophie
Maison X	Carrière, statut social, réputation, l'autre parent
Maison XI	Amis et aspirations
Maison XII	Isolement et secrets

De même que chaque thème astral inclut toutes les planètes, il possède aussi les douze maisons. Lorsque l'une ou plusieurs des planètes occupent une maison, les domaines gouvernés par cette maison gagnent de l'importance. Mais même si une maison est vide (chaque thème astral a des maisons vides), il est quand même possible d'en tirer des déductions. Le signe qui se trouve sur la *cuspide*, ou pointe d'une maison, détermine votre approche de ce domaine. Donc si vous avez le signe du Taureau sur la cuspide de votre maison du travail, votre attitude envers votre job est celle d'un Taureau, elle vous rend fiable et productif, mais peut-être un peu besogneux. Peu importe que cette maison soit vide ou que vous ayez des planètes dans le Taureau. Ce signe influence ce domaine de votre vie.

Attention

Le mot *cuspide* possède deux significations en astrologie. Lorsqu'une personne dit qu'elle est née « sur la pointe » ou « sur la cuspide », cela signifie que son anniversaire tombe à la fin de l'un des signes et au début d'un autre. Ces personnes pensent parfois qu'elles possèdent des qualités appartenant aux deux signes (je parle de ce problème au chapitre 3). Lorsque les astrologues parlent de la cuspide d'une maison, ils veulent dire le point qui marque le début de cette maison.

En somme, votre horoscope inclut le Soleil, la Lune, les planètes, l'ascendant, les douze maisons – et les douze signes. Certaines maisons sont vides. D'autres sont pleines à craquer. Certains signes ont une influence majeure sur votre personnalité. D'autres ne jouent qu'un rôle minime. Et pourtant, ils fonctionnent quand même à l'intérieur de vous-même.

DANS CE CHAPITRE

Votre thème astral sur Internet

•

Des indications pour monter votre thème de la manière la plus difficile : en faisant vous-même les calculs

Chapitre 2

Votre thème astral

Pour comprendre à quoi ressemble votre thème astral, représentez-vous le cadran d'une horloge en surimposition sur le ciel. Commencez par vous imaginer debout sur le lieu de votre naissance, face au sud. À votre gauche, l'horizon est, à 9 heures sur le cadran : c'est votre ascendant. Si vous êtes né à l'aube, c'est aussi là que se trouve votre Soleil. Si vous êtes né à midi, votre Soleil se trouve à 12 heures sur le cadran, juste en face de vous. L'horizon ouest se trouve à votre droite, à 3 heures. Si vous êtes né au crépuscule, c'est là que se trouve votre Soleil. Et si vous avez fait votre entrée en ce monde vers minuit, alors que le Soleil se cachait de l'autre côté de la Terre, votre Soleil se trouve à 6 heures sur le cadran.

Si par chance vous savez où se trouvait la Lune à votre naissance, vous pouvez la positionner de la même manière. Êtes-vous né sous la nouvelle lune ? Votre Lune et votre Soleil se trouvent alors à peu près au même endroit. Né sous la pleine lune ? Cela veut dire que le Soleil et la Lune sont en opposition.

Il s'agit de bien comprendre la chose suivante : le thème n'est ni une construction métaphysique, ni un symbole mystique, ni un portrait psychologique. C'est une carte. Votre thème natal montre la position du Soleil, de la Lune et des planètes au lieu de votre naissance à l'heure exacte de votre naissance. La mission de l'astrologue consiste à étudier cette carte du ciel et à trouver sa signification.

Mais vous devez d'abord vous procurer cette carte. Dans le passé, avant que l'informatique n'infiltre chaque coin et recoin de l'existence humaine, c'était un défi certain que de déterminer la position du Soleil, de la Lune et des planètes. Cela nécessitait de la patience, des heures de temps libre, une approche sans peur et sans reproche des mathématiques, et la volonté bien déterminée de ne pas se laisser rebuter par les détails les plus rébarbatifs.

Il était par exemple nécessaire de chercher la longitude et la latitude du lieu de la naissance. On devait effectuer la correction correspondant à la distance entre le lieu de naissance et l'heure légale du méridien de cet endroit. On devait faire la distinction entre l'heure légale et l'heure du méridien de Greenwich (encore appelée « heure GMT » ou « temps universel », TU), sans parler de l'heure d'été, de l'heure de guerre (en vigueur pendant la Seconde Guerre mondiale aux États-Unis, de l'heure allemande en France pendant l'Occupation). Et on devait déterminer les mouvements des planètes en utilisant, entre autres outils, une table de logarithmes. Cela nécessitait des efforts, de la ténacité... et de grandes quantités de papier. La plupart des gens n'avaient aucune envie de s'y atteler.

J'ai toujours été différente. J'aimais travailler tard le soir entourée de tables numériques, de volumes de données astrologiques, de rames de papier jaune, et de cartes du ciel vierges que j'achetais dans une librairie ésotérique. En calculant chaque position de planète et chaque cuspide, en dessinant les symboles des signes et des planètes sur la carte, et en comptant combien de planètes se trouvaient dans les signes du feu, de la terre, et ainsi de suite, le thème natal – et donc la personnalité du natif – se profilait lentement et de plus en plus clairement dans mon esprit.

Ce processus prend du temps. Aujourd'hui, j'utilise un ordinateur, comme tout autre astrologue de ma connaissance, et je vais vous indiquer dans ce chapitre comment obtenir un thème astral précis sans même penser aux maths. Même si la meilleure manière de comprendre les rouages de l'astrologie consiste bien à tracer une carte du ciel en utilisant l'ancienne méthode.

Mais pour maîtriser le processus, vous devrez vous battre au corps à corps avec une table de logarithmes, et la terrasser. Si vous pensez que c'est un combat perdu d'avance, sautez entièrement les calculs et passez directement à l'interprétation. Dans ce cas, vous pouvez vous procurer un horoscope complet et précis qu'un astrologue professionnel établira pour vous.

Conseil

Voici des adresses d'organisations d'astrologues francophones que vous pourrez contacter pour trouver un spécialiste (elles sont données à titre indicatif et sans jugement de valeur) :

» Fédération des astrologues francophones, 41-43, rue de Cronstadt, 75015 Paris.
Tél. : 02 40 69 17 02.
E-mail : fdaf@fdaf.org
Site Internet : https://federation-astrologues.com/, cela vous permettra de consulter l'annuaire des astrologues de votre région.

» Cédra (Centre d'études de documentation et de recherches sur l'astrologie), 7, place des Terreaux, 69001 Lyon.
Site Internet : http://www.cedra.net/

» AEDAC (Association pour l'enseignement et la diffusion de l'astrologie conditionnelle), 15, rue Jean-Monnet, 35200 Rennes.
E-mail : aedac@voila.fr
Site Internet : http://aedac.free.fr/

» IEA (Institut d'études astrologiques), 10, rue Voltaire, 44000 Nantes.
Tél. : 04 89 72 92 61.
E-mail : info@astropsy.org
Site Internet : http://formation-astrologie.com/

» École d'astrologie de Lyon, 6, place Juliette-Récamier, 69006 Lyon. Tél. : 04 78 24 30 13.

Votre carte du ciel en un clin d'œil

La manière la plus simple d'obtenir une carte précise du ciel natal consiste à vous connecter à Internet. Certains sites vous proposeront gratuitement le calcul de votre ascendant en ligne, ou même un thème natal gratuit.

Attention

Si vous optez pour cette solution, sachez qu'il vous faudra fournir votre adresse e-mail, mais aussi des coordonnées très personnelles (la date, l'heure et le lieu de votre naissance). À vous de réfléchir si vous souhaitez communiquer ces informations sur le Web à des personnes que vous ne connaissez pas.

D'autres sites, comme ceux cités ci-dessous, vendent des logiciels d'astrologie et vous proposeront éventuellement d'en télécharger une version d'essai. Vous pourrez donc télécharger un logiciel et l'essayer en lui faisant calculer votre propre thème.

(Et si vous n'êtes pas sûr, vous pouvez toujours télécharger deux logiciels de sociétés différentes, et faire la comparaison des cartes du ciel que vous obtiendrez. Dans tous les cas, attention à effectuer une saisie correcte des données de naissance.)

Conseil

Voici par exemple un point de départ pour effectuer une recherche sur les sites francophones : consultez l'annuaire des sites d'astrologies de l'AAMR de Bordeaux, dont voici l'adresse : www.perso.wanadoo.fr/mr/astro/annuaire/index.htm Vous pouvez aussi utiliser un moteur de recherche et taper « astrologie », si vous ne craignez pas d'avancer au coupe-coupe dans une jungle d'offres. Une démarche plus complète, mais aussi plus rébarbative.

Le site Astrothème vous permet également d'obtenir votre carte du ciel comme dans les exemples fournis tout au long de l'ouvrage.

Attention

De manière générale, lorsque vous surferez sur le Web à la recherche de sites d'astrologie sérieux, qui existent et témoignent souvent d'une volonté sincère et honnête de rendre service aux personnes qui les visitent, vous risquez malheureusement de tomber aussi sur des sites douteux. Attention aux devins, aux charlatans et autres escrocs. Restez donc toujours vigilant, et n'oubliez pas votre bon sens dans ce voyage !

Il est amusant d'investir dans un logiciel pour monter soi-même des thèmes astraux. Les logiciels d'astrologie constituent une source de divertissement infinie. Ils vous permettent de calculer un thème astral, de comparer des thèmes, de déterminer la façon dont les planètes vont vous influencer à l'avenir et, en bref, de vous amuser pendant des heures. Les logiciels ne sont en général pas bon marché. Mais si vous décidez que la dépense en vaut la peine, vous pourrez en acquérir un facilement.

Vous pouvez aussi vous connecter aux sites suivants (liste non exhaustive, donnée à titre indicatif et sans jugement de valeur) :

- http://www.guideastrologique.com/logiciels-d-astrolgie, **qui propose de nombreux logiciels pour faire votre choix.**
- www.aureas.com, **le site des éditions Aureas, spécialistes de l'astrologie, qui propose littérature et logiciels d'astrologie.**

Dressez votre thème natal

Rendez-vous sur un site Web spécialisé pour trouver les tables planétaires et des cartes du ciel vierges, imprimez-les ou recopiez-les.

L'étape suivante consiste à déterminer la position du Soleil, de la Lune et des planètes.

Ici, nous prendrons la carte du ciel ci-dessous pour exemple :

Figure 2-1 Exemple d'un thème astral.

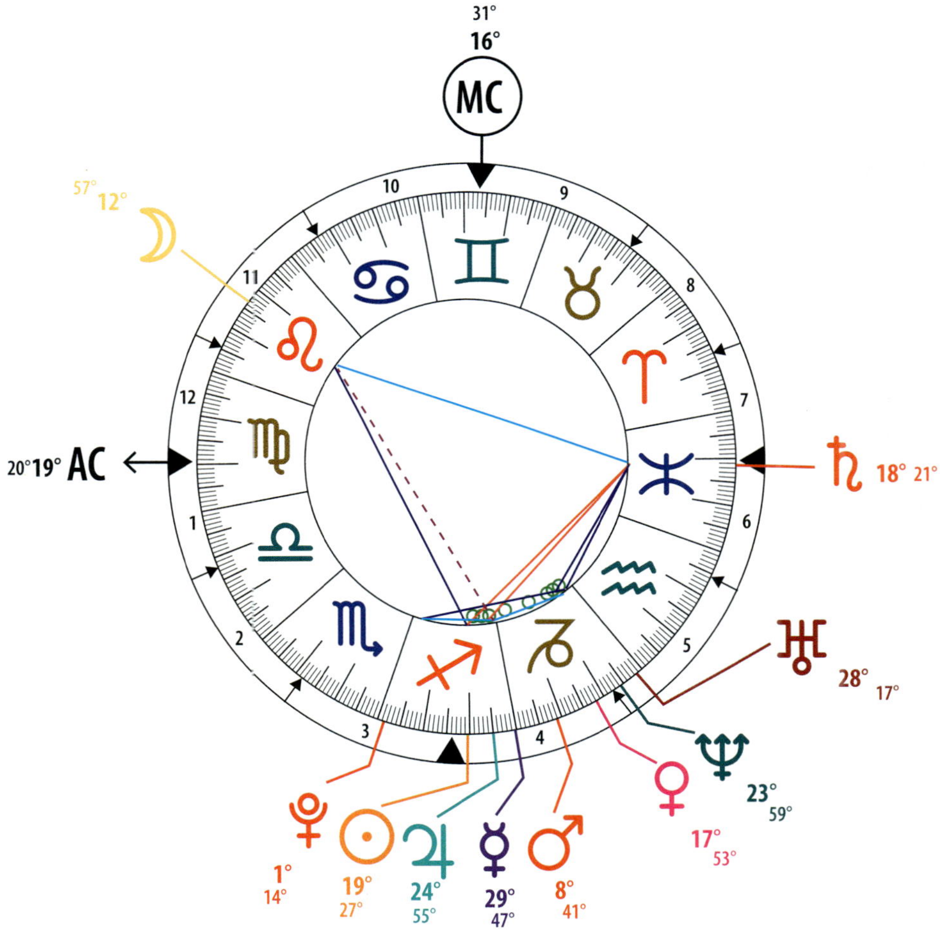

Trouvez vos planètes

Les tables planétaires montrent les mouvements des planètes à travers le zodiaque pour chaque année.

Le placement du Soleil, le Moi

❶ Allez à l'année de votre naissance, et prenez note des positions des planètes en commençant par le Soleil. Sa position détermine votre *signe solaire*, encore appelé votre *signe de naissance*, c'est-à-dire communément votre *signe du zodiaque*, ou plus brièvement votre signe.

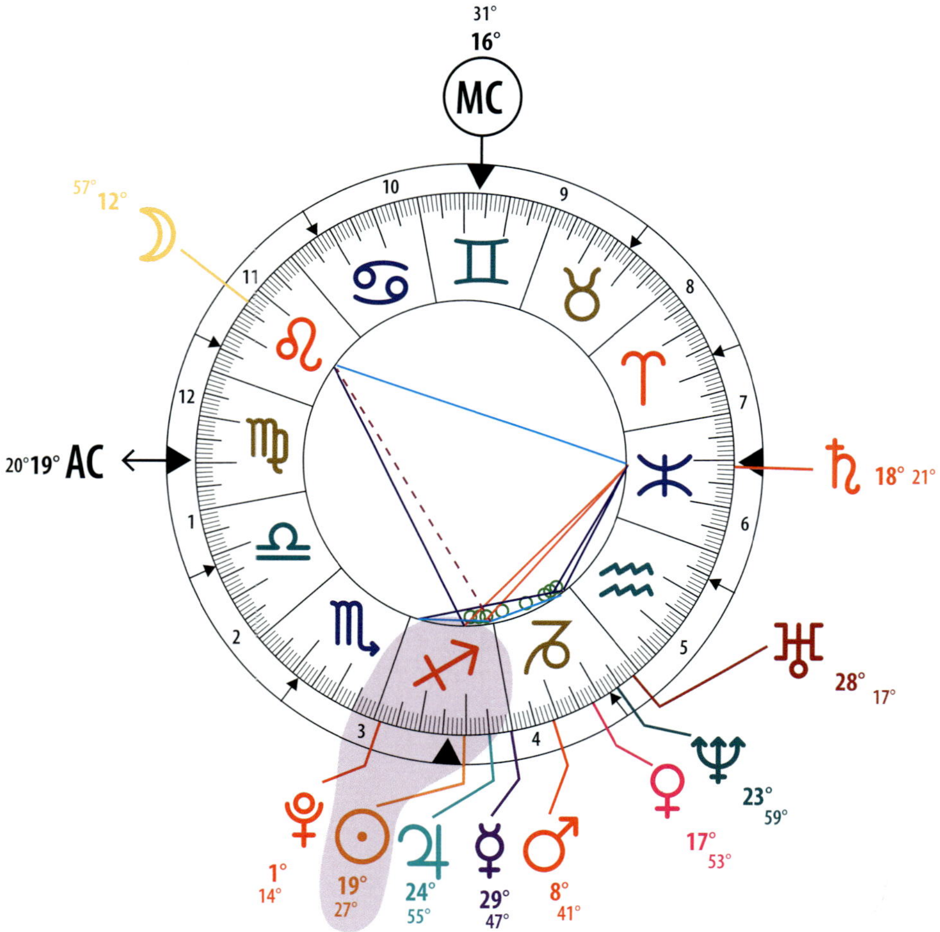

Le placement de Mercure, la communication

❷ Poursuivez avec Mercure. Ce sera l'un des trois signes suivants : celui qui précède votre Soleil, votre Soleil, ou le signe qui suit votre Soleil. S'il se trouve quelque part ailleurs, vous faites une erreur de lecture des tableaux.

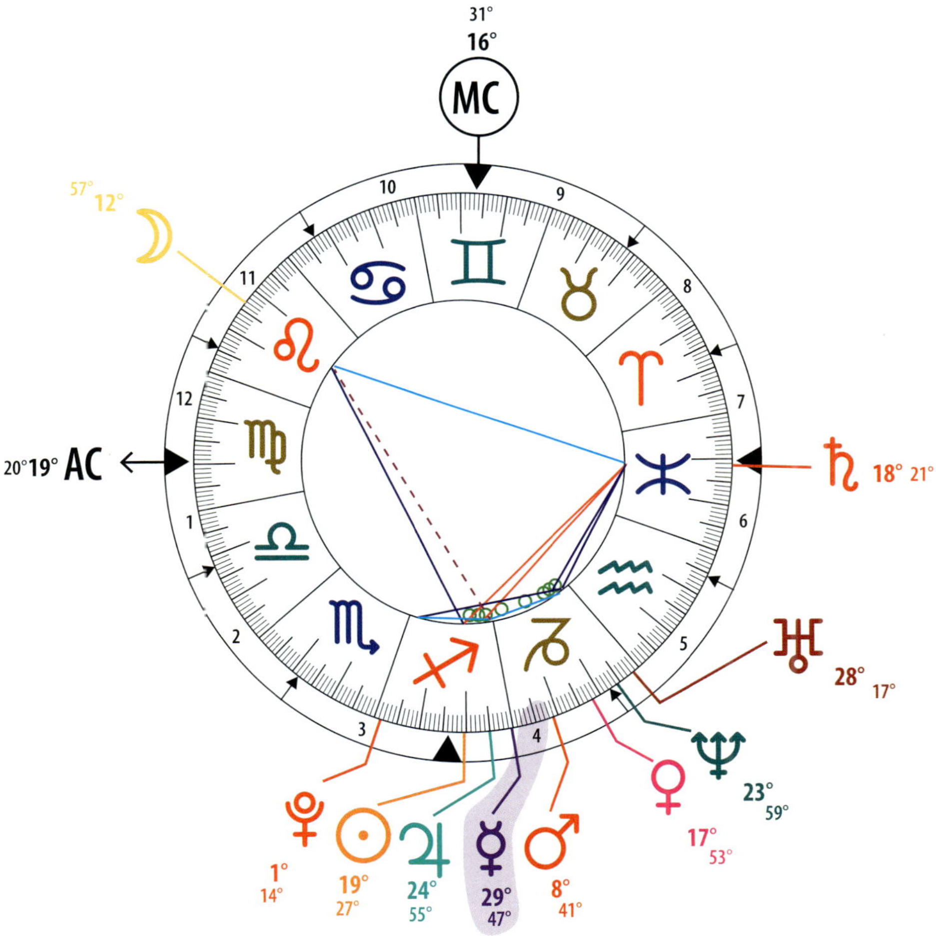

Le placement de Vénus, l'amour

❸ Puis Vénus. Elle devrait se trouver à un angle d'au maximum 48° de votre Soleil. Par exemple, si votre Soleil est à 15° Gémeaux, votre Vénus pourrait être éloignée au maximum de deux signes, à la position 3° Lion (15° Gémeaux + 30° Cancer + 3° Lion = 48°). Mais en aucun cas Vénus ne peut être éloignée du Soleil de plus de deux signes.

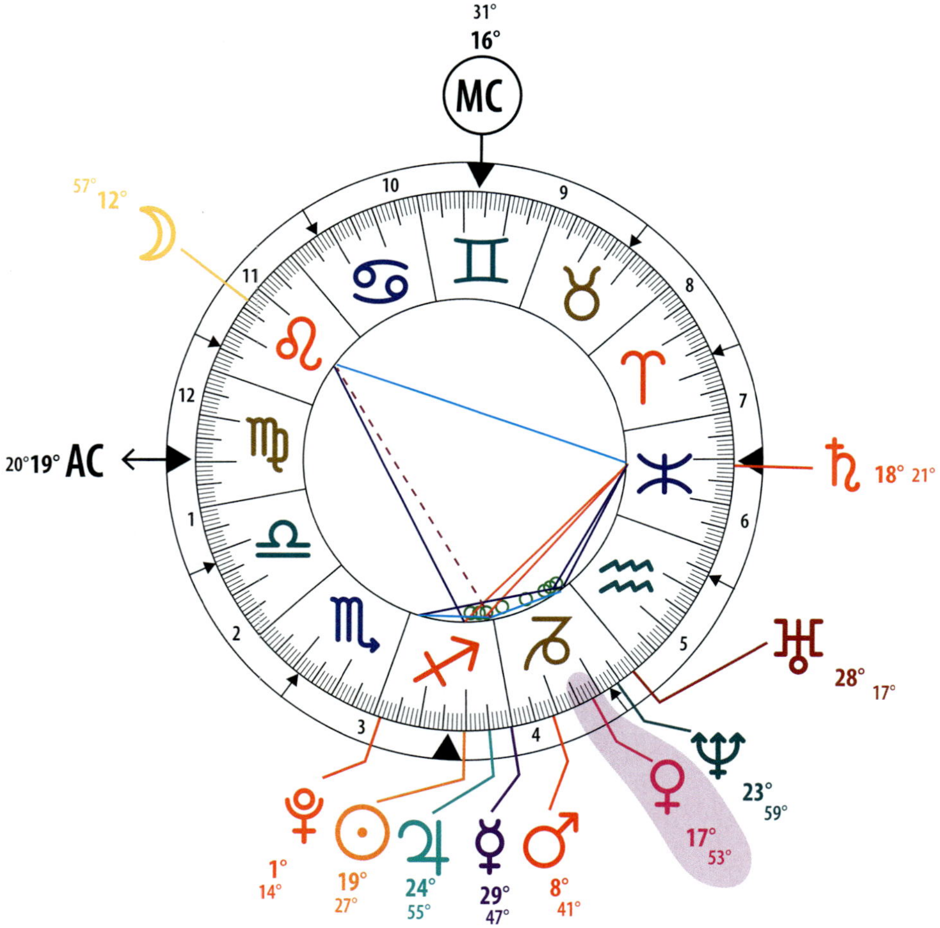

Le placement de la Lune, l'émotion

❹ Ensuite, analysez la position des autres planètes.

❺ Gardez la Lune pour la fin, parce que c'est la partie la plus difficile. La Lune passe d'un signe du zodiaque à l'autre tous les deux ou trois jours, et sa position dans votre thème astral dépend donc de l'heure de votre naissance. Lorsque la date de naissance n'est pas listée, il faut regarder le jour listé le plus proche qui la précède pour trouver le signe lunaire.

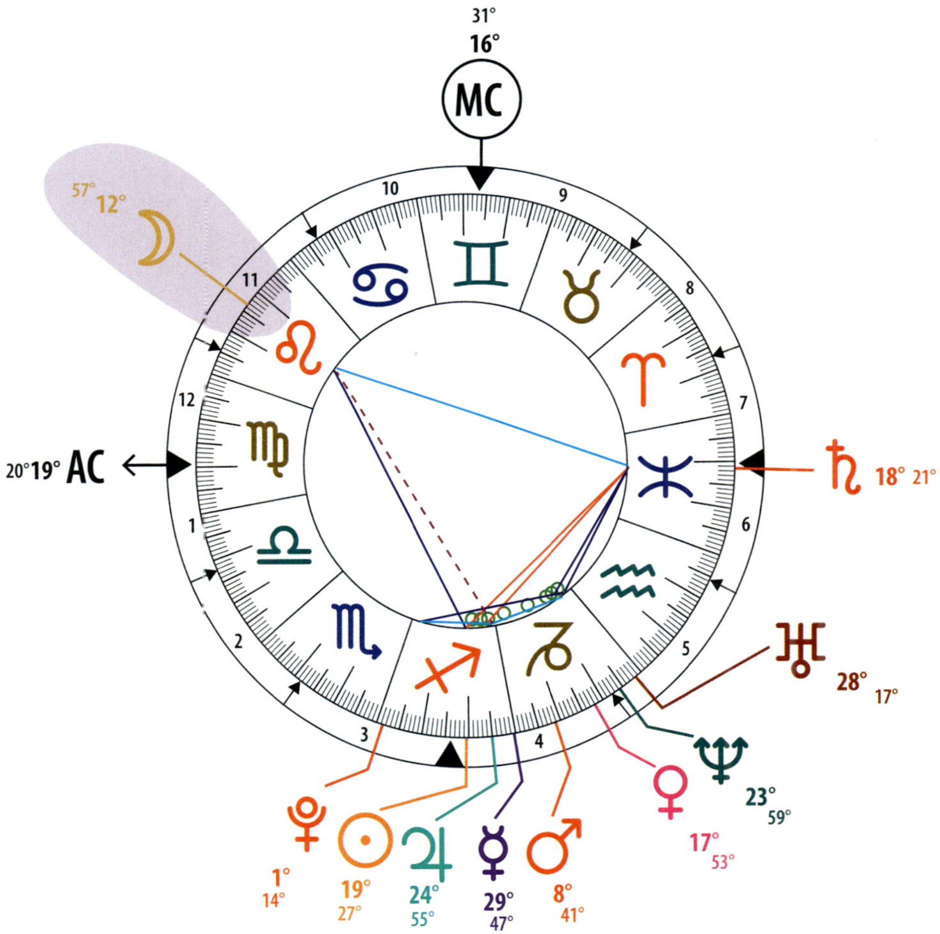

Le saviez-vous ?

Toutes les autres planètes peuvent se trouver dans n'importe quel signe du zodiaque, quel que soit votre signe solaire.

Mais que faire si la Lune a changé de signe le jour de votre naissance ?

Dans ce cas, vous devez déterminer l'événement qui s'est passé en premier : votre naissance, ou l'entrée de la Lune dans le nouveau signe. Si votre naissance a d'abord eu lieu, votre Lune est clairement dans le signe précédent. Sinon, votre Lune se trouve dans le nouveau signe. Prenez par exemple Jodie Foster, qui naquit à Los Angeles le 19 novembre 1962, à 20 h 14 de l'heure normale du Pacifique (PST). Selon les tables de la lune, la Lune est entrée en Vierge ce jour-là à 4 h 32, en heure normale de l'est des États-Unis (celle qui est utilisée dans toutes les tables, donc, si vous êtes né en Europe, n'oubliez pas d'effectuer les corrections nécessaires). Sa Lune se trouve-t-elle en Lion ou en Vierge ? Pour le savoir, il faut convertir l'heure normale de l'Est en heure normale du Pacifique afin de déterminer quelle heure il était en Californie lorsque la Lune a changé de signe. L'heure normale du Pacifique est trois heures en arrière de l'heure normale de l'Est, il faut donc soustraire 3 heures de l'heure à laquelle la Lune est entrée en Vierge : 4 h 32 – 3 heures = 1 h 32 en heure normale du Pacifique, le moment où la Lune est entrée dans le signe de la Vierge en Californie. Jodie est née presque 7 heures après, à 20 h 14, et sa Lune se trouve donc sans le moindre doute dans le signe de la Vierge. (Si Jodie Foster était née à Paris, par exemple, il faudrait rajouter 6 heures à 4 h 32, ce qui donnerait 10 h 32. Comme elle est née à 8 h 14, sa Lune se trouverait donc encore en Lion.)

Et que faire si vous êtes né un jour où la Lune a changé de signe, mais que vous ne connaissez pas l'heure de votre naissance ?

Vous devez alors deviner. Lisez les descriptions des deux signes pour voir si l'un des deux sonne juste. Vous le saurez peut-être immédiatement, si une des deux positions possède une description qui vous ressemble comme deux gouttes d'eau, alors que l'autre ne ressemble à personne que vous ayez jamais rencontré. Mais ne soyez pas surpris si c'est difficile à déterminer. D'abord, chaque signe du zodiaque apparaît quelque part dans votre horoscope, et une partie de vous-même s'identifie donc avec chaque signe. En outre, d'autres planètes peuvent brouiller l'image. Par exemple, la Lune peut être passée du Taureau aux Gémeaux le jour de votre naissance. Mais si vous avez aussi Jupiter dans le Taureau et Vénus dans les Gémeaux, il sera difficile de choisir en vous fiant seulement à votre intuition. Vous aurez alors besoin des mathématiques.

Trouvez votre ascendant

L'écliptique, c'est-à-dire la trajectoire que suivent le Soleil et les planètes en se déplaçant apparemment dans le ciel (voir page 14), entoure la Terre comme un ruban géant. Ce ruban se divise en douze segments, un pour chaque signe du zodiaque. Chaque jour, tandis que la Terre tourne sur son axe, elle traverse chacun de ces segments, elle passe en tournant les douze signes en vingt-quatre heures. Le segment qui se trouve à l'horizon Est à l'heure de votre naissance est votre ascendant. Le signe de l'ascendant change approximativement toutes les deux heures, bien que la latitude ait une influence et que l'ascendant reste plus longtemps dans certains signes (ils sont dits *signes de longue ascension*, par exemple : le Lion et le Scorpion) que dans d'autres. C'est l'heure de votre naissance qui détermine votre ascendant.

❶ Trouver le signe qui se levait à l'horizon est au moment de votre naissance constitue la partie la plus difficile de l'établissement d'un horoscope, mais elle est logique. Tout ce que vous devez faire, c'est vous représenter où se trouvait le Soleil au lieu et au moment de votre naissance, et vous connaissez déjà à moitié votre ascendant.

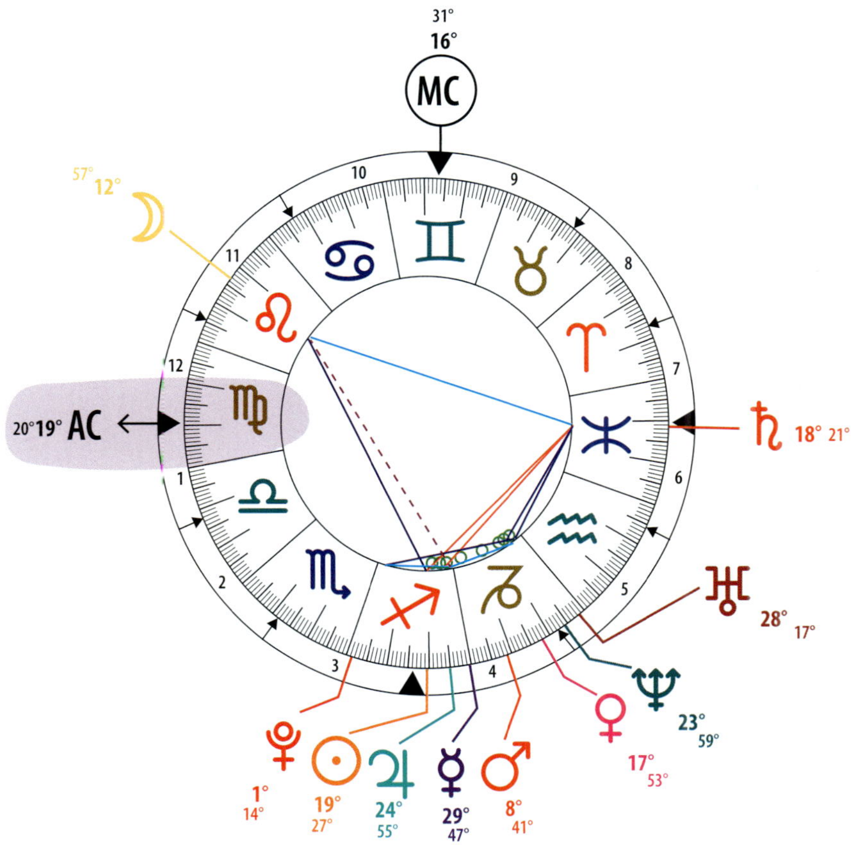

N'oubliez pas

Si vous êtes né à l'aube, votre ascendant est du même signe que votre signe solaire (il se trouve là où se trouve votre Soleil). Si vous êtes né deux heures après le lever du Soleil, votre ascendant est probablement le signe qui suit votre signe de naissance (donc si vous êtes un Gémeaux, votre Ascendant est le Cancer). Si vous êtes né à la tombée de la nuit, votre ascendant est le signe qui se trouve à l'opposé de votre signe sur le zodiaque (donc si vous êtes un Bélier né au coucher du Soleil, votre ascendant est la Balance ; l'ascendant d'un Taureau est le Scorpion, etc.).

Si vous connaissez vos date et heure de naissance, vous pourrez identifier l'intervalle de temps au cours duquel vous êtes né. N'oubliez pas de tenir compte de l'heure d'été, qui est l'heure du méridien de Greenwich (TU), avancée d'une heure en hiver et de deux heures en été. En France, les changements d'heure ont lieu au printemps et à l'automne. Tenez-en compte : TU + 1 heure en hiver, TU + 2 heures en été.

Trouvez vos maisons

Une fois que vous connaissez votre ascendant, vos problèmes sont terminés. Tout ce que vous devez maintenant faire, c'est attribuer aux maisons leurs signes corrects.

❶ Étiquetez la première maison (qui correspond à la part 1 du gâteau) avec le nom (ou, mieux, avec le symbole) de votre ascendant.

❷ Puis, dans le sens contraire au sens horaire, étiquetez la maison suivante avec le signe qui suit le signe de votre ascendant, puis la troisième maison avec le signe qui suit le précédent, etc.

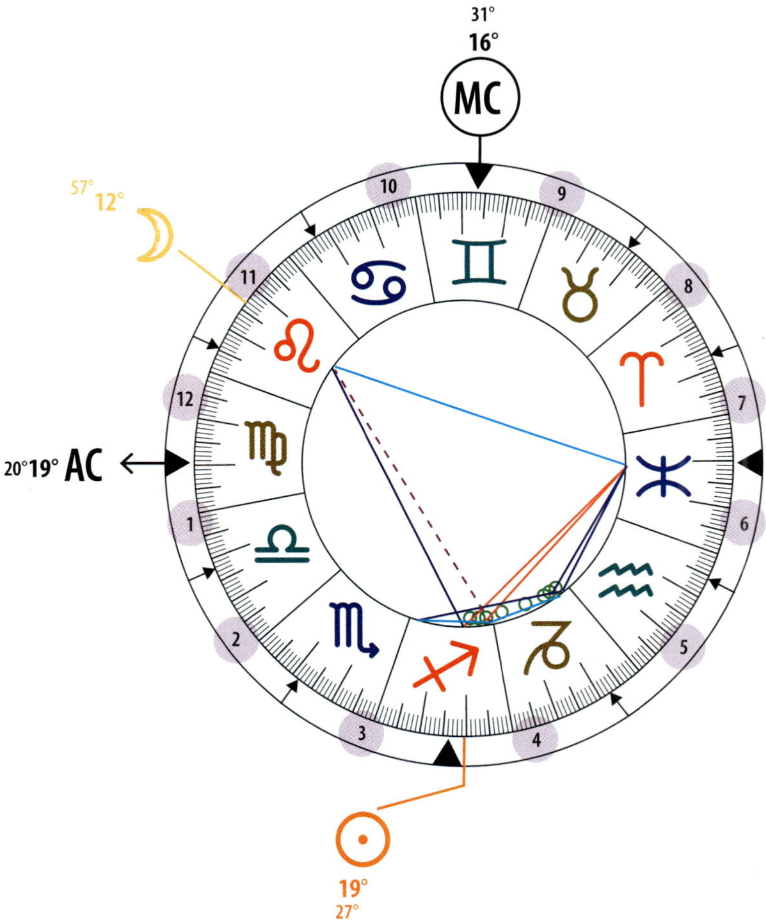

N'oubliez pas

Dans un horoscope divisé en douze secteurs, la première maison commence au point de 9 heures et s'étend jusqu'à 8 heures dans la direction contraire au sens horaire.

Quel que soit votre ascendant, les signes se suivent toujours dans leur ordre naturel. Donc si vous êtes d'ascendant Scorpion, vous avez le Sagittaire sur la cuspide de la deuxième maison, le Capricorne sur celle de la troisième, et ainsi de suite. Et si votre ascendant est du signe des Poissons, le Bélier se trouve sur la cuspide de la deuxième maison, le Taureau sur la troisième, etc.

N'oubliez pas

La cuspide est tout simplement la pointe ou le début d'une maison.

Note technique

Les astrologues ont débattu pendant longtemps des différentes méthodes de domification (c'est-à-dire de division duodécimale – en douze parties – de la sphère céleste). Le système le plus communément utilisé fut développé au XVIIe siècle par un astrologue appelé Placidus de Tito. Le système de Placidus est largement employé, mais c'est un système difficile à calculer, et vraiment imprécis dans les latitudes du Nord. (Cependant, comme il est très répandu, c'est le système que j'utilise pour les cartes du ciel de ce livre.)

Le système le plus simple – en fait, le deuxième système le plus simple – fut inventé par le mathématicien, astronome et astrologue grec Claude Ptolémée il y a près de 2 000 ans. On l'appelle le *système des maisons égales* parce qu'il suppose que toutes les maisons sont de la même taille. Donc si votre ascendant est à 18°36' dans le Verseau, la cuspide de votre deuxième maison se trouve à 18°36' en Poissons, celle de votre troisième maison à 18°36' en Bélier, et ainsi de suite.

Le système le plus simple de domification est habituellement utilisé en astrologie hindoue. Il aligne les maisons et les signes, et suppose que la cuspide de chaque maison est à 0 degré. (En conséquence, l'ascendant n'est pas la cuspide de la première maison, mais simplement un point à l'intérieur de celle-ci). Donc si votre ascendant est le Sagittaire, vous avez tout le Sagittaire dans la maison I, tout le Capricorne dans la maison II, et ainsi de suite. Bien que ce système ne soit pas beaucoup utilisé dans l'astrologie occidentale, l'astrologue Robert Hand prône son renouveau – et on peut trouver beaucoup d'arguments en faveur de son utilisation, surtout si vous pensez que l'heure de la naissance est incorrecte.

Que faire si vous ne connaissez pas l'heure de votre naissance ?

Même si personne ne se souvient de l'heure précise de votre naissance, quelqu'un se souviendra peut-être que votre mère vous a mis au monde juste avant l'heure du déjeuner, ou juste avant que le soleil ne se couche, ou à un moment donné entre minuit et l'aube. Si c'est le cas, choisissez une heure approximative. Et gardez à l'esprit que vous pouvez aller voir un astrologue professionnel pour faire rectifier votre horoscope. L'astrologue rectifie votre horoscope en travaillant en arrière à partir d'événements majeurs de votre vie (tels que le mariage ou la mort d'un parent) pour affiner l'estimation et fournir une heure de naissance plus précise. En attendant, utilisez l'approximation, mais soyez conscient que votre ascendant n'est qu'une estimation informée, et que la position de votre Lune peut différer d'un degré ou deux, ce qui, dans certains cas, la place dans un autre signe du zodiaque.

Si vous n'avez aucune idée de l'heure à laquelle vous êtes né, vous ne connaîtrez probablement jamais le degré, et peut-être même pas le signe de votre Lune natale, et vous ne serez jamais certain de votre ascendant ni des positions de vos maisons. Pourtant, ne vous en faites pas : votre signe solaire, votre signe lunaire approximatif et les positions des planètes révèlent déjà énormément de choses, surtout lorsque vous les voyez joliment présentés sur une roue d'horoscope. Vous pouvez faire la chose suivante : dressez une carte solaire, c'est-à-dire en supposant que vous êtes né vers l'aube. Donc si vous êtes né le 7 janvier, placez le Capricorne sur la cuspide (au début) de la maison I, le Verseau sur la cuspide de la deuxième maison, etc. Puis placez votre Soleil dans la maison I et positionnez les autres planètes en conséquence, comme indiqué plus haut.

Dresser sa carte du ciel, à la main

L'établissement d'un thème astral de base se fait au moyen des étapes suivantes : recherche des planètes, détermination de l'ascendant, traçage de la roue de l'horoscope, et positionnement des planètes sur la roue. Cela étant fait, vous êtes prêt pour le véritable art de l'interprétation astrologique.

1 Prenez une carte du ciel vide.

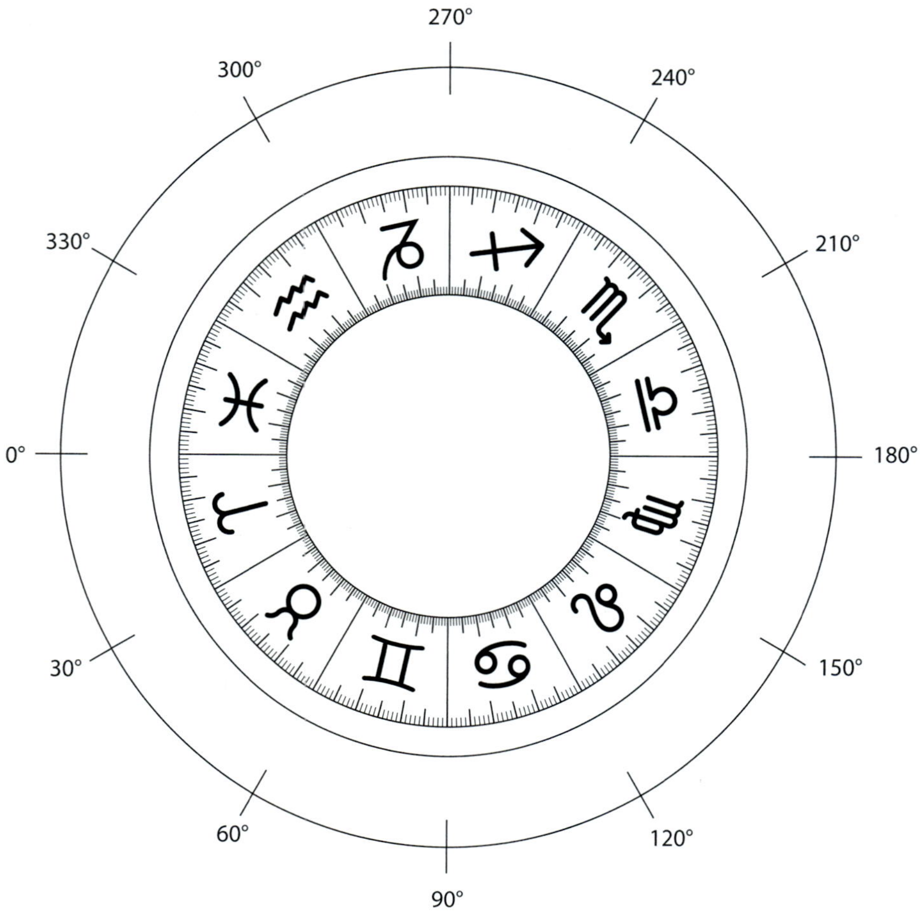

Voici maintenant une carte du ciel simplifiée avec le positionnement des planètes dans les signes.

Si vous souhaitez monter vous-même une carte du ciel parfaite sur le plan des calculs mathématiques, voici ce que vous devrez calculer.

❶ La longitude et la latitude précises du lieu de votre naissance.

❷ Le temps sidéral de naissance (ou heure sidérale de naissance). Convertissez d'abord l'heure de la naissance en heure de Greenwich, ou temps universel de naissance, en prenant le fuseau horaire du lieu de naissance et en tenant compte des variations subies, comme l'heure d'été ou l'heure allemande pendant la guerre, qui diffère en France selon les régions. Le temps sidéral de naissance se compose du temps sidéral de Greenwich à 0 heure (que l'on trouve dans les éphémérides à la date du temps universel de naissance), de la correction du temps sidéral de Greenwich pour l'heure de naissance, du temps universel de naissance, et de la correction de longitude du lieu de naissance.

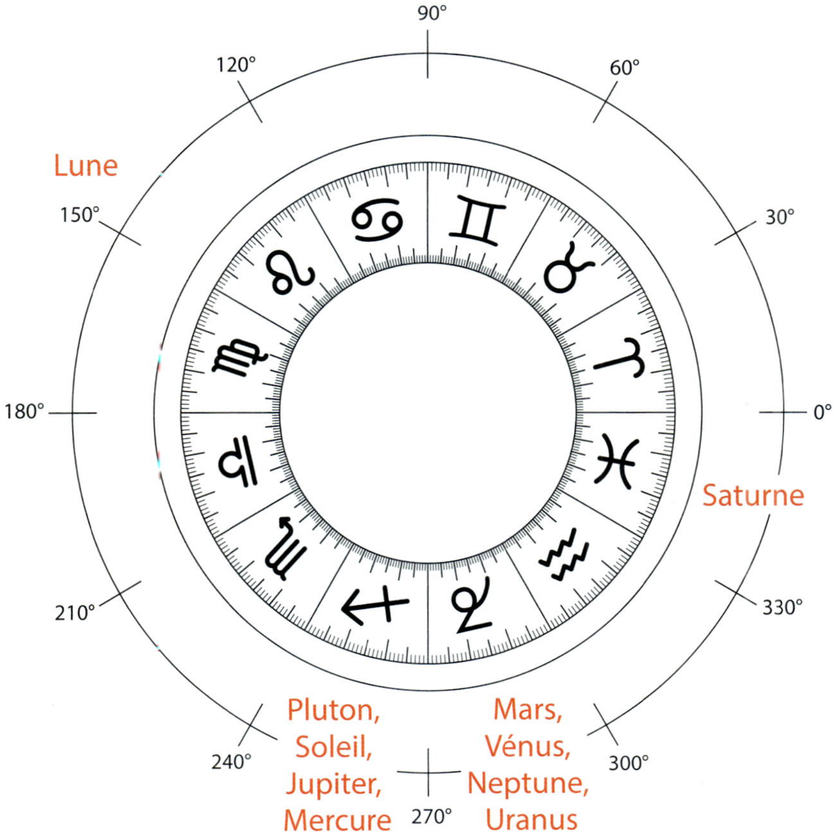

❸ Une table des maisons. Celle-ci vous donnera la position de la cuspide de la première maison (ascendant) à n'importe quel moment donné en fonction du temps sidéral et de la latitude de votre naissance. Elle vous donnera aussi les positions en degrés des cuspides des autres maisons.

❹ Les éphémérides de l'année de votre naissance. Elles constituent en quelque sorte la « pierre de Rosette » de l'astrologie. Elles donnent la liste des positions du Soleil, de la Lune et des planètes pour chaque jour de l'année, pour minuit ou pour midi d'après le méridien de Greenwich, en Angleterre (base du temps universel, TU). Donc si vous êtes né à Greenwich sur le coup de minuit, vous n'avez rien à faire pour déterminer la position de vos planètes. Vous pouvez les lire directement dans la table. Mais si vous êtes né à n'importe quelle autre heure ou à n'importe quel autre endroit, vous devez faire des ajustements. En utilisant les principes de l'algèbre de collège, vous pouvez arriver à une estimation assez précise. Mais si vous voulez être vraiment précis, vous devrez utiliser...

❺ Une table de logarithmes. Mais soyons réalistes : si vous aviez vraiment envie de faire des logarithmes, vous ne seriez pas en train de lire ce livre.

Conseil

Pour vous procurer ces livres, tables, etc., rendez-vous dans une librairie ésotérique, à la Fnac, dans certaines librairies ou grandes surfaces, ou visitez des sites spécialisés sur le Web.

Existe-t-il des différences entre la méthode informatisée et celle à la main ?

Bien sûr, surtout si vous regardez les positions des maisons. Une carte du ciel générée par ordinateur est meilleure qu'une carte faite à la main, sur tous les plans. Mais une carte du ciel natal approximative est quand même bourrée d'informations sur la personnalité, les talents, les faiblesses, les désirs, la vie amoureuse, la carrière, et même l'avenir. Elle n'est pas parfaite. Mais elle vous permettra quand même de réfléchir, et elle vous captivera.

Partie 2
L'interprétation

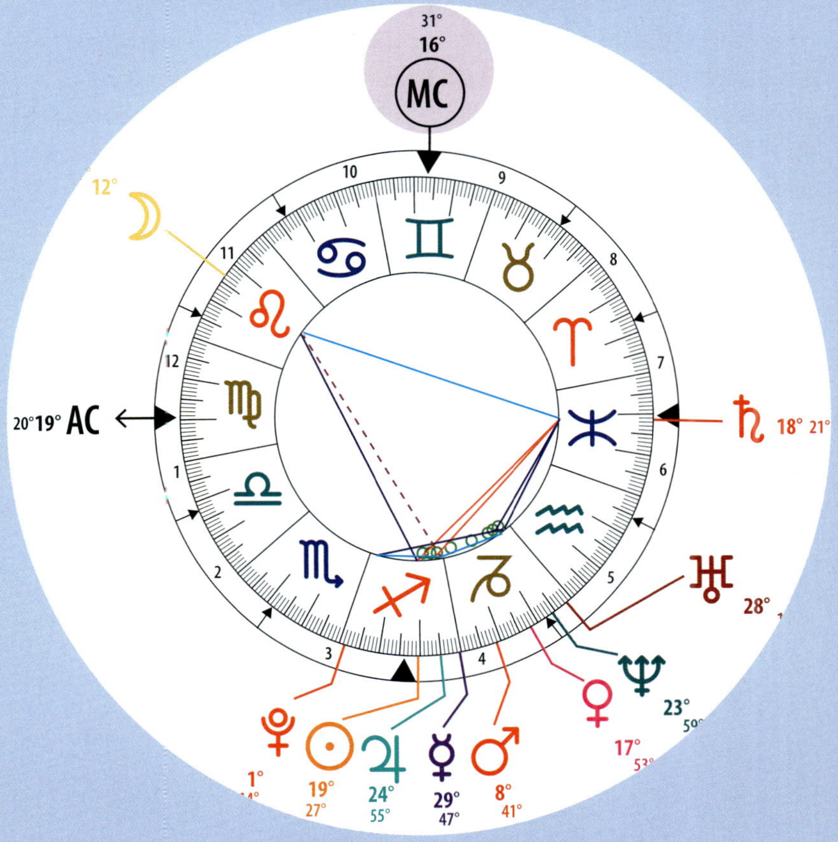

Dans cette partie…

À votre naissance, si vous aviez disposé d'une vision étendue du cosmos, vous auriez pu regarder le ciel étoilé pour y voir le Système solaire tout entier. Vous auriez vu le Soleil sur un point, la Lune sur un autre, Mars, la planète rouge, ici, Saturne avec ses anneaux là-bas, et toutes les autres planètes éparpillées à travers le ciel comme des châtaignes sur un sentier boisé (sans parler des astéroïdes). Ayant observé tout cela, vous n'auriez pas simplement rêvassé : vous auriez regardé votre horoscope grandeur nature ! Votre horoscope miniature, avec ses symboles mystérieux, ses cercles concentriques et ses nombres minuscules, ressemble peut-être à une amulette de magicien. En fait, c'est simplement une carte du ciel et de la position des planètes au moment de votre naissance. Elle reproduit, sous forme simplifiée, la vue que vous auriez eue à votre naissance. Cette figure de la sphère céleste, qui ne se répétera pas avant près de 26 000 ans, résume l'action des forces et l'influence des planètes à votre naissance. Chaque objet de votre horoscope reflète ou symbolise un aspect de qui vous êtes. Dans cette partie, vous pouvez étudier les influences du Soleil, de la Lune, de l'ascendant et des planètes, à la fois dans les signes du zodiaque et dans les maisons. En lisant les descriptions, vous pourrez imaginer les possibilités.

DANS CE CHAPITRE

Le Soleil dans les signes du zodiaque

Le Soleil dans les maisons

Chapitre 3

Les signes solaires

Alors que j'étais encore au lycée, j'achetai mon premier livre d'astrologie pratiquement par accident, et ma compréhension de la vie en fut complètement transformée. Ce livre donnait une description applicable à des gens que je connaissais avec une précision troublante. Mes parents, la fille avec qui je partageais une chambre, mon copain de l'époque, ils s'y trouvaient tous, décrits avec des détails stupéfiants. Au cours de ces quelques premières heures, je découvris qu'à lui seul le signe solaire est incroyablement révélateur.

Plus tard, je compris qu'un horoscope, ou thème astral (ou thème natal, ou thème individuel), est quelque chose d'aussi compliqué qu'un feuilleton qui est diffusé depuis de nombreuses années (et presque aussi prévisible lorsqu'il se trouve dans les mains d'un bon astrologue). Un thème astral comprend dix planètes, douze maisons, douze signes, plusieurs points mathématiques, et davantage. Après avoir acheté mes premières éphémérides (tables astrologiques qui indiquent la position des planètes pour n'importe quelle année donnée) et avoir appris à effectuer les calculs mathématiques, je me mis à monter des thèmes astraux pour toutes les personnes que je connaissais. Carte du ciel (également appelée *radix*) en main, j'explorais de nombreuses méthodes d'analyse, j'expérimentais différentes techniques secrètes, et je recherchais des planètes et toutes sortes de corps célestes qui pourraient dévoiler les secrets de la destinée (astéroïdes, comètes, planètes attendant encore d'être découvertes, le trou noir qui dévore notre galaxie). Mais, malgré tout ça, je revenais encore et toujours au même ensemble de diagrammes. Et je compris alors que le centre de quasiment toute carte du ciel, c'est le Soleil. Il illumine votre moi intrinsèque et domine votre thème de la même manière que le brillant Soleil domine le ciel.

☉ Le symbole du Soleil se compose du point de l'individualité entouré du cercle de l'intégralité et du potentiel.

Né à la fin d'un signe ou au début du suivant ?

Vous connaissez probablement déjà votre signe du zodiaque. Mais si vous êtes né au début ou à la fin d'un signe, vous devez faire attention. Les dates qui sont données pour chaque signe au chapitre 1 (et dans tout autre livre d'astrologie) sont trompeuses. Elles indiquent les périodes de temps durant lesquelles le Soleil passe en général d'un signe à l'autre ; mais, en réalité, le mouvement exact varie. Certaines années, le Soleil passe à son nouveau signe le matin ; d'autres fois, c'est l'après-midi que cela se produit ; et occasionnellement, le changement a lieu après minuit. Prenons un exemple. Une personne née à Boston le matin du 2 novembre 1977 est du signe du Sagittaire. Mais si elle est née à la même heure au même endroit un an plus tard, elle est du signe du Scorpion. Que devez-vous donc faire si vous êtes né à une date qui marque le début ou la fin d'un signe ? Appelez un astrologue, vérifiez votre horoscope sur Internet, ou effectuez les calculs mathématiques. Sinon, vous ne pourrez pas être absolument sûr d'être né à la fin d'un signe ou au début du suivant.

Disons que vous êtes né le 20 mars 1981 à Paris. Vous combinez la supersensibilité des Poissons à l'énergie brute du Bélier – mais pas parce que votre Soleil incorpore ces deux qualités. Vous possédez des traits de caractère qui reflètent les deux signes parce que vous avez la douce Vénus dans ces Poissons et Mars dans le Bélier. À moins de connaître l'heure de votre naissance, vous ne pourrez toutefois pas connaître votre signe solaire. Si vous êtes né le matin de ce jour-là (à 10 heures, par exemple), vous êtes un Poissons. Si vous êtes né dans la soirée (à 20 heures, par exemple), vous êtes un Bélier. Vous êtes soit l'un, soit l'autre, mais pas les deux.

Pourtant, quelle que soit la position correcte du Soleil, vous possédez encore des qualités de ces deux signes, grâce à Mars et à Vénus. Dans ce cas, direz-vous, pourquoi est-ce important ? C'est important parce que le Soleil est dominant et modifie votre équilibre interne dans sa propre direction. Cela a de l'importance en termes de prévisions. Et cela a de l'importance parce qu'il vaut tout simplement mieux ne pas vous tromper. Si vous êtes né le jour d'un changement de signe, vous courez le risque de prendre vos désirs pour des réalités, de choisir le signe qui a l'air d'être « le meilleur » et de biaiser la manière dont vous vous percevez afin de vous prétendre autant que possible semblable au signe que vous préférez. Évitez cela. Trouvez les données exactes. Car vous ne pourrez pas bénéficier de la sagesse de l'astrologie si vous essayez de naviguer à travers la vie avec la carte du psychisme de quelqu'un d'autre.

En revanche, si vous êtes cette rare personne née un de ces jours clés sans connaître l'heure, lisez les descriptions des deux signes, et essayez de trouver celle qui semble exacte. Dans certains cas, cela saute aux yeux. Dans d'autres, le secret de votre naissance ne sera peut-être jamais percé, et vous pourrez vous délecter du luxe du choix.

Le Soleil dans les signes

Le signe qu'occupait le Soleil au moment de votre naissance détermine vos motivations, votre méthode d'expression de vous-même et votre approche fondamentale de la vie. C'est le fondement de votre personnalité.

N'oubliez pas

Chaque signe possède une polarité (il est soit positif, soit négatif), un mode (il est cardinal, fixe ou mutable) et un élément (feu, terre, air ou eau). Pour en savoir plus sur tous ces termes, reportez-vous au chapitre 1.

Attention

Les dates indiquées pour le début et la fin des signes sont approximatives. Si vous êtes né en début ou en fin de période, il est souhaitable de faire vérifier votre signe solaire par un astrologue professionnel, ou de vous procurer une carte du ciel calculée par ordinateur.

Le Bélier : du 21 mars au 20 avril

Le symbole du Bélier représente soit la tête du bélier, une fontaine d'où jaillit l'énergie, soit les sourcils et le nez d'un être humain – une partie du visage qui est bien définie et gracieuse chez un natif typique de ce signe.

Bélier : les données de base

Signe : masculin

Couleurs favorables : le rouge et le blanc

Mode : cardinal

Pierre porte-bonheur : diamant

Élément : feu

Partie du corps : la tête

Maître : Mars

Phrase clé : « Je suis »

Signe opposé : la Balance

Traits principaux : énergique, mais impétueux

L'année astrologique débute à l'équinoxe de printemps, qui est le premier jour du Bélier, le signe des pionniers. Gouverné par Mars, la planète qui porte le nom du dieu romain de la Guerre, vous êtes dynamique, franc et vous débordez d'initiatives. Votre signe est celui des commencements.

Les qualités

Les natifs du Bélier typiques sont entreprenants, intrépides, passionnés, infatigables et courageux. Bélier, vous possédez l'audace et la joie de vivre. Vous débordez d'énergie et de vitalité. Indépendant et joyeusement individualiste, vous possédez un sens affirmé de qui vous êtes, et vous refusez que les autres vous définissent. Vous êtes un leader, et pas un suiveur. Vous prenez aussi des risques avec un esprit de pionnier et un amour inné de la nouveauté. Lorsqu'une idée intrigante ou un projet excitant capture votre attention, vous allez droit au but. Pourquoi attendre ? Après tout, le Bélier est le signe des commencements. Si vos plans ne fonctionnent pas, vous acceptez la déception avec bonne grâce, et vous vous remettez à avancer.

Les défauts

Comme un enfant, vous pouvez être égocentrique, manquer d'égards, et être bien décidé à faire les choses à votre façon, quoi qu'il arrive. Nerveux et impatient, vous faites parfois preuve d'un manque de prévoyance déplorable, et vous manquez souvent de persévérance. Votre enthousiasme initial tombe souvent, et vous obtenez donc souvent de plus grandes satisfactions avec des projets à court terme qu'avec des entreprises de longue haleine. Sur le plan émotionnel, vous avez parfois du mal à comprendre ce que ressent l'autre. Et votre humeur est chauffée à blanc : elle arrive et disparaît en un éclair, mais lorsqu'elle apparaît, vous êtes terrifiant. Vous avez des opinions très prononcées, et vous n'avez pas peur de les exprimer. Vous pensez la chose suivante : si l'expression de vos points de vue met les autres mal à l'aise, il faut les laisser soigner eux-mêmes leur sensibilité fragile. Vous, vous avez bien trop à faire pour vous occuper de sentiments froissés ou ruminer les injustices du passé.

Quelques natifs typiques du signe du Bélier

- Robert Badinter 30/03/1928 – Paris – 6 h 00 – Asc. : Bélier – Lune : Lion.
- Jean-Paul Belmondo 09/04/1933 – Neuilly-sur-Seine – 9 h 00 – Asc. : Cancer – Lune : Balance.
- Jean-Pierre Coffe 24/03/1938 – Lunéville – 3 h 00 – Asc. : Capricorne – Lune : Capricorne.
- Marguerite Duras 04/04/1914 – Gia Dinh (Indochine, aujourd'hui au Vietnam) – 4 h 00 – Asc. : Poissons – Lune : Cancer.
- Serge Gainsbourg 02/04/1928 – Paris – 4 h 45 – Asc. : Poissons – Lune : Vierge.
- Simone Signoret 25/04/1921 – Wiesbaden (Allemagne) – 2 h 30 – Asc. Capricorne – Lune : Balance.
- Vincent Van Gogh 30/03/1853 – Groot Zundert (Pays-Bas) – 11 h 00 – Asc. : Cancer – Lune : Sagittaire.
- Émile Zola 02/04/1840 – Paris – 23 h 00 – Asc. : Sagittaire – Lune : Bélier.

Le Taureau : du 21 avril au 20 mai

Le symbole du Taureau représente la tête du taureau, le menton et la gorge, l'utérus et les trompes de Fallope, ou le cercle symbolique du potentiel couronné du croissant de la réceptivité.

Taureau : les données de base

Signe : féminin

Couleurs favorables : les verts et les bruns

Mode : fixe

Pierre porte-bonheur : l'émeraude

Élément : terre

Parties du corps : le cou et la gorge

Maître : Vénus

Phrase clé : « Je construis »

Signe opposé : le Scorpion

Traits principaux : productif, mais obstiné

Les natifs du Taureau sont sensibles, fiables et prêts à assumer des responsabilités. Mais ils ont aussi un autre côté : car la maîtresse de ce signe est Vénus, la déesse de l'Amour.

Les qualités

Dans le cycle du zodiaque, le Bélier, pionnier, arrive en premier, en faisant fuser de l'énergie de partout. Le Taureau amène cette énergie à terre et l'utilise pour construire quelque chose de solide. Avec votre signe fixe, vous êtes stable, enraciné dans la réalité et extrêmement fiable. Ce sont les objectifs concrets qui vous parlent le plus, et vous les poursuivez avec une persistance tranquille. Étant donné que vous avez un besoin intense de sécurité, à la fois émotionnelle et financière, vous avez tendance à faire des choix prudents. L'argent est important pour vous, mais vous êtes aussi hautement créatif, et il est probable que vous soyez doué pour l'art ou la musique. Avec pour planète maîtresse Vénus, la gardienne de l'amour et de la beauté, vous êtes doux, romantique et sensuel. Vous adorez faire l'amour avec volupté ; la texture de la soie et du velours ; le pain frais ; les bons vins rouges ; la nature à toutes les saisons ; et les objets de grande beauté, dont vous faites facilement l'acquisition.

Les défauts

Bien que votre dévouement soit impressionnant, votre rythme tranquille peut rendre les autres fous. Vous commencez lentement, vous avez tendance à avancer lentement, et vous refusez qu'on vous presse. Vous pouvez être incroyablement buté, d'une façon qui irrite. Vous pouvez aussi être avide et matérialiste, incroyablement glouton, paresseux, et complaisant envers vous-même. Mais, d'un autre côté, vous savez où vous allez et ce que vous voulez. Vous n'atteindrez peut-être pas rapidement votre destination, mais, comme la tortue légendaire à laquelle on vous compare souvent, vous l'atteindrez.

Quelques natifs typiques du signe du Taureau

- Patrick Bruel 14/05/1959 – Tlemcen (Algérie) – 8 h 00 – Asc. : Gémeaux – Lune : Lion.
- Jean Gabin 17/05/1904 – Paris – 2 h 00 – Asc. : Poissons – Lune : Gémeaux.
- Fernandel 08/05/1903 – Marseille – 7 h 00 – Asc : Gémeaux – Lune : Balance.
- Yannick Noah 18/05/1960 – Sedan – 12 h 45 – Asc. : Vierge – Lune : Poissons.
- Christine Ockrent 24/04/1944 – Bruxelles (Belgique) – 22 h 45 – Asc. : Scorpion – Lune : Gémeaux.
- Marie-José Pérec 09/05/1968 – Basse-Terre, en Guadeloupe – 2 h 20 – Asc. : Taureau – Lune : Balance.
- Bernard Pivot 05/05/1935 – Lyon – 17 h 00 – Asc. : Balance – Lune : Gémeaux.
- Charles Trenet 18/05/1913 – Narbonne – 16 h 00 – Asc. : Balance – Lune : Scorpion.

Les Gémeaux : du 21 mai au 20 juin

Les piliers des Gémeaux représentent les jumeaux de la mythologie : Castor, le fils humain d'un roi, et Pollux, le fils immortel de Zeus. Les deux verticales représentent également votre caractère double.

Gémeaux : les données de base

Signe : masculin

Couleurs favorables : le jaune

Mode : mutable

Pierre porte-bonheur : l'agate

Élément : air

Parties du corps : les bras, les épaules et les poumons

Maître : Mercure

Phrase clé : « Je pense »

Signe opposé : le Sagittaire

Traits principaux : intelligent, mais superficiel

Agiles et sachant bien s'exprimer, les Gémeaux sont curieux, changeants et convaincants. C'est parce que leur maître est Mercure, le dieu à l'esprit vif qui pouvait se tirer de n'importe quelle situation grâce à son bagout.

Les qualités

Toujours jeune, dit-on. Vous êtes malin, de bonne humeur, et complètement intéressé par la vie. Dans votre quête éternelle de stimulation mentale, vous êtes fasciné par la diversité du monde. Vous y répondez joyeusement. Vous vous sentez vivifié lorsque vous maîtrisez une technique, que vous explorez un domaine de connaissance ou que vous rencontrez quelqu'un de nouveau. Maître de la communication et des commérages, vous êtes enjôleur, intelligent, et vous avez l'esprit vif. Vous pouvez convaincre n'importe qui de n'importe quoi – y compris vous-même. Au mieux de votre forme, vous êtes divertissant, sociable, ingénieux et dans le vent : en un mot, éblouissant. La variété et l'activité sont vos délices, et vous avez de nombreux centres d'intérêt. Pour être bien sûr de ne jamais vous ennuyer, vous gardez vos options ouvertes. Vous vous sentez en sécurité lorsque vous avez deux romans sur votre table de chevet, deux jobs, deux amours (un principal et un de secours, au cas où...). Lorsque vous êtes occupé, vous êtes heureux. Lorsque votre assiette déborde, vous vous sentez bien dans le monde.

Les défauts

Vous parlez trop. Vous fatiguez les gens. Vous pouvez même aller jusqu'à épuiser votre propre intérêt pour une idée, tout simplement en en parlant à mort. Lorsque vous mettez les bouchées doubles, ce qui arrive souvent, vous devenez nerveux et tendu. Vous changez rapidement d'avis, vous avez du mal à maîtriser vos émotions, et vous pouvez être fourbe, superficiel et inconstant – l'incarnation vivante de la girouette ! On vous accuse d'être superficiel. En fait, vous vivez de vraies émotions, mais elles ne durent pas longtemps. Lorsque les problèmes surgissent, vous mettez de côté vos sentiments et vous vous adaptez avec une facilité étourdissante. Votre partenaire vous quitte ? Qu'à cela ne tienne, vous réécrivez l'histoire, et bientôt c'est vous qui l'avez quitté. Vous vous occuperez plus tard des conséquences sur le plan émotionnel. En attendant, vous avez commencé un nouveau chapitre. Vous êtes un véritable caméléon.

Quelques natifs typiques du signe des Gémeaux

- Barbara 09/06/1930 – Paris – 16 h 00 – Asc. : Balance – Lune : Scorpion.
- Jean Galfione 09/06/1971 – Paris – 20 h 50 – Asc. : Sagittaire – Lune : Sagittaire.
- Johnny Halliday 15/06/1943 – Paris – 13 h 00 – Asc. : Vierge – Lune : Scorpion.
- Jean Moulin 20/06/1899 – Béziers – 12 h 00 – Asc. : Balance – Lune : Scorpion.
- Gérard de Nerval 22/05/1808 – Paris – 20 h 00 – Asc : Sagittaire – Lune : Taureau.
- Françoise Sagan 21/06/1935 – Cajarc – 11 h 00 – Asc. : Vierge – Lune : Poissons.
- Jean-Paul Sartre 21/06/1905 – Paris – 18 h 45 – Asc. : Sagittaire – Lune : Verseau.
- Alain Souchon 27/05/1944 – Casablanca (Maroc) – 7 h 00 – Asc. : Gémeaux – Lune : Lion.

Le Cancer : du 21 juin au 22 juillet

Le symbole du Cancer représente les seins (et donc la mère), les pinces du crabe, et la nature fluide de la vie et des sentiments.

Cancer : les données de base

Signe : féminin

Couleurs favorables : le blanc et l'argent

Mode : cardinal

Pierre porte-bonheur : perles et pierre de lune

Élément : eau

Parties du corps : estomac et seins

Maître : la Lune

Phrase clé : « Je ressens »

Signe opposé : le Capricorne

Traits principaux : intuitif, mais lunatique

La Lune toujours changeante est la maîtresse de ce signe. Vous êtes éveillé, conscient, une créature aux nombreuses humeurs. Mais bien que vous partiez parfois à la dérive dans un océan d'émotions, vous êtes bien déterminé à réaliser vos objectifs, et en général vous y parvenez.

Les qualités

Vous personnifiez un paradoxe intéressant. En tant que signe d'eau, vous êtes une personne profondément sensible dont les humeurs fluctuantes sont un baromètre de l'atmosphère émotionnelle qui vous entoure. Vous avez également un amour profond pour le passé, une intuition remarquable, et un besoin intense de foyer, de famille et de sécurité émotionnelle. Vous êtes tenace et résolu, et vous n'abandonnez jamais quelqu'un que vous aimez. Même si vous devez pour cela être possessif et trop protecteur, eh bien, tant pis ! Votre aptitude à réconforter les autres existe en parallèle de votre besoin de vous occuper de vous-même et de vous réconforter, et cela durera toute la vie. Mais un autre aspect est souvent négligé : en tant que signe cardinal, vous êtes résolu à entreprendre l'activité. Bien que vos sentiments puissent vous sembler une mer bouillonnante à l'intérieur de vous-même, ce n'est pas ça qui vous arrête. Vous prenez votre courage à deux mains, vous réprimez vos doutes, et vous allez de l'avant, bien que ce ne soit pas sans verser quelques larmes en route. Le Cancer a la réputation d'être un signe qui aime la vie de famille, mais vous êtes également imaginatif, sagace et ambitieux. Et j'ajouterais presque que vous avez la meilleure mémoire du monde.

Les défauts

Regardez le crabe. Il approche sa cible par le côté, en étant terrorisé. Il se retire dans sa carapace. Et vous faites la même chose. Vous vous protégez bien. Parfois, vous êtes tellement sur la défensive, tellement décidé à vous protéger pour ne pas être blessé, qu'il est impossible de vous parler. Vous êtes également très sensible et terriblement possessif. Lorsque vous avez peur d'être abandonné, par votre partenaire, par un ami ou même par votre propre enfant, vous vous accrochez. Vos émotions peuvent être débordantes et, pour vous ressourcer, vous avez souvent besoin de vous retirer, comme le crabe, dans la solitude tranquille. L'un des défis que vous affrontez quotidiennement consiste à vous tenir à l'écart des sables mouvants de l'insécurité et de la fosse aux serpents de la dépression. Comme la plupart des défis que vous affrontez dans votre vie, c'est un problème que vous êtes en mesure de bien maîtriser.

Quelques natifs typiques du signe du Cancer

- Bernard Buffet 10/07/1928 – Paris – 7 h 00 – Asc. : Lion – Lune : Bélier.
- Jean Cocteau 05/07/1889 – Maisons-Laffitte – Asc. : Taureau – Lune : Vierge.
- Jean-Luc Delarue 24/06/1964 – 21 h 15 – Paris – Asc. : Capricorne – Lune : Capricorne.
- La princesse Diana 01/07/1961 – Sandringham (Angleterre) – 19 h 45 – Asc. Sagittaire – Lune : Verseau.
- Lionel Jospin 12/07/1937 – Meudon – 23 h 10 – Asc. : Poissons – Lune : Vierge.
- Pierre Perret 09/07/1934 – Castel-sarrasin – 18 h 00 - Asc. : Sagittaire – Lune : Gémeaux.
- Marcel Proust 10/07/1871 – Paris – 23 h 30 – Asc. : Bélier – Lune : Taureau.
- Paul-Émile Victor 28/06/1907 – Genève (Suisse) – 17 h 30 – Asc. : Sagittaire – Lune : Verseau.

Le Lion : du 23 juillet au 22 août

Le symbole du Lion représente la queue ou la crinière du lion, ou la force créatrice du Soleil.

Lion : les données de base

Signe : masculin

Couleurs favorables : l'or et l'orange

Mode : fixe

Pierre porte-bonheur : rubis

Élément : feu

Parties du corps : cœur et colonne vertébrale

Maître : le Soleil

Phrase clé : « Je m'affirme »

Signe opposé : le Verseau

Traits principaux : extraverti, mais exigeant

J'avais autrefois l'impression d'être une espèce de phénomène, parce que j'avais beaucoup d'amis proches natifs du signe du Lion. Mais j'ai fini par comprendre que les Lions sont tellement extravertis et chaleureux qu'ils collectionnent les amis comme d'autres collectionnent les cartes de visite. Le fait est que je n'ai rencontré que peu de gens qui ne comptent pas un Lion ou deux parmi leurs alliés les plus proches.

Les qualités

Vous avez du style. Si vous êtes un Lion typique, vous êtes généreux, extraverti, loyal et agréable (la plupart du temps). Même dans des conversations ordinaires, vous assumez fréquemment le rôle qui consiste à amuser les autres personnes (si vous êtes un Lion, vous savez de quoi je parle) parce que vous adorez être le centre de l'attention. Et avec le Soleil comme maître, vous illuminez vraiment la pièce. Toujours prêt à rire, vous avez des opinions très prononcées et la capacité de vous amuser même dans des conditions difficiles. Vous êtes confiant, gai, créatif, et vous avez de la volonté. Vous vous présentez de façon théâtrale et vitale. Énergique et fier, vous avez du charisme à revendre, et un sens royal de la dignité (et du droit) qui l'accompagne. Naturellement, vous voulez que tout cela soit reconnu. Vous désirez ardemment le prestige, le luxe, et l'impression que vous vivez la vie à fond.

Les défauts

Sous votre personnalité flamboyante, vous seriez en fait humilié si l'on apprenait tous les efforts que vous faites et combien vous êtes vulnérable. Vous voulez désespérément que les gens vous aiment, mais vous pouvez monopoliser la scène et réduire tout le monde autour de vous au rôle d'auditoire (vous devriez pourtant savoir que la plupart des gens n'apprécient pas ce rôle). Vous pouvez être dogmatique et vouloir contrôler. Avec votre hantise d'être rejeté, vous pensez que si vous jouez vos cartes exactement comme il faut, vous gagnerez toutes les mains. Vous êtes donc tout à fait capable de dire aux gens ce qu'ils ont envie d'entendre, quitte à vous défiler plus tard lorsque la vérité est révélée. Vous avez du mal à admettre vos erreurs. Vous pouvez vous pavaner et prendre des allures de monarque. Mais dès que vous vous calmez, que vous cessez de manipuler les gens et que vous laissez libre cours à votre exubérance et votre chaleur naturelles, vous obtenez l'adoration que vous désirez tant.

Quelques natifs typiques du signe du Lion

- Martine Aubry 08/08/1950 – Paris – 15 h 15 – Asc. : Sagittaire – Lune : Gémeaux.
- Emmanuelle Béart 14/08/1963 – Gassin – 5 h 15 – Asc : Lion – Lune : Gémeaux.
- Coco Chanel 19/08/1883 – Saumur – 16 h 00 – Asc. : Sagittaire – Lune : Poissons.
- Alexandre Dumas 24/07/1802 – Villers-Cotterêts – 5 h 30 – Asc. : Lion – Lune : Taureau.
- Guy de Maupassant 05/08/1850 – Dieppe – 8 h 00 – Asc. : Vierge – Lune : Cancer.
- Napoléon Ier 15/08/1769 – Ajaccio – 11 h 00 – Asc. : Scorpion – Lune : Capricorne.
- Yves Saint Laurent 01/08/1936 – Oran (Algérie) – 19 h 45 – Asc. : Verseau – Lune : Capricorne.
- Éric Tabarly 27/07/1931 – Nantes – 10 h 00 – Asc. : Vierge – Lune : Lion.

La Vierge : du 23 août au 22 septembre

Le symbole de la Vierge ressemble à un M avec une boucle tombante. Il représente les organes génitaux de la femme, en contraste avec le signe du Scorpion, qui représente l'homme.

Vierge : les données de base

Signe : féminin

Couleurs favorables : le bleu marine et les couleurs neutres

Mode : mutable

Pierre porte-bonheur : péridot

Élément : terre

Parties du corps : le système nerveux

Maître : Mercure

Phrase clé : « J'analyse »

Signe opposé : les Poissons

Traits principaux : analytique, mais tatillon

Le mental d'un natif du signe de la Vierge est une chose merveilleuse. Grâce au sagace Mercure, qui est aussi la planète de la communication, vous êtes observateur, analytique et intelligent. En plus, vous essayez constamment de vous améliorer. Vous vous considérez comme une œuvre en cours de réalisation.

Les qualités

Rien ne vous échappe. Vous avez l'œil pour le détail, le sens inné de l'efficacité, et une sensibilité extrême aux implications du langage. Vous possédez en outre des capacités analytiques extraordinaires, une rare clarté d'esprit, une capacité de concentration enviable, et, pour couronner le tout, une modestie sympathique. Vous savez que vous n'êtes pas parfait, mais vous faites absolument tout ce que vous pouvez pour arriver un jour à l'être. Avec la terre pour élément, vous êtes patient et industrieux. Et pourtant, vous êtes aussi un idéaliste et un perfectionniste de premier ordre. Vous savez comment les choses devraient être et vous êtes certain de pouvoir y parvenir, pas à pas. Vous êtes organisé et discipliné, ou du moins vous aimeriez bien l'être. Et vous vous poussez vers vos limites. Lorsque d'autres personnes essaient de se défiler de corvées, vous intervenez, vous établissez méticuleusement une liste de toutes les choses à faire, et vous cochez chaque élément de la liste. Savez-vous pourquoi vous vous retrouvez presque toujours avec davantage de travail sur votre bureau que vos collègues ? C'est parce que vous êtes plus compétent que n'importe qui d'autre. Vous êtes également serviable, fiable, attirant (certaines des plus belles personnes sur terre sont nées sous le signe de la Vierge), et incroyablement amusant dans une conversation.

Les défauts

Vous êtes trop dur avec tout le monde, y compris avec vous-même. Vous harcelez sans pitié. Vous critiquez. Vous ne pouvez pas faire la distinction entre ce qui est acceptable (votre conjoint) et ce qui représente un idéal (votre conjoint, si seulement il se mettait à vous écouter et à prendre bonne tournure !). Vous jouez le rôle du noble martyr. Et vous souffrez d'anxiété : vous vous faites du souci au sujet de l'air, de l'eau, de la couche d'ozone, des calories que vous consommez, de l'état du monde, de votre famille, du sans-abri devant lequel vous êtes passé dans la rue, de la remarque indélicate que vous avez bien peur d'avoir proférée, et de votre santé. La Vierge typique doit occire le dragon de l'hypocondrie. Un régime alimentaire sain, suffisamment d'exercice et une méthode de réduction de stress fiable sont essentiels.

Une remarque sur l'ordre et la netteté : peu importe ce que vous avez déjà pu entendre, la plupart des Vierges ne sont pas des maniaques de l'ordre. Certes, cela arrive : je connais des Vierges qui ne peuvent pas dormir en paix tant que toutes les victuailles contenues dans le réfrigérateur ne seront pas disposées de façon bien ordonnée et parallèle à la porte. Je connais aussi des Vierges expertes en matière de produits de nettoyage pour les carreaux. Je connais également des natifs de la Vierge qui sont incapables de jeter quoi que ce soit. Ils ont l'intention de faire quelque chose avec tous ces trucs. En attendant, le raffinement n'est pas leur souci.

Quelques natifs typiques du signe de la Vierge

- Jean-Louis Barrault 08/09/1910 – Le Vésinet – 6 h 00 – Asc. : Vierge – Lune : Scorpion.
- François-René de Chateaubriand 04/09/1768 – Saint-Malo – 0 h 30 – Asc. : Cancer – Lune : Gémeaux.
- Mireille Dumas 10/09/1929 – Chartres – 22 h 50 – Asc. : Gémeaux – Lune : Balance.
- Charles de Foucault 15/09/1858 – Strasbourg – 17 h 00 – Asc. : Verseau – Lune : Sagittaire.
- Julio Iglesias 23/09/1943 – Madrid (Espagne) – 14 h 00 – Asc. : Capricorne – Lune : Cancer.
- Jean-Claude Killy 30/08/1943 – Saint-Cloud – 5 h 10 – Asc. : Lion – Lune : Lion.
- Sophia Loren 20/09/1934 – Rome (Italie) – 13 h 10 – Asc. : Capricorne – Lune : Verseau.
- Claude Nougaro 09/09/1929 – Toulouse – 10 h 00 – Asc. : Balance – Lune : Scorpion.

La Balance : du 23 septembre au 23 octobre

Le symbole de la Balance représente une balance, ou le soleil couchant, ce qui reflète le fait que le premier jour de la Balance est l'équinoxe d'automne, lorsque le jour et la nuit atteignent le point d'équilibre parfait.

Balance : les données de base

Signe : masculin

Couleurs favorables : le bleu et les couleurs pastel

Mode : cardinal

Pierres porte-bonheur : saphir et jade

Élément : air

Parties du corps : reins et peau

Maître : Vénus

Phrase clé : « J'équilibre »

Signe opposé : le Bélier

Traits principaux : cosmopolite, mais indécis

J'ai grandi entourée de Balances, et je peux vous l'assurer : la Balance est le signe de la civilisation. Avec pour maîtresse Vénus, la planète de l'amour et de la beauté, vous agissez rationnellement, vous croyez en la justice, et c'est en général un plaisir que d'avoir affaire à vous

Les qualités

Natifs de la Balance vous partagez les traits suivants : vous êtes raffiné, aimable, d'humeur égale, sociable, le diplomate absolu (si vous le voulez bien). Vous recherchez la sérénité, vous réagissez fortement à l'art et à la musique, et vous prospérez dans un environnement plaisant sur le plan esthétique (bien que des nuisances ordinaires comme le bruit vous crispent et vous fatiguent). Vous êtes facile à vivre, élégant et charmant, et on recherche votre compagnie pour les dîners. Et, bien que vous ne puissiez pas vous empêcher de flirter, vous êtes aussi un partenaire engagé pour lequel la vie relationnelle est indispensable. Dans le même temps, avec l'air comme élément, vous avez un intellect sophistiqué et une approche sensée de la vie. Vous êtes conscient des implications de toute décision, et vous ne manquez pas de sauter aux conclusions. Vous essayez naturellement d'être objectif (c'est la signification de la balance, votre symbole, qui représente votre aptitude à soupeser les deux aspects d'un problème. Il est intéressant de noter que la Balance est le seul signe représenté par un objet plutôt que par un être vivant). La plupart du temps, votre approche réfléchie et objective fonctionne. L'harmonie et l'équilibre que vous recherchez sont accessibles.

Les défauts

Votre personnalité plaisante dissimule peut-être un sentiment vague de mécontentement, de terribles moments passés à traiter des complexités émotionnelles, et un manque de confiance déplorable. Vous pouvez être vague, dépendant, vous laisser aller, et votre sensibilité raffinée est facilement froissée. Vous ne supportez pas les querelles. Et vous éprouvez des difficultés à trouver l'équilibre dont vous avez besoin. Étant donné que vous réfléchissez beaucoup, vous pouvez être indécis, ce qui sur vous a un effet paralysant. Vous faites les cent pas. Vous comparez et essayez de mettre en contraste. Vous vous mettez à la place de l'autre. Vous vous mettez vous-même dans tous les états, vous devenez distant, ergoteur, épuisé ou déprimé. Dans votre recherche de la paix, de la beauté et de l'équilibre, votre meilleure approche est celle des Romains : l'équilibre en toute chose.

Quelques natifs typiques du signe de la Balance

- Brigitte Bardot 28/09/1934 – Paris – 13 h 15 – Asc. : Sagittaire – Lune : Gémeaux.
- Julien Clerc 04/10/1947 – Paris – 17 h 50 – Asc. : Poissons – Lune : Gémeaux.
- Catherine Deneuve 22/10/1943 – Paris – 13 h 35 – Asc. : Capricorne – Lune : Lion.
- Gandhi 02/10/1869 – Porbandar (Inde) – 12 h 00 – Asc. : Cancer – Lune : Lion.
- Roger Hanin 20/10/1925 – Alger (Algérie) – 00 h 00 – Asc. : Lion – Lune : Sagittaire.
- Robert Hue 19/10/1946 – Cormeilles-en-Parisis – 10 h 00 – Asc. Scorpion – Lune : Lion.
- Yves Montand 13/10/1921 – Monsummano Terme (Italie) – 0 h 00 – Asc. : Lion – Lune : Poissons.
- Oscar Wilde 16/10/1854 – Dublin (Irlande) – 4 h 00 – Asc. : Verseau – Lune : Vierge.

Le Scorpion : du 24 octobre au 22 novembre

Le symbole du Scorpion représente les organes génitaux masculins ou l'aiguillon du scorpion.

Scorpion : les données de base

Signe : féminin

Couleurs favorables : le rouge foncé et le noir

Mode : fixe

Pierre porte-bonheur : l'opale

Élément : eau

Parties du corps : organes reproducteurs

Maître : Pluton

Phrase clé : « Je désire »

Signe opposé : le Taureau

Traits principaux : passionné, mais obsessionnel

La qualité clé du Scorpion, c'est l'intensité. Avec comme maître du signe Pluton, la planète de la transformation, vous possédez une personnalité irrésistible, et vous êtes une créature des extrêmes.

Les qualités

Vibrant, magnétique et passionné, vous appréciez la maîtrise de soi, vous gravitez autour de personnes influentes, et vos visées sont les plus hautes – ou les plus basses. (C'est pourquoi le Scorpion, contrairement à n'importe quel autre signe, possède en fait trois symboles : le scorpion, qui rampe dans la poussière ; l'aigle, qui s'élève à travers les cieux ; et le phœnix, qui se brûle lui-même dans la chaleur de sa propre passion et renaît de ses cendres.) Perspicace, émotionnel et sensuel, tous vos sens sont en alerte et vous vivez la vie à fond. Bien que votre moral évolue en dents de scie entre des hauteurs extatiques et des profondeurs cauchemardesques, vous en savourez le côté mélodramatique, et vous possédez un niveau profond d'intuition et de compréhension. Vous possédez le talent nécessaire pour mettre à jour les secrets et les mystères qui vous fascinent (les vieux livres d'astrologie recommandent sans exception que les natifs du Scorpion deviennent détectives ou espions). Votre volonté est impressionnante (bien que vous puissiez la diriger vers l'un ou l'autre des deux extrêmes : les désordres alimentaires sont une malédiction de votre signe), de même que votre détermination. Débrouillard et engagé, vous élaborez des plans minutieux. Vous ne vous déplacez pas rapidement. Et vous n'abandonnez jamais.

Les défauts

Soyons francs : le Scorpion possède quelques traits de caractère profondément désagréables. Vous pouvez être obsessionnel, vouloir vous venger, être jaloux, méchant et rancunier. Mais selon ma propre expérience, la plupart des Scorpions réussissent à garder le contrôle de cet aspect de leur personnalité. Là où vous éprouvez des difficultés, c'est pour faire face à la dépression. Lorsque les temps sont durs, vous sombrez au fond de la mer. Les natifs des autres signes n'ont pas la moindre idée du désespoir lugubre qui vous entraîne vers le fond. Et pourtant, c'est un aspect essentiel de votre condition de Scorpion, dont le processus est le suivant : vous plongez dans les ténèbres, vous errez dans les enfers psychiques, et vous vous retrouvez face à face avec vos pires défauts et avec vos peurs les plus profondes. Heureusement, vous êtes inébranlable. Petit à petit, en vous battant, vous réussissez à revenir. Vous recherchez sans peur des solutions – et finalement, vous triomphez, en trouvant le renouveau et en vous transformant, maintes et maintes fois.

Quelques natifs typiques du signe du Scorpion

- Alain Delon 08/11/1935 – Sceaux – 3 h 25 – Asc. : Balance – Lune : Bélier.
- Charles de Gaulle 22/11/1890 – Lille – 4 h 00 – Asc. : Balance – Lune : Bélier.
- Bernard Kouchner 01/11/1939 – Avignon – 6 h 00 – Asc. : Balance – Lune : Gémeaux.
- Jeannie Longo 31/10/1958 – Annecy – 15 h 00 – Asc. : Poissons – Lune : Gémeaux.
- François Mitterrand 26/10/1916 – Jarnac – 4 h 00 – Asc. : Balance – Lune : Balance.
- Florent Pagny 06/11/1961 – Chalon-sur-Saône – 11 h 30 – Asc. : Capricorne – Lune : Balance.
- Pablo Picasso 25/10/1881 – Malaga (Espagne) – 21 h 00 – Asc. Cancer – Lune : Sagittaire.
- Dominique Voynet 04/11/1958 – Montbéliard – 17 h 45 – Asc. : Taureau – Lune : Lion.

Le Sagittaire : du 23 novembre au 21 décembre

Le symbole du Sagittaire représente la flèche du centaure et les aspirations élevées.

Sagittaire : les données de base

Signe : masculin

Couleurs favorables : le violet et le bleu

Mode : mutable

Pierre porte-bonheur : turquoise

Élément : feu

Parties du corps : hanches et cuisses

Maître : Jupiter

Phrase clé : « Je vois »

Signe opposé : les Gémeaux

Traits principaux : aventureux, mais vantard

Indépendant, honnête, et persuadé qu'il existe des tas de possibilités, vous vous sentez bien vivant lorsque vous avez une aventure dans le monde. C'est parce que Jupiter, la planète de l'expansion et de la bonne fortune, est le maître de votre signe.

Les qualités

Au mieux de votre forme, vous êtes un esprit libre, un vagabond à la bonne humeur, et un philosophe qui aime discourir des questions fondamentales, de préférence avec quelques amis proches et une bonne réserve d'amuse-gueule. Optimiste, agité et indépendant, vous voyez la vie comme une aventure perpétuelle, et pas comme une recherche de sécurité. Au cours de votre quête infinie de variété et d'expériences nouvelles, vous vous fixez de grands objectifs. Votre but est d'élargir vos horizons et vos possibilités. Vous voulez voir le monde (le Sagittaire est le signe du voyage), et vous voulez le comprendre. (Les astrologues d'autrefois appelaient le Sagittaire le « signe de la sagesse et de l'esprit supérieur », et faisaient du pauvre Gémeaux, le signe opposé, celui de l'esprit inférieur.) Le Sagittaire gouverne la philosophie, la religion, la loi, les études supérieures et les théories abstraites de toutes sortes. Si cela vous semble snob ou élitiste, réfléchissez-y à deux fois. Vous adorez la nature et vous êtes un comédien. Le Sagittaire est décontracté, franc, honnête et enjoué (bien que deux planètes dans le Scorpion ou dans le Capricorne puissent ajouter une tendance à la mélancolie). On dit que vous avez de la chance. La vérité, c'est que vous prenez des coups comme tout le monde. Mais comme vous avez du ressort et êtes versatile et polyvalent, vous rebondissez pour vous redresser. Cette phrase du philosophe George Santayana, un Sagittaire, vous convient bien : « Il n'existe aucun autre remède à la naissance et à la mort que de prendre plaisir à l'intervalle. »

Les défauts

Comme votre symbole, le centaure, un être mi-humain, mi-cheval, vous êtes divisé. Une partie de vous a envie de faire la fête jusque tard dans la nuit (c'est la moitié centaure). L'autre partie de vous-même désire ardemment développer votre mental et explorer les richesses infinies de l'esprit. Mais sans objectif, vous pataugez. Vous pouvez être incroyablement désorganisé, et votre tendance à tout remettre à plus tard peut exaspérer autrui. Vous êtes enclin à exagérer. Vous avez une tendance irritante à prêcher. Et bien qu'on dise que vous êtes très sportif, vous pouvez être maladroit sur le plan physique, comme l'attestent vos bleus. Et puis il y a votre manque de tact légendaire. Vous n'avez pas appris à mentir, même par gentillesse. Mais lorsque vous sortez de votre ego pour aller dans vos explorations, lorsque vous vous dépassez pour vous rendre dans l'inconnu, vos incertitudes s'évanouissent et vous vous inspirez vous-même.

Quelques natifs typiques du signe du Sagittaire

- Jacques Chirac 29/11/1932 – Paris – 12 h 00 – Asc. : Verseau – Lune : Sagittaire.
- Gustave Eiffel 15/12/1832 – Dijon – 20 h 00 – Asc. : Lion – Lune : Balance.
- Gustave Flaubert 13/12/1821 – Rouen – 4 h 00 – Asc. : Scorpion – Lune : Lion.
- Francis Huster 08/12/1947 – Neuilly-sur-Seine – 12 h 45 – Asc. : Verseau – Lune : Balance.
- Aimé Jacquet 27/11/1941 – Sail-sous-Couzan – 0 h 15 – Asc. Vierge – Lune : Scorpion.
- Patricia Kaas 05/12/1966 – Forbach – 10 h 25 – Asc. : Capricorne – Lune : Vierge.
- Jean Marais 11/12/1913 – Cherbourg – 12 h 30 – Asc. : Poissons – Lune : Taureau.
- Édith Piaf 19/12/1915 – Paris – 05 h 00 – Asc. : Scorpion – Lune : Gémeaux.

Le Capricorne : du 22 décembre au 20 janvier

Le signe du Capricorne représente soit le bouquetin aux cornes incurvées, soit la créature mythique moitié chèvre (partie supérieure du corps), moitié poisson (partie inférieure du corps).

Capricorne : les données de base

Signe : féminin

Couleurs favorables : le vert sombre et le brun

Mode : cardinal

Pierre porte-bonheur : onyx

Élément : terre

Parties du corps : os et dents

Maître : Saturne

Phrase clé : « J'utilise »

Signe opposé : le Cancer

Traits principaux : tourné vers son objectif, mais rigide

Il faut que quelqu'un maintienne la tradition. Il faut que quelqu'un suive les règles. À propos, il faut aussi que quelqu'un les écrive. Avec Saturne, la planète de la structure, qui régit votre signe, vous pourriez bien être cette personne.

Les qualités

Vous êtes productif, responsable, compétitif et ambitieux. Comme le bouquetin qui gravit implacablement le terrain rocheux pour atteindre le sommet, vous gardez un œil sur votre objectif. Et vous avez en outre élaboré une stratégie constructive et praticable pour y arriver. Patient, industrieux et économe, vous pouvez surmonter toutes sortes de difficultés sur le chemin. Vous êtes un chef naturel, prêt à assumer des responsabilités. Vous êtes adulte. Bien que vous puissiez flipper intérieurement, vous conservez un extérieur calme. Et contrairement à d'autres signes (disons le Sagittaire ou les Poissons), vous savez pratiquer l'autodiscipline. Ce contrôle est évident dans chaque cellule de votre corps. Vous êtes froid, réservé, digne, vous faites autorité, vous êtes organisé et sérieux. Vous faites vraiment les choses, vous ne faites pas semblant. Et bien que vous ayez peut-être du mal à vous décontracter, vous avez la sensualité de tous les signes de l'élément terre. Vous adorez la cuisine bien préparée, l'art éternel, le véritable amour, les plaisirs du lit et les choses raffinées de la vie. Ce n'est pas que vous soyez avide. Vous savez très bien que l'argent ne fait pas le bonheur. Mais il peut acheter un tas d'autres choses, et vous en voulez certaines.

Les défauts

Conservateur né quelle que soit votre tendance politique, vous pouvez être un bourreau de travail avec un planning pour toute chose. Attaché à votre standing, intéressé par l'argent, et parfois extrêmement conformiste, vous pouvez être peureux, déprimé et pessimiste. En général, vous manquez de ressort et d'entrain. Les problèmes émotionnels, même entre amis, peuvent être menaçants (vous préféreriez ne pas parler du tout de sentiments, merci bien). Vous souffrez pendant longtemps en silence avant de devenir moins inhibé et plus sûr de vous-même. Heureusement, vous vieillissez très bien, et votre vie ne cesse de s'améliorer en route. Vous devenez de plus en plus heureux en vieillissant. C'est le miracle du Capricorne.

Quelques natifs typiques du signe du Capricorne

- Simone de Beauvoir 09/01/1908 – Paris – 4 h 00 – Asc. : Scorpion – Lune : Poissons.
- Paul Cézanne 19/01/1839 – Aix-en-Provence – 1 h 00 – Asc : Scorpion – Lune : Poissons.
- Marie Duplessis (qui a inspiré *La Dame aux Camélias*) 15/01/1824 – Nonant-le-Pin – 20 h 00 – Asc. : Vierge – Lune : Cancer.
- Gérard Depardieu 27/12/1948 – Châteauroux – 8 h 00 – Asc. : Sagittaire – Lune : Scorpion.
- Robert Hossein 30/12/1927 – 2 h 30 – Asc. : Scorpion – Lune : Poissons.
- Henri Matisse 31/12/1869 – Le Cateau-Cambrésis – 20 h 00 – Asc. : Lion – Lune : Sagittaire.
- Vanessa Paradis 22/12/1972 – Saint-Maur-des-Fossés – 5 h 10 – Asc. : Scorpion – Lune : Cancer.
- Louis Pasteur 27/12/1822 – Dole – 2 h 00 – Asc. : Balance – Lune : Gémeaux.

Le Verseau : du 21 janvier au 18 février

Le signe du Verseau représente les vagues de l'eau, ou, mieux encore, les vagues du son, de l'électricité et de la lumière.

Verseau : les données de base

Signe : masculin

Couleurs favorables : le bleu électrique et les nuances brillantes dans l'obscurité

Mode : fixe

Pierre porte-bonheur : améthyste

Élément : air

Parties du corps : mollets et appareil circulatoire

Maître : Uranus

Phrase clé : « Je sais »

Signe opposé : le Lion

Traits principaux : progressiste, mais rebelle

Vous êtes un original. L'imprévisible Uranus est le maître de votre signe, et vous êtes donc prédisposé aux brillants éclairs de perspicacité. Vous êtes aussi plus spécial que vous n'en êtes peut-être conscient.

Les qualités

Vous êtes altruiste, charismatique et moderne. Les problèmes vous intéressent. Membre à part entière de votre génération, vous êtes un visionnaire naturel et un humaniste de premier ordre. Vous avez des principes nobles et généreux, et vous essayez de vivre en les respectant. Les terribles choses qui se passent dans le monde vous scandalisent ; les problèmes du jour vous animent. Vous croyez profondément à l'égalité des êtres humains, et tout le monde vous intéresse. Les barrières de classe sociale, de race et d'âge ne veulent rien dire pour vous. Sympathique, décontracté, l'esprit ouvert, vous accumulez de nombreux amis (pour votre malin plaisir, ceux-ci ne s'apprécient souvent pas mutuellement). Pourtant, ce n'est pas seulement votre personnalité agréable et vos idéaux altruistes qui attirent les gens vers vous. Vous êtes un anticonformiste à l'esprit inventif, avec toute une collection de centres d'intérêt, d'habitudes et d'amis excentriques. La science-fiction et la technologie sont Verseau, comme l'art vidéo. Il n'est pas surprenant que de nombreux artistes que nous considérons comme avant-gardistes (Gertrude Stein, James Joyce, Yoko Ono) soient nés sous le signe du Verseau. Vous êtes contemporain à l'extrême, et complètement moderne.

Les défauts

Vos vues anticonformistes et indépendantes peuvent tourner à l'excentricité, au manque de prévenance, à la rébellion inutile. Vous pouvez être entêté et infantile, comme un petit rebelle qui tape du pied et ne veut pas avancer. Et votre célèbre altruisme, qui est peut-être votre plus beau trait de caractère, peut sembler faux. Il est possible que les gens vous trouvent réservé et distant, parce que vous reculez devant la véritable intimité. Vous êtes un invité de talk-show ou un sociologue chez qui le détachement est un état naturel. Plus à l'aise avec les idées qu'avec les émotions, vous pouvez être chaleureux à la surface, mais froid en dessous : un visiteur de la planète Terre, curieux mais pas impliqué. Heureusement, votre idéalisme est profond. Comme vous voulez le meilleur, pour vous-même et pour les autres, les gens se sentent inévitablement attirés par vous, et ils font sortir votre chaleur.

Quelques natifs typiques du signe du Verseau

- Colette 28/01/1873 – Saint-Sauveur-en-Puisaye – 22 h 00 – Asc. : Balance – Lune : Verseau.
- David Douillet 17/02/1969 – Rouen – 11 h 15 – Asc. : Gémeaux – Lune : Poissons.
- André Dussollier 17/02/1946 – Annecy – 12 h 00 – Asc. : Gémeaux – Lune : Vierge.
- Stéphane Grappelli 26/01/1908 – Paris – 7 h 00 – Asc. : Capricorne – Lune : Scorpion.
- Juliette Gréco 07/02/1927 – Montpellier – 21 h 10 – Asc. : Balance – Lune : Taureau.
- Édouard Manet 23/01/1832 – Paris – 19 h 00 – Asc. : Lion – Lune : Balance.
- Jeanne Moreau 23/01/1928 – Paris – 11 h 15 – Asc. : Taureau – Lune : Verseau.
- Jacques Prévert 04/02/1900 – Neuilly-sur-Seine – 19 h 00 – Asc. : Vierge – Lune : Bélier.

Les Poissons : du 19 février au 20 mars

Le symbole des Poissons représente deux formes d'expérience, l'une intérieure, l'autre extérieure, ou deux poissons liés l'un à l'autre. Lorsqu'ils coopèrent, ils naviguent avec aise sur leur domaine aqueux. Lorsqu'ils tirent l'un et l'autre dans les directions opposées, ils n'arrivent nulle part.

Poissons : les données de base

Signe : féminin

Couleurs favorables : le bleu-vert et le bleu lavande

Mode : mutable

Pierre porte-bonheur : aigue-marine

Élément : eau

Parties du corps : pieds et système immunitaire

Maître : Neptune

Phrase clé : « Je crois »

Signe opposé : la Vierge

Traits principaux : sensible, mais cherche à se dérober

Votre signe est celui des rêves, de l'imagination, de la poésie et des choses de l'esprit. Il est régi par le mystérieux Neptune, la planète du prestige et de l'illusion. Votre défi consiste donc à trouver un moyen de vivre dans un univers banal alors que vous possédez une sensibilité qui n'est pas de ce monde.

Les qualités

Vous aimez la sensibilité ? Les Poissons sont sensibles. Chaque minuscule variation du temps émotionnel fait complètement paniquer votre baromètre interne. Sympathique et profondément réceptif, vous réagissez à tout. Vous n'avez aucune barrière. Toutes vos membranes sont perméables. Les voisins du dessus se disputent : vous ne vous sentez pas bien. Lorsque de mauvaises choses arrivent à de bonnes personnes, vous compatissez, et lorsque de bonnes choses arrivent à des gens que vous aimez, vous vous réjouissez. Grand cœur, généreux, vous recevez un flot constant d'impressions et d'informations, et vous pouvez être étrangement médium. Vos rêves, éveillés et autres, sont pour vous une source d'inspiration. En utilisant votre puissante imagination, vous pouvez vous représenter toute une série d'avenirs étourdissants, qui vont du fabuleux (vous recevez un oscar et le prix Nobel) à l'épouvantable (vous tenez les comptes du ménage dans une boîte à chaussures). Au mieux de votre intuition, votre refus de vous laisser emprisonner par les limitations de la réalité vous permet de franchir les barrières et de réaliser des changements créatifs. Les risques que vous prenez sont souvent payants. Lorsque ce n'est pas le cas, vous prenez la chose avec philosophie. Comme le disait Albert Einstein, un Poissons typique : « Une personne qui n'a jamais fait d'erreur n'a jamais rien essayé de nouveau. »

Les défauts

Au pire, vous êtes irréaliste, vous êtes crédule à l'extrême et prédisposé à prendre vos désirs pour des réalités. Votre sensibilité est si facilement froissée que vous êtes quasiment un écorché vif. Indécise et faible, votre attitude face à des crises consiste souvent à ne rien faire du tout. Au lieu d'agir, vous pataugez dans un océan d'indécision. Vous pouvez ne pas être sûr de ce que vous voulez et ne pas avoir non plus la moindre idée de la façon d'y arriver. Pire encore, lorsque vos rêves se révèlent n'être que des illusions – si vous ne gagnez pas au Loto ou si vous ne rencontrez pas le prince charmant –, vous pouvez devenir léthargique, alcoolique, chercher à vous échapper de la réalité et vous apitoyer sur votre propre sort. Davantage que la plupart des autres signes, vous êtes votre pire ennemi. Et davantage que les autres, vous avez la capacité de retourner subitement les circonstances (et votre attitude).

Quelques natifs typiques du signe des Poissons

» Juliette Binoche 09/03/1964 – Paris – 12 h 25 – Asc. : Cancer – Lune : Capricorne.

» Jacques Chaban-Delmas 07/03/1915 – 23 h 40 – Asc. : Scorpion – Lune : Sagittaire.

» Jean-Pierre Chevènement 09/03/1939 – Belfort – 23 h 00 – Asc. : Scorpion – Lune : Scorpion.

» Albert Einstein 14/03/1879 – Ulm (Allemagne) – 11 h 30 – Asc. : Cancer – Lune : Sagittaire.

» Victor Hugo 26/02/1802 – Besançon – 22 h 00 – Asc. : Scorpion – Lune : Sagittaire.

» Isabelle Huppert – 16/03/1953 – Paris – 2 h 40 – Asc. : Sagittaire – Lune : Bélier.

» Maurice Ravel 07/03/1875 – Ciboure – 22 h 00 – Asc Scorpion – Lune : Poissons.

» Auguste Renoir 25/02/1841 – Limoges – 22 h 00 – Asc. Scorpion – Lune : Poissons.

Le Soleil dans les maisons

Le Soleil dans les maisons représente le domaine de la vie dans lequel vous pouvez exprimer le plus efficacement votre volonté, votre but et votre moi le plus essentiel. (Pour en savoir plus sur les maisons, vous pouvez vous reporter au chapitre 1.)

N'oubliez pas

Les positions des maisons sont basées sur l'heure de votre naissance, et pas sur votre signe solaire, ou signe du zodiaque. (Si par exemple vous êtes né juste avant l'aube, votre Soleil se trouve dans la première maison, quel que soit votre signe solaire.) Donc, si vous ne savez pas à quelle heure vous êtes né, n'hésitez pas à sauter cette section.

» **Le Soleil dans la première maison :** Il est essentiel que vous affirmiez votre personnalité. Vous êtes actif, égocentrique, digne, et fier de vos réalisations. Le succès arrive par vos efforts personnels. Exemples : George Lucas (Soleil en Taureau), Olivia Newton-John (Soleil en Balance), Grace Kelly (Soleil en Scorpion), Abraham Lincoln (Soleil en Verseau).

» **Le Soleil dans la deuxième maison :** Vous avez le sens pratique, vous êtes tenace, intéressé par l'argent, et habile à juger la valeur des choses. Vos biens matériels reflètent vos valeurs plus profondes. La stabilité financière est pour vous importante, et sa réalisation vous apporte de la satisfaction. Exemples : Paul Simon (Soleil en Balance), Elvis Presley (Soleil en Capricorne).

» **Le Soleil dans la troisième maison :** Curieux et loquace, vous recueillez des informations et vous vous exprimez avec aisance, par écrit et autrement. Les voyages ainsi que les frères et sœurs jouent un rôle important dans votre vie.

Exemples : Francis Ford Coppola (Soleil en Bélier), Paul McCartney (Soleil en Gémeaux), Winston Churchill (Soleil en Sagittaire).

» **Le Soleil dans la quatrième maison :** Vous êtes intuitif et introverti, avec un sens du moi prononcé et un fort attachement à vos ancêtres. Le foyer et la famille occupent un rôle central. Exemples : Mary Cassatt (Soleil en Gémeaux), Joyce Carol Oates (Soleil en Gémeaux), Chelsea Clinton (Soleil en Poissons).

» **Le Soleil dans la cinquième maison :** À la recherche du plaisir, romantique, vous trouvez le bonheur par l'amour, les enfants et les activités qui vous donnent la possibilité d'exprimer votre créativité. Exemple : Aretha Franklin (Soleil en Bélier).

» **Le Soleil dans la sixième maison :** Il est pour vous essentiel de trouver un travail épanouissant, parce que vous êtes entièrement dévoué à votre job et que vous vous définissez par celui-ci. Bien que vous vous fassiez du souci au sujet de votre santé, celle-ci est habituellement bonne. Quel que soit votre signe solaire, vous avez tendance à être perfectionniste. Exemples : Bob Dylan (Soleil en Gémeaux), Robert Redford (Soleil en Lion), Mohamed Ali (Soleil en Capricorne), George Patton (Soleil en Scorpion).

» **Le Soleil dans la septième maison :** Le mariage et les autres relations sont pour vous essentielles, bien que vous puissiez osciller entre la peur de l'isolement et celle de l'engagement. L'équilibre des forces pose problème dans la vie relationnelle. Exemples : Warren Beatty (Soleil en Bélier), la princesse Diana (Soleil en Cancer), Martina Navrátilová (Soleil en Balance).

» **Le Soleil dans la huitième maison :** Vous êtes une personne profondément émotionnelle, dont le besoin d'exploration de votre propre psychisme apporte la libération et la transformation. Le sexe, l'argent et les legs de toutes sortes jouent un rôle important dans votre vie. Exemples : Shirley MacLaine, Lord Byron.

» **Le Soleil dans la neuvième maison :** Vous êtes toute votre vie un chercheur qui désire trouver un sens et élargir sa conscience par les études, la religion, la philosophie, et les voyages. Exemples : Jacqueline Kennedy-Onassis (Soleil en Lion), Carlos Castaneda (Soleil en Capricorne).

» **Le Soleil dans la dixième maison :** Votre détermination de réussir et votre désir de reconnaissance publique font de vous un leader naturel, et ce sont d'excellents indicateurs pour un succès professionnel. Exemples : Napoléon Bonaparte (Soleil en Lion), Rudolf Noureev (Soleil en Poissons).

» **Le Soleil dans la onzième maison :** Vous avez des idéaux élevés et de hautes aspirations, de nombreux amis, un large cercle de connaissances, et l'aptitude à bien travailler en groupe. Exemple : Antoine de Saint-Exupéry (Soleil en Cancer).

» **Le Soleil dans la douzième maison :** Intuitif, solitaire et secret, vous préférez rester derrière la scène, et vous êtes peut-être en danger d'isolement. Les activités spirituelles vous attirent. Vous vous engagerez peut-être dans de grandes institutions comme des hôpitaux ou des prisons. Exemples : le dalaï-lama (Soleil en Cancer), Jodie Foster (Soleil en Scorpion).

DANS CE CHAPITRE

La Lune dans les signes

•

La Lune dans les maisons

Chapitre 4

La Lune dans les signes et dans les maisons

C'est étrange, mais vrai. Vu de la Terre, on dirait que le Soleil et la Lune ont la même taille. Pourtant, la science nous apprend de façon irréfutable que, comparé à la Lune, le Soleil est énorme. Mais sur le plan visuel, les deux sont égaux. Au cours des rares occasions où le Soleil, la Lune et la Terre sont en parfait alignement, nous observons une éclipse solaire : la Lune glisse devant le Soleil et le cache entièrement, en plongeant la Terre dans une obscurité anormale.

Les peuples anciens percevaient aussi le Soleil et la Lune comme des égaux – des amants qui se disputent, un frère et une sœur qui ne se parlent pas, des escargots jumeaux ou encore, selon un mythe sibérien, des miroirs assortis placés par un dieu dans le ciel et destinés à refléter la lumière de l'humanité.

De nombreux astrologues considèrent le Soleil constant et la Lune toujours changeante comme des partenaires à la fois égaux et différents qui gouvernent ensemble. Le Soleil représente votre noyau fondamental, alors que la Lune représente vos réactions émotionnelles, vos instincts et votre inconscient. Si le Soleil et la Lune se trouvaient dans des signes compatibles au moment de votre naissance, votre volonté et vos émotions, votre attention consciente et votre moi inconscient sont fondamentalement synchronisés. À d'autres moments, le Soleil et la Lune résident dans des signes qui sont en conflit, ce qui produit une tempête de besoins et de désirs contradictoires. Eh oui, c'est la vie ! Et l'astrologie ne fait que la refléter.

Découvrez votre signe lunaire

❶ Pour découvrir la position de la Lune dans votre thème, consultez les tables planétaires sur un site Web spécialisé. Mais rappelez-vous que la Lune effectue le tour de tout le zodiaque en moins d'un mois, et qu'elle change de signe tous les deux ou trois jours. Donc, si la Lune a changé de signe le jour de votre naissance, vous aurez peut-être à faire quelques calculs pour déterminer avec certitude quel est votre signe lunaire. Après tout, vous pensez peut-être que votre Lune se trouve dans le Cancer, et qu'elle est donc sensible et maternelle, alors qu'en fait vous avez une Lune en Lion autoritaire. Vos amis ne vous le diront pas, mais vous devriez quand même le savoir.

N'oubliez pas

Pour obtenir une carte du ciel précise (qui vous indiquera la position exacte de la Lune dans votre thème), vous devez : a) prendre contact avec un astrologue, b) aller sur Internet, c) investir dans un logiciel d'astrologie. Consultez le chapitre 2 pour savoir comment obtenir les informations dont vous avez besoin.

La Lune, qui luit en reflétant la lumière, est symbolisée par le croissant de la réceptivité.

La Lune dans les signes

Le signe dans lequel la Lune se trouvait lors de votre naissance détermine la manière dont vous réagissez avec émotion aux personnes et aux événements. Il décrit aussi votre perception de la relation que vous avez eue avec votre mère lorsque vous étiez enfant.

» **La Lune dans le Bélier :** Vous avez des réactions instinctives aux gens, et vous formez immédiatement vos jugements. Votre enthousiasme est facile à susciter, de même que votre colère. Lorsque vous êtes dans le doute, vous vous plongez dans l'activité. Vous êtes tourné vers l'action, impétueux et décidé, mais vous pouvez aussi être égoïste, irritable, impatient et brusque. Vous faites bien connaître vos besoins. Lorsque vous étiez enfant, votre mère a dû réagir à vos exigences impétueuses. C'était nécessaire. Il en résulte que vous l'avez perçue comme une personne dynamique. Elle vous a appris, par exemple, à être indépendant.

» **La Lune dans le Taureau :** Sur le plan émotionnel, vous êtes prudent, digne de confiance et agréable. Vous réagissez lentement, mais une fois que vous avez décidé de vous dévouer à quelque chose, c'est pour le long terme. Vous êtes stable, mais aussi obstiné. En cas de doute, vous refusez de bouger du moindre centimètre. Mais vous souffrez dans les périodes de changement. Lorsque vous étiez enfant, vous avez désespérément cherché la sécurité que procure un parent présent et attentionné. Il est probable que votre mère ait essayé d'être cela pour vous. Mais même si elle a échoué, vous désirez encore ardemment les plaisirs de ce qui est prévisible.

» **La Lune dans les Gémeaux :** Vous êtes inconstant, agité, fringant, et vous avez une élocution claire. Vous exprimez vos sentiments avec esprit et intelligence. Mais vous adoptez une approche essentiellement cérébrale de vos problèmes émotionnels. Bien que vous ayez tendance à vous faire du souci, l'analyse de vos propres réactions vous apporte une dose de calme, et vous vous adaptez aisément au changement. Enfant, vous étiez agité, curieux et facilement distrait. En conséquence, votre mère a trouvé qu'il était plus facile de détourner votre attention plutôt que de traiter vos problèmes. Vous utilisez vous-même parfois encore cette méthode aujourd'hui.

» **La Lune dans le Cancer :** La Lune gouverne le signe du crabe, et donc peu importe ce qui se passe d'autre dans votre carte, vous êtes une personne lunaire : d'humeur changeante, réceptive, sentimentale, et suprêmement consciente du flux continuel de vos émotions. Les larmes vous viennent facilement et le passé exerce sur vous une influence magnétique. Enfant, vos réactions à chaque chose qu'a faite votre mère étaient exceptionnelles. L'impact qu'elle a eu sur vous dépasse la norme, même à l'âge adulte. Si vous avez vous-même des enfants, vous êtes probablement très affectueux et remarquablement engagé envers eux.

» **La Lune dans le Lion :** La Lune dans le Lion ajoute de la chaleur, de l'éclat et de l'exubérance à n'importe quel signe solaire. Vous vous considérez vous-même comme un numéro hors pair. Bien que votre fierté soit facilement froissée, vous êtes en général confiant et heureux. Mais lorsque les choses ne vont pas comme vous le souhaitez, vous dissimulez les doutes que vous avez sur vous-même et votre ambivalence par un feu d'artifice d'émotions. Lorsque vous vous êtes comporté comme cela en étant enfant, votre mère a parfois elle-même réagi par une grande démonstration de ses propres émotions. En conséquence, vous pensez probablement que votre mère a tendance à tout dramatiser. Pourtant, elle avait aussi de hautes ambitions à votre sujet. Après tout, elle a bien vu comment vous saviez vous y prendre pour obtenir ce que vous vouliez.

» **La Lune dans la Vierge :** Timide sur le plan des émotions, vous préférez les réprimer plutôt que de les exprimer. Vous essayez d'être discret, et vous trouvez peut-être qu'il est difficile de faire face à d'importants problèmes. À la place, vous détournez votre attention en vous concentrant sur des détails ou en travaillant si durement que vous avez à peine le temps de réfléchir. Vous êtes industrieux, vous avez le sens pratique et vous êtes serviable. Lorsque vous étiez enfant, vous aviez un grand besoin d'efficacité et d'organisation. Chaque fois que votre mère faisait preuve de ces vertus, vous étiez aux anges. Vous en êtes venu à considérer qu'elle travaillait dur, une vertu que vous avez gardée pour vous-même.

» **La Lune dans la Balance** : Vous êtes gracieux, gentil, romantique et diplomate. Vous évitez la vulgarité et essayez d'exprimer vos sentiments de manière équilibrée et raisonnable. Enfant, vous avez essayé de sauver les apparences, même si on vous a maltraité. Votre caractère égal vous a valu des louanges, et votre mère en est venue à s'attendre à cela de vous. Vous avez compris : en tant qu'adulte, vous semblez imperturbable. L'amour et la vie relationnelle sont indispensables à votre bien-être, et vous pouvez à peine imaginer la vie sans un partenaire. Mais vous appréciez aussi beaucoup la sérénité, et vous ferez ce qui est nécessaire pour atteindre ce but insaisissable.

» **La Lune dans le Scorpion :** Passionné et facilement froissé, vous êtes une personne compliquée. Obstiné, intense, et parfois autodestructeur, vous exprimez vos sentiments de façon indirecte et vous essayez souvent de les garder secrets, ce qui peut nécessiter une certaine quantité de manipulation. Ce n'est pas que vous vouliez contrôler – vous ne pouvez tout simplement pas vous en empêcher. Même si votre enfance a pu faire envie à d'autres, elle a été pour vous pénible. Vous saviez ce qui se passait réellement, en particulier avec votre mère : vous avez senti la réalité. Et vous avez appris à vous protéger en taisant vos besoins. Les choses semblaient aller mieux de cette façon.

Et bien que certaines personnes avec cette position de la Lune aient tendance à avoir des idées de représailles, vous évitez plus simplement la confrontation sur le plan des émotions : vous avez le sentiment que c'est plus sûr.

» **La Lune dans le Sagittaire :** Vous avez une attitude de philosophe, vous êtes franc, enjoué et généreux. Bien intentionné et idéaliste, vous êtes aussi un preneur de risques qui tient à son indépendance et fera n'importe quoi pour la conserver. Bébé, vous rayonniez déjà de confiance. Il est probable que votre mère a essayé d'encourager cela en réagissant à votre enthousiasme plutôt qu'à vos souffrances. Le résultat, c'est qu'il vous est plus facile de vous occuper d'action que d'émotions. Lorsqu'un problème se présente, vous avez tendance à rechercher des explications rationnelles. Vous pouvez croire que vous avez toujours raison, et vous pouvez être cavalier et blessant par inadvertance. Mais votre optimisme finit par revenir, et vous vous lancez vers une nouvelle aventure.

» **La Lune dans le Capricorne :** Vous êtes stable, réservé et bien discipliné. Petit, vous considériez déjà la vie comme une chose sérieuse. Vous connaissez vos limites. Vous pouvez être pessimiste et morne parce que, d'une manière ou d'une autre, la joie typique de l'enfance vous est passée à côté. Votre mère a peut-être fait une dépression postnatale. Vous l'avez alors sentie, et vous vous êtes mis en retrait. Réservé et complexé, vous vous sentez plus stable et plus calme lorsque vous réussissez. L'exubérance des sentiments et les drames des autres personnes vous rendent anxieux. Mais en temps de crise, vous prenez des responsabilités. Lorsque c'est vous qui êtes aux commandes, vous éprouvez une sensation d'autorité et de contrôle que vous essayez de maintenir avec beaucoup d'efforts.

» **La Lune dans le Verseau :** Au fond de vous-même, vous vous considérez comme une sorte de croisé ou de pilier de bonnes œuvres. Vous aimez penser que vous êtes capable de faire la différence dans le monde. Quels que soient les autres éléments de votre thème, vous êtes attiré par ce qui est original et non conformiste – une tendance que l'on retrouve facilement dans votre famille. Même si vos jeunes années furent marquées par des perturbations, votre mère vous a encouragé à exprimer votre individualité. Adulte, vous avez encore bien envie de vous rebeller, surtout si vous pouvez pour cela vous fonder sur un principe important, de n'importe quel type que ce soit. Mais il vous est difficile d'exprimer vos émotions – et même de les reconnaître – et vous pouvez donner aux gens l'impression d'être réservé. En réalité, vous ne savez pas quoi faire de vos sentiments, et vous essayez de prétendre que vous n'en avez pas. Cette technique fonctionne parfois.

» **La Lune dans les Poissons :** Vous êtes doux, sentimental, influençable et compatissant. Mais chaque vague émotionnelle vous met à terre. Extrêmement sensible et facilement blessé, vous possédez en outre une très fine intuition. Lorsque vous agissez en vous y fiant, vous allez bien. Dans votre enfance, vous avez repris l'état émotionnel de tout le monde, y compris la détresse de votre mère. Il en résulte que vous êtes extrêmement sensible à l'atmosphère émotionnelle. Bien que vous puissiez être rêveur et que vous manquiez de sens pratique, il est impératif que vous vous protégiez sur le plan des émotions.

La Lune dans les maisons

La maison que la Lune occupe dans votre thème natal détermine le domaine de la vie dans lequel vous réagissez de la façon la plus instinctive. Votre bien-être émotionnel dépend des préoccupations de cette maison. (Vous pouvez consulter les domaines de la vie que chaque maison gouverne au chapitre 1.)

» **La Lune dans la première maison :** Ne pensez pas que vous puissiez cacher ou déguiser vos émotions. Elles sont évidentes pour tout le monde. Votre bien-être dépend étrangement de votre apparence et de la façon dont les gens vous perçoivent.

» **La Lune dans la deuxième maison :** Bien que vous ayez toute votre vie des hauts et des bas sur le plan financier, vous devenez de plus en plus persévérant et vous apprenez à gérer votre argent – ce qui est heureux, car la sécurité matérielle est vitale pour votre bien-être. Peut-être que vous ne vous considérez pas vous-même comme une personne matérialiste ; pourtant, l'argent compte.

» **La Lune dans la troisième maison :** Vous possédez un esprit souple et curieux, un fort attachement à vos frères et sœurs, et l'aptitude à établir aisément des liens émotionnels. Vous avez le sens de la communication, à la fois verbale et écrite. Dans une étude non scientifique réalisée sur la base d'un très faible échantillon, deux des trois agents littéraires de ma connaissance se sont révélés avoir la Lune dans la troisième maison (le dernier a plusieurs planètes en Gémeaux, le signe le plus semblable à la troisième maison).

» **La Lune dans la quatrième maison :** Vos parents et le patrimoine de la famille sont pour vous très importants, et le passé possède un charme auquel il vous est difficile de résister. Vous avez de très forts besoins de sécurité. Il vous est essentiel de posséder un foyer dans lequel vous vous sentez bien. Dans votre recherche de la maison parfaite, vous changerez probablement souvent de résidence.

» **La Lune dans la cinquième maison :** Vous êtes romantique, théâtral et émotionnel, surtout en ce qui concerne les histoires de cœur. Vous êtes aussi créatif et talentueux, peut-être dans plus d'un domaine. Preneur de risques, surtout en amour, vous établissez facilement le contact avec les enfants, que ce soient les vôtres ou ceux des autres (les profs les plus motivants que je connais ont cette position).

» **La Lune dans la sixième maison :** Il est probable que vous allez souvent changer de job, jusqu'à ce que vous trouviez un travail qui vous satisfasse réellement. Il ne vous suffit pas de travailler pour de l'argent ; vous avez besoin de vous sentir productif et de vous réaliser. Les professions de service ou de santé vous procureront une grande satisfaction. Vous vous faites aussi du souci au sujet de votre santé qui peut être affectée par vos réactions à votre travail.

» **La Lune dans la septième maison :** Le mariage et les autres associations jouent pour vous un rôle important, bien que vous soyez peut-être indécis dans le domaine des relations. Une fois que vous vous êtes engagé, vous courez le risque de devenir trop dépendant. En affaires, les gens vous recherchent.

» **La Lune dans la huitième maison :** Vous avez des émotions qui fluctuent fortement, de puissantes pulsions sexuelles, l'aptitude à soigner vous-même vos blessures émotionnelles, et peut-être même celles des autres. Sur le plan des émotions, vous êtes courageux et prêt à affronter la réalité en face. Dans le domaine financier, vous vivez des hauts et des bas, surtout à travers une relation amoureuse.

» **La Lune dans la neuvième maison :** Plus vous repoussez les limites de votre vie en recherchant de nouvelles expériences, plus vous êtes heureux. Vous possédez une imagination active et un désir de connaissance. Vous explorerez peut-être de nombreuses religions et philosophies avant de trouver celle qui vous satisfera. Les voyages apaisent votre âme, et vous voyagez donc beaucoup.

» **La Lune dans la dixième maison :** La paix de votre esprit va main dans la main avec votre réussite professionnelle. La carrière joue pour vous un rôle essentiel, mais vous changerez peut-être souvent de métier avant de trouver le bon domaine. Une fois que vous l'aurez trouvé, vous vous y plongerez. Votre vie privée en souffre. Heureusement, si vous aimez ce que vous faites, cela vous importe peu.

» **La Lune dans la onzième maison :** Sur le plan social, vous êtes populaire et à l'aise, avec une grande aptitude à l'amitié. Vous possédez une compréhension instinctive des autres personnes, et les amis jouent un rôle central dans votre vie (vous accordez d'ailleurs peut-être trop d'importance à ce qu'ils pensent). Il est possible que vos objectifs et vos aspirations changent souvent, c'est pourquoi, votre cercle d'amis changera peut-être lui aussi.

» **La Lune dans la douzième maison :** Il n'est pas facile de mettre à jour vos secrets. Vous êtes d'humeur changeante, sensible, et attiré par le côté secret de la vie. Votre mode est celui du retrait. Vous préférez dissimuler vos émotions (et certains épisodes sordides du passé). Vous pourriez être engagé dans des institutions comme les hôpitaux ou les prisons. Des relations clandestines vous offriront peut-être une forme de nourriture émotionnelle que vous ne trouvez pas ailleurs.

DANS CE CHAPITRE

Trouvez votre ascendant et déduisez-en votre descendant

Explorez le milieu du ciel et le fond du ciel

Chapitre 5

Les apparences sont trompeuses : l'ascendant (et les autres angles)

Le zodiaque tourne autour de nous comme un gigantesque cercle. À un moment donné, un de ses signes se lève à l'horizon est, et un autre se couche à l'horizon ouest. Un signe se trouve juste au-dessus de votre tête, tandis qu'un autre est dans la position opposée, au-dessous de la Terre. On appelle l'*ascendant* (AS) le signe à l'horizon est, ou oriental, et le *descendant* (DS), le signe à l'horizon ouest, ou occidental, qui se trouve toujours à 180 degrés de l'ascendant. Le degré au sommet de votre radix est le *milieu du ciel* (MC), et le degré de la partie la plus basse de votre carte du ciel est appelé *fond du ciel* (FC). Ces quatre points constituent les angles de la carte du ciel.

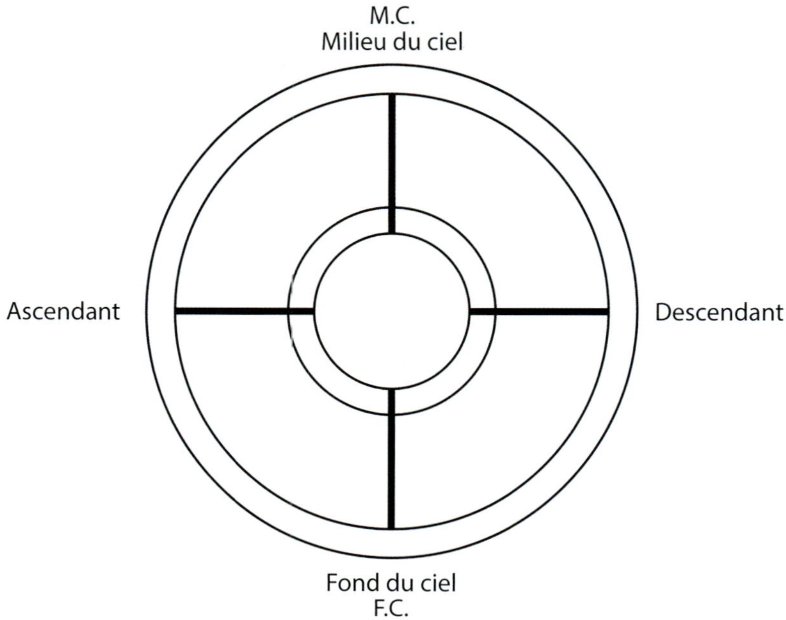

Figure 5-1 Les quatre angles de l'horoscope : l'ascendant, le milieu du ciel, le descendant et le fond du ciel.

Trouvez votre ascendant

Quel que soit votre signe solaire, n'importe lequel des douze signes du zodiaque a pu se lever à l'horizon est à l'instant de votre naissance. C'est parce que la Terre effectue quotidiennement une rotation complète sur son axe que tous les douze signes du zodiaque se lèvent chaque jour à l'horizon oriental. En outre, le *degré de l'ascendant* (c'est-à-dire la distance à laquelle se trouve l'ascendant au-dessus de l'horizon est) change toutes les quatre minutes (ce qui explique que même des jumeaux ne partagent pas exactement le même horoscope).

1. Pour être absolument certain de votre ascendant, vous avez besoin d'une carte précise, et pas d'une approximation. Procurez-vous les coordonnées géographiques du lieu de votre naissance et effectuez vous-même les calculs mathématiques.

2. Reprenez votre date de naissance : jour, mois et an. Vous devez aussi connaître l'heure exacte à laquelle vous êtes né et, si vous êtes né entre 1946 et 1976, vous devrez lui ajouter une heure – c'est-à-dire, si votre anniversaire est le 15 mai 1970 et que vous êtes né à 15 heures, la référence sera 16 heures ; si vous êtes né après 1976, vous devrez lui ajouter deux heures.

3. Ensuite, référez-vous au tableau ci-contre.

Heures de naissance	Signe ascendant
De 0 h 34 à 3 h 16	Lion
De 3 h 17 à 6 h 00	Vierge
De 6 h 01 à 8 h 43	Balance
De 8 h 44 à 11 h 25	Scorpion
De 11 h 26 à 13 h 53	Sagittaire
De 13 h 54 à 15 h 42	Capricorne
De 15 h 43 à 17 h 00	Verseau
De 17 h 01 à 17 h 58	Poissons
De 17 h 59 à 18 h 58	Bélier
De 18 h 59 à 20 h 17	Taureau
De 20 h 18 à 22 h 08	Gémeaux
De 22 h 09 à 00 h 33	Cancer

Pour calculer votre ascendant, vous pouvez aussi plus simplement consulter un astrologue professionnel ou allez sur Internet, comme c'est expliqué au chapitre 2.

Trouvez votre descendant

Une fois que vous avez déterminé votre ascendant, vous connaissez automatiquement votre descendant. C'est par définition le signe exactement opposé à celui de votre ascendant. Donc, si vous avez votre ascendant en Cancer, votre descendant se trouve en Capricorne. Votre descendant est un point moins important que votre ascendant, il détermine l'approche que vous adoptez vis-à-vis du mariage et d'autres associations. Il décrit la nature de ces relations dans votre vie, et aussi le type de personne dont vous risquez de tomber amoureux. Quel est votre type de partenaire préféré ? Votre descendant vous donne la réponse.

L'axe ascendant-descendant

L'ascendant représente la surface de votre personnalité et l'impression que vous donnez aux gens (surtout au cours des trois premières minutes). Le descendant décrit votre approche des partenariats.

» **Ascendant Bélier :** Vous êtes actif, assuré, aventureux, volontaire, et parfois vous avez tendance à avoir des accidents. Vous êtes fier de votre indépendance, et il vous est difficile de vous caser. Indépendamment de votre signe solaire, la planète qui gouverne votre horoscope est Mars. Votre descendant est la Balance. Donc votre partenaire idéal, contrairement à vous-même, est posé et équilibré, une force pour l'harmonie, la qualité dont vous avez le plus besoin.

» **Ascendant Taureau :** Vous êtes obstiné, chaleureux, vous recherchez la sécurité et vous changez lentement. Il y a quelque chose de rassurant dans votre présence (peut-être est-ce votre nature affective et votre amour pour les aliments et les boissons riches en calories). Mais vous ne vous ouvrez pas facilement. Indépendamment de votre signe solaire, c'est Vénus qui gouverne votre horoscope. Votre descendant est en Scorpion, ce qui signifie que votre partenaire idéal est passionné sur le plan sexuel, intense sur celui des émotions, et prêt à s'engager totalement dans la plus profonde des intimités.

» **Ascendant Gémeaux :** Vous êtes loquace, émotif, drôle, vous vous ennuyez facilement, vous faites probablement de l'insomnie, et vous avez l'air toujours jeune. Vous collectez l'information en un clin d'œil, vous réagissez rapidement, et vous vous adaptez aisément aux circonstances changeantes (même si vous aimez vous en plaindre). Indépendamment de votre signe solaire, Mercure est le maître de votre horoscope. Votre descendant est le Sagittaire, ce qui suggère que votre partenaire idéal est une personne indépendante aux idées fortes qui peut élargir vos horizons.

» **Ascendant Cancer :** D'humeur changeante, vous êtes sensible, imaginatif, sagace et protecteur. Vous aimez la sécurité, le confort, les bons petits plats, votre foyer, et vous occuper d'autres personnes. Vos sentiments sont profonds, et vous détestez en général prendre des risques. La Lune est la planète qui vous gouverne, quel que soit votre signe solaire. Votre descendant est le Capricorne, ce qui signifie que votre partenaire idéal est franc et fiable – peut-être une personne plus âgée que vous ou plus reconnue, qui pourra vous apporter la sécurité dont vous avez besoin.

» **Ascendant Lion :** Vous avez un look tape-à-l'œil, vous aimez vous amuser, vous êtes bienveillant, charismatique et amical. Vous ne pouvez pas supporter qu'on ne vous remarque pas. Vous faites de votre mieux pour donner de vous-même l'image d'un cœur léger et confiant, et d'habitude, vous y parvenez. Les gens veulent se chauffer à votre soleil. Le Soleil est la planète qui vous gouverne, quel que soit votre signe solaire. Votre descendant est le Verseau, ce qui signifie que votre partenaire idéal est exceptionnel et stimulant, une personne avec laquelle vous sentez un lien mental vivace, et qui ne correspond pas nécessairement à la superbe liaison romantique dont vous rêvez peut-être.

» **Ascendant Vierge :** Vous avez le sens pratique, vous êtes maître de vous, nerveux et prévenant. Clair et rapide, vous discutez aisément de toutes sortes de sujets, et vous êtes très observateur. Mais vous essayez de garder vos sentiments pour vous. Il se peut que vous ayez des allergies. Mercure est la planète qui vous gouverne, quel que soit votre signe solaire. Votre descendant est en Poissons, ce qui suggère que votre partenaire idéal est une personne sympathique qui peut vous aider à vous décontracter, à suivre le cours de la vie, et à cesser de vous faire du souci sur chaque petit détail.

» **Ascendant Balance :** Vous êtes engageant, plein de tact, facile à vivre et sympathique, mais vous feriez n'importe quoi pour éviter un conflit. Vous ne supportez pas de vous retrouver dans un environnement hostile. Vous avez également la fibre artistique, vous êtes attrayant et raffiné. Quel que soit votre signe solaire, Vénus est la planète qui vous gouverne. Votre descendant réside en Bélier, ce qui suggère que le partenaire idéal pour vous est quelqu'un avec une personnalité fougueuse, qui pourra ranimer vos enthousiasmes et vous aider à faire face aux conflits.

» **Ascendant Scorpion :** Vos yeux intenses et vos manières irrésistibles attirent les gens. Vous êtes secret, magnétique et sexy. Vous êtes aussi un battant qui prend les rênes en temps de crise. Vous avez la volonté et la possibilité de vous transformer, à la fois sur le plan intérieur et sur le plan extérieur. Vous êtes capable de changer complètement la manière dont vous vous présentez. Quel que soit votre signe solaire, Pluton est la planète qui vous gouverne. Votre descendant est dans le Taureau. Le partenaire le plus naturel pour vous est quelqu'un qui a les pieds sur terre, qui est fiable et aussi entêté que vous-même.

» **Ascendant Sagittaire :** Vous êtes extraverti, indépendant, optimiste, agité et téméraire. Dans votre recherche d'une vie de communication, vous voyagez autant que possible et vous pouvez vous fixer complètement sur une idée. Plein d'esprit, nerveux et prolixe, vous êtes une personne chanceuse à la personnalité joviale. Les opportunités viennent à vous – et vous savez instinctivement choisir le bon moment pour les saisir. Jupiter est la planète qui vous gouverne, quel que soit votre signe solaire. Votre descendant réside dans les Gémeaux, ce qui suggère que le bon partenaire pour vous est une personne active aux multiples facettes dont la conversation est si stimulante que vous ne vous ennuyez jamais.

» **Ascendant Capricorne :** La pagaille vous rend fou. Vous êtes une personne sérieuse, réservée, qui a une méthode pour toute chose. Ambitieux et compétitif, vous assumez la responsabilité et exercez l'autorité avec efficacité. Mais vous ne vous décontractez pas facilement, et vous êtes peut-être sujet à des dépressions. Bien que votre enfance ait peut-être été difficile, vos perspectives s'améliorent au fur et à mesure que vous vieillissez (et grâce à vos saines habitudes, vous gardez une apparence jeune). Saturne est la planète qui vous gouverne, quel que soit votre signe solaire. Votre descendant est dans le Cancer, ce qui suggère que vous avez besoin d'un partenaire chaleureux qui vous soutienne afin de vous adoucir, en vous apportant la sécurité que vous désirez tellement (et les bons petits plats préparés à la maison). Les relations de couple traditionnelles sont pour vous les meilleures possible.

- **Ascendant Verseau :** Vous avez des tas de centres d'intérêt, de nombreux amis, et une personnalité calme et aimable. Mais vous gardez une certaine distance qui peut vous faire paraître indifférent. Les gens se rendent bien compte que vous suivez votre propre rythme, qui est différent du leur. Des événements inattendus, surtout dans l'enfance, vous ont rendu prudent, et vous résistez au changement. Uranus est le maître de votre horoscope, quel que soit votre signe solaire. Votre descendant est le Lion fougueux, ce qui suggère qu'une relation de couple qui offrirait la passion de ce signe, sa vivacité et sa dévotion à la personne aimée contrerait votre objectivité aérienne et vous apporterait de la satisfaction.
- **Ascendant Poissons :** Vous êtes romantique, influençable, sentimental, et vous êtes tellement compatissant que parfois le simple fait de vous trouver en présence de personnes malheureuses est plus que vous ne pouvez supporter. Vos aptitudes psychiques sont fortes, et votre gentillesse est légendaire, bien que vous puissiez être trop crédule ou trop docile. Vous possédez également le potentiel de la réalisation créatrice et spirituelle. Neptune est le maître de votre horoscope, quel que soit votre signe solaire. Votre descendant se trouve en Vierge, ce qui suggère qu'un partenaire ayant le sens pratique et celui des détails, analytique, équilibrerait votre approche intuitive de la vie et vous aiderait à réduire la pagaille que vous créez.

L'axe milieu du ciel-fond du ciel

Comment se fait-il que certaines personnes aient parfois les carrières les plus étranges, alors que l'on ne s'y attendait pas du tout ? Le milieu du ciel, appelé également MC, est souvent le responsable.

Le MC est le plus haut point de l'écliptique sur votre horoscope. Il ne détermine pas vos talents, mais il affecte votre personnage public et influence l'approche que vous choisissez d'adopter pour votre carrière. Le fond du ciel (FC) y est directement opposé. Le FC influence votre attitude envers le foyer et la famille, et il affecte les circonstances à la fin de votre vie.

1 Si vous possédez un thème astral précis, vous trouverez votre milieu du ciel près de la cuspide de la dixième maison à 12 heures ou à peu près. Dans la plupart des horoscopes, le milieu du ciel et la cuspide de la dixième maison sont identiques.

2 Si vous ne trouvez pas de légende MC, utilisez la cuspide de la dixième maison.

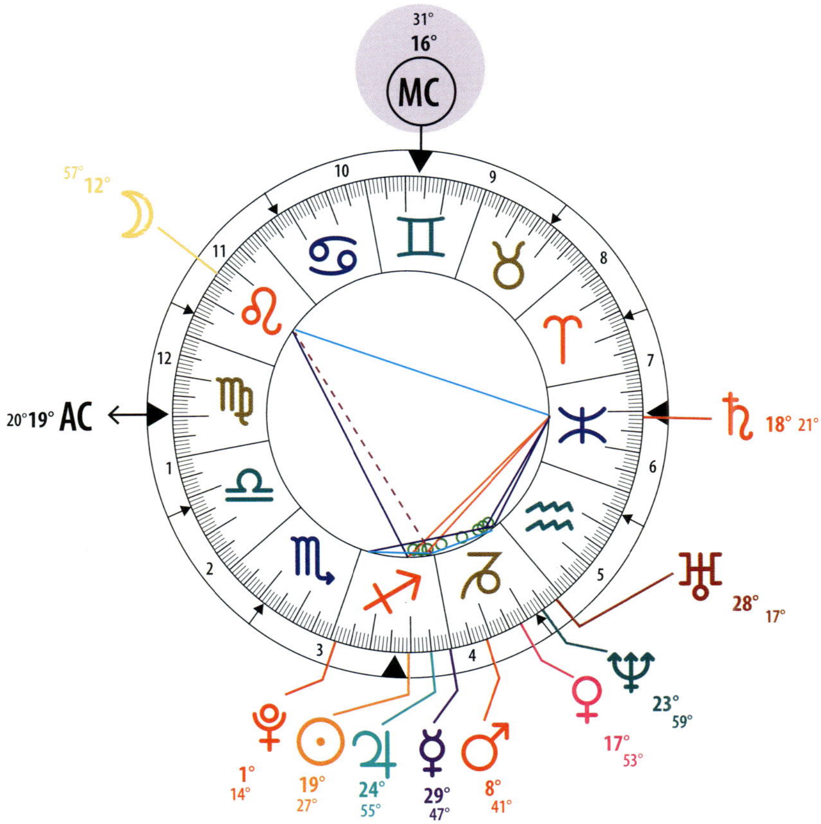

Avec certains systèmes de domification, le milieu du ciel et la cuspide de la dixième maison ne sont pas identiques. Si c'est le cas de la carte du ciel que vous possédez, ne vous en faites pas. Lisez la description de votre MC et allez sur Internet chercher un horoscope précis (consultez alors le chapitre 2 pour savoir comment procéder).

Partez du principe que votre milieu du ciel est du même signe que la cuspide de la dixième maison.

Attention

Les talents et les opportunités proviennent de nombreuses directions, et il n'est pas surprenant que de nombreux facteurs jouent un rôle dans le choix de la carrière. Le milieu du ciel ne constitue que l'un d'entre eux. D'autres facteurs importants comprennent les planètes dans la dixième maison ; la position de la planète maîtresse du milieu du ciel ; le thème dominant de votre horoscope, quel qu'il soit ; et, bien sûr, votre signe solaire.

Le milieu du ciel affecte votre attitude envers la carrière. Le fond du ciel, celle que vous adoptez envers le foyer et la famille.

» **Milieu du ciel en Bélier :** Vous adoptez une attitude audacieuse vis-à-vis de votre carrière. Vous répondez à un défi et vous êtes extrêmement excité et comblé lorsque vous lancez un nouveau projet. Être à votre compte vous procure de la satisfaction. Mars est la planète qui gouverne votre milieu du ciel. Votre fond du ciel est dans la Balance, ce qui indique que vous avez besoin d'un foyer tranquille et harmonieux. Suivez le conseil de l'artiste William Morris, un natif du Bélier, dans *The Beauty of Life* : « N'ayez aucune chose dans vos demeures que vous ne sachiez utile ou que vous ne trouviez belle. » Et si vous avez un doute sur ce qui compte le plus, l'utilité ou la beauté, choisissez cette dernière.

» **Milieu du ciel en Taureau :** La sécurité compte. Vous avez besoin de faire quelque chose de tangible dans votre carrière – et, quelle qu'en soit la forme, vous avez besoin de recevoir des récompenses substantielles. Vénus est la planète qui gouverne votre milieu du ciel. Votre fond du ciel est en Scorpion, ce qui indique que votre foyer est une cachette dans laquelle vous pouvez exprimer vos passions les plus profondes et trouver l'intimité dont vous avez tellement besoin.

» **Milieu du ciel en Gémeaux :** Vous avez besoin de diversité dans votre carrière, et de communiquer vos idées. Mercure est le maître de votre milieu du ciel. Votre fond du ciel est dans le Sagittaire, ce qui suggère soit que vous déménagez fréquemment, soit que votre vie de famille est gouvernée par de stricts principes religieux. Vous êtes d'accord avec l'écrivain G. K. Chesterton, un natif des Gémeaux, qui écrit dans *What's Wrong with the World* : « Le foyer n'est pas l'endroit banal dans un monde d'aventures ; c'est l'endroit sauvage dans un monde de règles et de tâches imposées. »

- **Milieu du ciel en Cancer :** Vous avez besoin d'une carrière dans laquelle vous pouvez utiliser votre intuition, établir des contacts sur le plan émotionnel, et pourvoir à la sécurité de votre famille. La Lune gouverne votre milieu du ciel. Votre fond du ciel est en Capricorne, ce qui suggère que vous avez un goût traditionnel pour la décoration d'intérieur, que vous adoptez aussi une attitude conservatrice envers la famille, et que vous endossez donc une énorme responsabilité.
- **Milieu du ciel en Lion :** Vous avez besoin d'une carrière qui présente deux qualités : des opportunités sur le plan créatif, et la reconnaissance du public. Le Soleil est le maître de votre milieu du ciel. Votre fond du ciel se trouve en Verseau, ce qui indique que vous avez une attitude indépendante vis-à-vis du foyer et de la famille. Il en résulte que votre vie de famille pourrait prendre une forme inhabituelle.
- **Milieu du ciel en Vierge :** Vous allez réussir dans votre carrière, quelle qu'elle soit, parce que vous « faites vos devoirs » et parce que vous apportez de l'attention aux détails. Mercure gouverne votre milieu du ciel. Votre fond du ciel est en Poissons, ce qui indique qu'un fort sentiment d'avoir été abandonné pendant votre enfance vous fait désirer un foyer serein rempli de consolation spirituelle. Votre attitude est celle du philosophe Gaston Bachelard qui écrit, dans *La Poétique de l'espace* : « Si on me demandait de nommer le principal avantage de la maison, je dirais : la maison protège la rêverie, la maison protège le rêveur, la maison permet de rêver en paix. »
- **Milieu du ciel en Balance :** Vous voulez avoir une carrière agréable et rationnelle qui vous permettra de trouver l'équilibre entre votre vie privée et votre vie publique. Selon vous, l'idéal serait une carrière dans les arts. Vous attirez facilement des gens qui peuvent vous aider à atteindre vos objectifs. Vénus est la planète qui gouverne votre milieu du ciel. Votre fond du ciel est en Bélier, ce qui suggère que c'est chez vous que vous exprimez le plus activement votre individualité, bien que vous puissiez aussi être rebelle et avoir un caractère emporté avec des membres de votre famille.
- **Milieu du ciel en Scorpion :** Vous êtes attiré par une carrière qui vous offre la possibilité d'exercer un pouvoir ou de ressentir intensément. Une fois que vous avez choisi un objectif spécifique, vous êtes bien déterminé à l'atteindre. Pluton est le maître de votre milieu du ciel. Votre fond du ciel est en Taureau, ce qui suggère que la sécurité et le confort de votre maison sont pour vous extrêmement importants. Posséder votre propre maison vous apporte le calme.
- **Milieu du ciel en Sagittaire :** Vous êtes le plus heureux avec une carrière qui vous procure de l'indépendance, la possibilité d'élargir vos horizons sur le plan mental, et de nombreux déplacements. Jupiter est le maître de votre milieu du ciel. Votre fond du ciel se trouve en Gémeaux, ce qui suggère que votre maison est un lieu animé rempli de livres, de magazines et de conversations. Vous aimeriez avoir deux maisons, et il est possible que vous déménagiez souvent.
- **Milieu du ciel en Capricorne :** Vous êtes fiable et responsable. Pour maintenir votre optimisme, vous avez besoin d'une carrière qui vous apporte une structure, des heures de travail régulières et, par-dessus tout, des signes clairs que vous êtes en train de progresser. Saturne est la planète qui gouverne votre milieu du ciel. Votre fond

du ciel est en Cancer, ce qui suggère de solides liens avec votre famille en général et avec votre mère en particulier. La vie au bord de l'eau vous tranquillise.

» **Milieu du ciel en Verseau :** Vous adoptez une attitude indépendante et très personnelle envers la carrière. La carrière idéale pour vous est exceptionnelle et non conventionnelle, c'est quelque chose que vous seul pouvez réaliser. C'est Uranus qui gouverne votre milieu du ciel. Votre fond du ciel est en Lion. Vous êtes fier de votre foyer, qui est un lieu dans lequel vous pouvez exprimer vos émotions et vos talents créatifs. Même si vous êtes par ailleurs timide, vous êtes la star à la maison.

» **Milieu du ciel en Poissons :** La compassion et/ou l'imagination déterminent vos choix de carrière. Vous serez peut-être attiré par les professions d'assistance, ou par un domaine prestigieux comme la musique ou la danse. Dans un cas comme dans l'autre, votre intuition et vos capacités médiumniques vous guident. Neptune est la planète maîtresse de votre milieu du ciel. Votre fond du ciel est en Vierge, ce qui suggère qu'un environnement propre et soigné à la maison vous apporte la sécurité et la stabilité dont vous avez besoin.

DANS CE CHAPITRE

Les rôles de Mercure, Vénus, Mars, Jupiter et Saturne dans l'astronomie, la mythologie et l'astrologie

•

Les planètes dans les signes

•

Les planètes dans les maisons

•

L'interprétation de Mercure, Vénus, Mars, Jupiter et Saturne dans votre thème astral

Chapitre 6

Les planètes individuelles

Le Soleil et la Lune fournissent des tonnes d'informations. Mais pour comprendre votre propre thème (ou celui de quelqu'un d'autre) dans son intégralité, vous devez savoir où se trouvent toutes les planètes. Mercure, Vénus, Mars, Jupiter et Saturne étaient les seules planètes connues des premiers astronomes ; elles décrivent des aspects de la personnalité et sont connues sous le nom de planètes *individuelles*. Uranus, Neptune et Pluton, les planètes *transsaturniennes* (parce qu'elles viennent après Saturne), ne sont visibles qu'avec un télescope. Elles ont également moins d'impact sur la personnalité (sauf les exceptions que je signalerai dans ce chapitre), mais elles influencent l'inconscient, définissent des générations et déterminent des événements dans les vies des nations et des individus. Je parlerai de ces planètes collectives au chapitre 7.

N'oubliez pas

Chaque planète occupe une fonction différente dans votre thème. Pour faciliter les distinctions entre elles, souvenez-vous que chaque planète possède au moins un mot-clé qui résume sa signification. Le tableau ci-dessous donne la liste de ces mots-clés et des symboles fort utiles qui représentent ces planètes.

Si vous avez fait votre chemin à travers le chapitre 2, que vous vous soyez servi d'un site Web ou que vous ayez forcé une bonne âme à faire le travail pour vous, vous devriez maintenant avoir votre thème astral en main. Dans ce cas, vous savez également quelles positions les planètes occupent dans votre carte du ciel. Pour savoir ce qu'elles *signifient*, dressez la liste de vos planètes par signe et par maison, puis cherchez-les dans ce chapitre et dans le chapitre suivant. De cette manière, vous pourrez vous faire une idée cohérente de vos possibilités.

Tableau 6-1 Les mots-clés et les symboles des planètes.

Planète	Mot-clé	Symbole
Mercure	Communication	☿
Vénus	Amour	♀
Mars	Activité	♂
Jupiter	Expansion	♃
Saturne	Restriction	♄
Uranus	Révolution	♅
Neptune	Imagination	♆
Pluton	Transformation	♇

Attention

Ne vous en faites pas si vous notez occasionnellement des contradictions en regardant les interprétations des positions de vos planètes : elles sont inévitables. Concentrez-vous plutôt sur les idées qui reviennent encore et toujours. Une fois que vous aurez identifié ces thèmes, vous serez en bonne voie pour devenir astrologue.

Mercure : communique avec classe

L'astronomie, la mythologie et l'astrologie sont trois disciplines différentes, mais elles contribuent toutes à notre compréhension des planètes.

En astronomie, la petite planète Mercure se distingue par sa révolution sidérale rapide – elle n'a besoin que de 88 jours pour effectuer un tour complet du Soleil, car elle est proche de celui-ci.

Mythologie

En mythologie, le dieu romain Mercure, identique au dieu Hermès des Grecs, est également connu pour sa vitesse. Avec ses sandales et son casque ailé, c'était le messager des dieux, ainsi qu'un voleur, un musicien, un escroc et un menteur achevé qui pouvait se tirer de n'importe quelle situation grâce à sa tchatche. Mercure était un maître dans l'art de raconter des histoires. Les Anciens l'adoraient comme le dieu des voyages, de la parole, des routes, des frontières, du sommeil, des rêves et des endroits obscurs entre ce monde-ci et l'au-delà. (Parmi ces endroits troubles, on trouve le passage de la vie à la mort : Hermès escortait les âmes des trépassés dans leur voyage vers les Enfers.)

Les astrologues considèrent Mercure comme le symbole de la communication, de la parole, des écrits, de la connaissance, de l'intellect, de la raison, de l'esprit vif, et d'une bonne aptitude à apprendre. Sa position dans votre carte du ciel détermine la façon dont vous pensez, la vitesse avec laquelle vous collectez des données et traitez l'information, le style avec lequel vous vous exprimez, et votre disposition à raconter une histoire (vraie ou non), à prononcer un discours, à utiliser les mots.

Étant donné que son orbite est si proche du Soleil, Mercure se trouve soit toujours dans le même signe que le Soleil, soit dans un signe adjacent – et il n'en est en aucun cas éloigné de plus de 28°. Pour connaître sa position dans votre horoscope, consultez les tables planétaires sur un site Web spécialisé.

Le symbole de Mercure possède, selon la métaphysique, trois composantes : la croix de la terre ou matière, le cercle de l'esprit, et le croissant de la personnalité perché dessus, qui ressemble à une petite antenne de satellite prête à recevoir des informations.

Mercure dans les signes

La position de Mercure détermine votre style de communication, la manière dont vous traitez l'information et celle dont fonctionne votre esprit.

» **Mercure en Bélier :** Vous ne ralentissez jamais et vous voulez sauter aux conclusions ; votre esprit est rapide comme l'éclair et vous avez une manière directe et énergique de vous exprimer. Bien que vous puissiez être impatient, avoir l'esprit de compétition, être irritable et souvent avoir des difficultés de concentration, vous n'êtes jamais ennuyeux ou insipide. Vous êtes prêt à dicter votre loi si c'est nécessaire. Vous vous exprimez de façon autoritaire, et les gens savent en général ce que vous pensez (cependant, si Mercure se trouve dans votre douzième maison, vous essaierez peut-être de dissimuler vos opinions, mais en général sans grand succès).

» **Mercure en Taureau :** Vous êtes réfléchi, conservateur et remarquablement sensé. Vous étudiez les faits, construisez soigneusement une argumentation, et la présentez avec diplomatie. Après cela, il est peu probable que vous changiez d'avis. Ayant pris une décision raisonnée en y accordant tout le temps nécessaire, vous ne voyez aucune raison de modifier votre opinion. Vous avez tendance à être inflexible, et il est difficile de discuter avec vous, en partie parce que vous connaissez les données de la question, et en partie parce qu'il ne vous est pas facile de vous ouvrir à de nouvelles idées.

» **Mercure en Gémeaux :** Vous êtes intelligent, curieux, perspicace, espiègle et ludique, expéditif et incroyablement clair. Votre rapidité mentale et votre agilité intellectuelle sont extraordinaires. Votre esprit embraie facilement, et vous pouvez parler comme un moulin. Mais vous pouvez également vous plier au vent. Vous êtes bien trop adaptable, et vous pouvez raisonner sur n'importe quoi. Mercure régit les Gémeaux (et la Vierge), et cela fonctionne très efficacement ici.

» **Mercure en Cancer :** Sensible et compréhensif, vous êtes intuitif, réfléchi et disponible à l'écoute. Vous pouvez communiquer avec compassion, et vous pouvez absorber de l'information si facilement qu'il semble de temps en temps que vous soyez devin. Vous avez une mémoire stupéfiante. Mais vos humeurs inondent parfois votre discernement et vous avez tendance à prendre vos désirs pour des réalités.

» **Mercure en Lion :** Théâtral, plein de dignité et ambitieux, vous pensez de façon créative, vous vous exprimez de façon colorée et vous avez confiance en vos opinions (bien que ce soit moins le cas si le Soleil est en Cancer). Vous ne perdez jamais de vue l'ensemble d'une situation. Vous êtes persuasif, éloquent, et votre processus de pensée est organisé. Vous pouvez également être dogmatique et fanfaron, mais sans réserve dans votre enthousiasme – comme cela arrive souvent avec des positions de planètes en Lion, votre chaleur maîtrise votre tendance à vous vanter et l'emporte sur elle.

» **Mercure en Vierge :** Vous êtes intelligent, subtil, persévérant, bien informé, astucieux, analytique et fin. Rien ne vous échappe, et surtout pas les incohérences logiques. Idéaliste qui déplore secrètement le décalage entre l'état dans lequel sont les choses et celui dans lequel elles devraient être, vous pouvez être tatillon, et exercer le métier de critique ou de procureur de la République. Mais vous êtes également un brillant penseur et un causeur de premier plan. Mercure gouverne la Vierge, et cette combinaison fonctionne exceptionnellement bien. Soyez confiant : vous avez un esprit fin.

» **Mercure en Balance :** Avec votre pensée rationnelle et votre élocution élégante, vous recherchez un point de vue équilibré et comprenez intuitivement que la meilleure solution est en général la plus simple. Prudent, discret et doué d'un fort sens esthétique, vous êtes charmant, objectif et diplomate (bien que vous adoriez débattre d'une question). Les opinions de ceux que vous respectez vous intéressent. Mais dans le secret de votre esprit, vos pensées oscillent d'une position à l'autre, vous êtes en proie à l'incertitude et vous mettrez du temps à arriver à prendre une décision raisonnée.

» **Mercure en Scorpion :** Vous possédez un esprit pénétrant et plein de ressources, qui est constamment en train de sonder le dessous de la surface. Vous ne prenez jamais rien pour argent comptant, ce qui fait que vous souffrez souvent de suspicion et même de paranoïa. Mais vous êtes également analytique, sagace, pénétrant et capable de dénicher toutes sortes d'informations. C'est une excellente position pour un détective, un chercheur ou un thérapeute. Mais elle peut être dangereuse, car elle confère aussi un esprit mordant et la tendance à se servir des mots comme d'une arme.

» **Mercure en Sagittaire :** Vous avez un intellect de recherche et une grande largeur d'esprit. Réfléchir aux grandes questions, comme vous adorez le faire, vous inspire et vous confère de la grandeur dans votre philosophie de la vie. Vous aimez bien parler, et vous êtes distrayant et sage. Mais vous pouvez aussi être dogmatique, hypocrite et faible lorsque l'on entre dans les détails, et direct au point de manquer de tact. Evangeline Adams, la grande astrologue du début du XXe siècle, se plaignait dans *Astrology for Everyone* (« L'astrologie pour tous ») que les natifs avec cette position de Mercure manquassent de tenir leurs promesses, en raison de la qualité « discontinue et papillonnante » de leur esprit. Mais votre sens de l'humour vous sauve.

» **Mercure en Capricorne :** Méthodique, réaliste et organisé, vous êtes un penseur systématique. Vous faites vos devoirs ; vous vous concentrez ; vous agissez en adulte. Bien que vous puissiez être conventionnel, rigide et pessimiste, vous essayez d'être impartial et prudent pour tirer vos conclusions, même si cela signifie qu'il faut que vous surmontiez vos préjugés. Penseur appliqué, vous êtes suffisamment responsable pour vous assurer de ce que vous avancez, et vous communiquez clairement et de façon réfléchie.

» **Mercure en Verseau :** Nourri d'idées, vous possédez un esprit inventif, souvent brillant. Tourné vers le progrès, humain et heureux lorsque vous vous engagez pour une cause, vous vous exprimez d'une manière unique et vous avez des éclairs d'inspiration qui vous apportent souvent une excellente compréhension des choses. Vos perceptions sont bien les vôtres, et ce de façon distincte. Vous pouvez complètement vous emballer pour un problème social ou pour une théorie abstraite. Mais vous pouvez aussi vous attacher à une idée au point de devenir inflexible, et de refuser que les faits – ou les gens – vous fassent obstacle.

» **Mercure en Poissons :** N'importe quelle planète en Poissons amène le triomphe des sentiments sur les faits. Vous réagissez instinctivement aux gens et aux situations, en prenant souvent la bonne décision sans savoir pourquoi. Vous comprenez comment les gens fonctionnent. Et vous vous adaptez aisément aux circonstances changeantes. Votre esprit est réceptif, subtil, compatissant et imaginatif, mais la logique n'est pas votre fort. Vous avez en revanche un accès facile à votre intuition, qui est un fleuve d'impressions et d'instincts qui coule juste au-dessous de vos pensées conscientes.

Mercure dans les maisons

La position de Mercure par maison indique les domaines de la vie qui absorbent le plus votre esprit et stimulent vos pensées.

» **Mercure dans la première maison :** Vous êtes causeur, vous connaissez votre affaire, vous êtes loquace, parfois bavard, et toujours heureux de partager vos points de vue. Vous pouvez être un conteur d'histoires, le type de personne sociable qui devient le cœur et l'âme de n'importe quel dîner. Mais même si vous êtes moins ouvert, vous vous montrez à la hauteur lorsque vous prononcez un discours. Votre aptitude à communiquer constitue l'une de vos forces, elle attire les gens.

» **Mercure dans la deuxième maison :** Vous adoptez une approche systématique, en particulier pour les questions d'argent. Vous appréciez les résultats et aimez penser que vous êtes doué sur le plan pratique, capable de transformer une idée en un avantage concret. Que vous le soyez ou non, cela dépend d'autres facteurs, mais, dans un cas comme dans l'autre, vous pensez en général en termes pratiques.

» **Mercure dans la troisième maison :** Vous avez la chance de posséder cette position très admirée, car elle vous donne un esprit très alerte et vibrant, une grande curiosité intellectuelle. Vous savez manier les mots. Orateur efficace, brillant causeur, vous êtes aussi un bon écrivain.

» **Mercure dans la quatrième maison :** Fortement influencé par vos parents, vous transformez votre foyer en un centre d'activités et de stimulation intellectuelle. Vous travaillez peut-être même chez vous. L'héritage familial est probablement compliqué d'une manière ou d'une autre, et vous devrez finalement vous y attaquer de front. Dans les pires cas, vous pouvez avoir l'esprit étroit et être très collet monté. Dans les meilleurs cas, vous êtes à l'écoute et très précisément conscient.

» **Mercure dans la cinquième maison :** Vous êtes une personne qui a des centres d'intérêt variés, un penseur créatif avec une faiblesse pour la spéculation, et une vie sentimentale qui vaudrait bien qu'on y consacre un livre. En amour, vous recherchez quelqu'un qui vous fasse avancer sur le plan intellectuel. En tant que parent, vous tirez un énorme plaisir de vos enfants, vous parlez d'eux sans cesse, et vous établissez des liens solides et affectueux avec eux.

» **Mercure dans la sixième maison :** Adroit et efficace, vous avez tendance à vous plonger dans le travail, soit en traitant aisément les détails, soit parce qu'ils vous obsèdent. En l'absence de quelque chose d'important à faire, vous êtes maître dans l'art de vous inventer du travail, et il est donc essentiel que vous trouviez un emploi satisfaisant et stimulant. Inquiet, vous vous faites du souci pour des riens, et vous pouvez devenir hypocondriaque. Pour parer à cette éventualité, prenez des mesures positives pour conserver votre santé.

» **Mercure dans la septième maison :** Vous êtes une personne sociable qui désire ardemment les conversations animées et les relations stimulantes sur le plan intellectuel. Mais vous avez peut-être des difficultés à trouver l'amour – et le défi intellectuel – que vous recherchez. Bien que vous soyez ouvert et que vous établissiez facilement des contacts, vous vous ennuyez tout aussi rapidement, et, sans le réaliser, vous évitez de vous engager. Pourtant, lorsque vous avez trouvé la relation de couple que vous recherchez, la conversation ne s'arrête jamais.

» **Mercure dans la huitième maison :** Cette position vous donne un esprit naturellement intuitif, l'aptitude à percer les secrets, de grands dons pour la recherche et un engagement intellectuel profond pour les mystères de la vie, y compris le sexe, la mort, l'argent (vous trouvez qu'il est injuste de devoir vous en soucier) et les arts métaphysiques.

» **Mercure dans la neuvième maison :** Vous êtes fortifié par les idées, motivé par la philosophie, stimulé par les forces de l'intellect et heureux d'explorer le monde. Vous aimez débattre d'idées et rencontrer des gens, et l'enseignement est donc un domaine naturel pour vous (autres bons choix : le droit, l'édition, la religion).

Vous maniez les grandes idées avec aise, mais vous manifestez peut-être aussi de l'impatience pour les bagatelles de la vie quotidienne.

- **Mercure dans la dixième maison :** Avec cette position très influente, il est probable que vous développiez une carrière stimulante, généralement dans le monde de l'écrit. Votre job idéal doit inclure beaucoup de variété. Si ce n'est pas le cas, vous changerez fréquemment d'emploi. Vous avez besoin d'une stimulation mentale perpétuelle. Vous préférez être aux commandes, et vous obtenez le plus de succès lorsque vous pouvez poursuivre vos propres idées.
- **Mercure dans la onzième maison :** Une vie sociale active est essentielle pour votre bien-être. Vous vous faites facilement des amis (mais si Mercure est affligé d'une série d'aspects qui engendrent de la tension, il peut exister une sorte de « porte à tambour » dans ce domaine : voir le chapitre 8 pour l'explication des différents aspects). Vous réfléchissez très soigneusement à vos idéaux et à vos aspirations, et vous aimez la compagnie de personnes qui les soutiennent activement. De même, vous trouvez stimulant de travailler dans un groupe, de préférence au sein d'un projet fondé sur une croyance ou un principe, quel qu'il soit.
- **Mercure dans la douzième maison :** Vous êtes mystérieux, intuitif, contemplatif et secret. Vous pouvez interpréter les rêves, utiliser les pouvoirs de l'imagination, déchiffrer des codes secrets et effectuer toutes sortes de tâches mentales qui exigent de penser en sortant du cadre habituel. Mais vous avez pour cela besoin de solitude.

Vénus : l'amour conquérant

Qu'elle apparaisse avant le coucher du soleil ou avant son lever, Vénus, qui est aussi appelée *l'étoile du Berger*, brille plus que presque n'importe quel autre objet dans le ciel. C'est la deuxième planète à partir du Soleil.

Les astronomes nous apprennent que Vénus est un enfer de serre chaude, avec des plaines fracturées étouffées au-dessous de couvertures épaisses de nuages toxiques. Avec une température de surface de 470 °C, une atmosphère complètement asphyxiante et une pression à la surface cent fois supérieure à celle de la Terre, c'est un endroit inhabitable et aussi déplaisant que vous puissiez l'imaginer.

Mythologie

Les Grecs et les Romains voyaient les choses différemment. Dans la mythologie classique, Vénus (Aphrodite chez les Grecs) était la déesse de l'Amour et de la Beauté. Elle fut la maîtresse d'Adonis (et d'autres), la compagne fidèle du dieu ailé Cupidon (Éros), et la femme infidèle de Vulcain (Héphaïstos), qui la surprit au lit avec son amant préféré Mars (Arès), le dieu de la Guerre.

Les astrologues associent Vénus à l'amour, au flirt, à la séduction, à la beauté, à l'art, au luxe, à l'harmonie et au plaisir. Elle décrit la qualité de vos interactions avec les autres, la manière dont vous exprimez votre affection, vos impulsions artistiques et, bizarrement aussi, la manière dont vous vous y prenez avec l'argent. C'est parce que Vénus gouverne la force de l'attraction, sexuelle ou autres.

Observée depuis la Terre, Vénus ne peut pas se trouver à un angle de plus de 48° du Soleil, ce qui signifie au maximum deux signes d'écart entre la position de Vénus et celle du Soleil dans l'horoscope. Pour trouver la position de Vénus dans votre thème astral, consultez les tables planétaires sur un site Web spécialisé.

Le symbole de Vénus comporte deux composants métaphysiques : la croix de la terre et le cercle de l'esprit. Mais la plupart des gens l'associent au symbole biologique de la femme.

Vénus dans les signes

» **Vénus en Bélier :** Émotif, enthousiaste et impulsif, vous aimez vous prendre pour un aventurier romantique. Vous tombez ainsi amoureux avec impétuosité et au premier coup d'œil – et vous vous brouillez tout aussi rapidement. Plus exigeant (et plus égocentrique) que vous ne vous en rendez compte, vous êtes affectueux, ardent et facilement excité. Bien que vous ayez en fin de compte besoin d'une compatibilité mentale, ce qui vous stimule en premier lieu, c'est l'apparence physique.

» **Vénus en Taureau :** Maîtresse du Taureau, Vénus se sent ici complètement chez elle. Elle vous rend affectueux, charmant, sensuel à l'extrême, et vous donne un grand sens artistique. Tous les plaisirs de la vie vous attirent, en commençant par des aliments riches et en terminant par de longues et voluptueuses rencontres sexuelles, avec la même personne de préférence. Vous appréciez la constance, et bien que vous soyez capable d'infidélités, celles-ci ne représentent pas votre mode naturel. Vous avez besoin de sécurité, de confort, de câlins, d'objets magnifiques, de quelqu'un qui vous stimule, et d'un partenaire attentif.

» **Vénus en Gémeaux :** La planète de l'amour dans le signe de l'esprit inconstant produit des badinages pleins d'esprit, de nombreuses heures de conversation heureuse et de flânerie dans les librairies, ainsi qu'une attraction irrésistible vers les personnes intelligentes et rapides. Vous êtes tout à fait capable d'entretenir une histoire d'amour sur Internet. Mais en l'absence de facteurs atténuants, vos affections sont facilement influencées, et il vous est difficile de faire la distinction entre ce qui devrait être une belle aventure (cela *semble* une bonne idée) et le véritable amour.

» **Vénus en Cancer :** Véritable bâtisseur de nid, vous tirez vos plaisirs les plus profonds de votre foyer et de votre famille. Vous êtes gentil, sympathique, sentimental, loyal, dévoué, aimé, et grand cuisinier (ou du moins vous aimeriez bien en être un). Mais même si vous donnez l'impression d'avoir complètement confiance en vous-même, vous avez besoin de davantage qu'un petit encouragement émotionnel. Votre peur d'être rejeté est peut-être cachée, mais elle est bien réelle. Ce qui pourrait bien être la raison pour laquelle vous vous accrochez trop longtemps, aussi bien aux ami(e)s qu'à la personne que vous aimez. Lorsque vous aimez quelqu'un, vous voulez que ce soit pour toujours.

» **Vénus en Lion :** Chaleureux, ouvert, loyal, amoureux du luxe, vous avez le sens artistique, vous êtes créatif, vous avez des attitudes théâtrales, et vous êtes amoureux de l'amour. Vous éprouvez des sentiments passionnés et vous vous exprimez de façon flamboyante. L'amour est une partie essentielle de votre nature, et vous avez tendance à vous définir à travers lui. Vous adorez aussi les arts. Mais vous n'êtes quand même pas sur le point de vous enfuir avec un poète ou une poétesse non publié, du moins pas si l'artiste en question ne dispose pas de réserves financières substantielles. Vous êtes heureux lorsque l'argent rentre bien.

» **Vénus en Vierge :** Lorsque vous êtes amoureux, vous y consacrez toute votre attention, vous analysez chaque interaction, en relisant vos lettres d'amour et en écoutant votre répondeur pour être sûr que vous avez bien saisi la moindre nuance. Vous feriez n'importe quoi pour l'être aimé. Mais vous pouvez également critiquer et contrôler, avoir des tas d'opinions sur la façon dont les autres devraient se comporter. Certains natifs avec cette position ont des personnalités tapageuses (ceux qui ont le Soleil en Lion, par exemple.) Si vous êtes l'un d'eux, les gens pensent que vous êtes une bête de sexe forcenée. En réalité, la plupart des natifs avec Vénus en Vierge sont modestes, voire un peu timides au lit.

» **Vénus en Balance** : Vous êtes affectueux, gentil, chaleureux et désireux de plaire. Vrai romantique, vous idéalisez l'amour et avez souvent des problèmes à vous adapter à une véritable relation de couple. Lorsque la déception s'installe, c'est dur, mais vous ne restez pas chez vous à vous morfondre. Vous êtes très séduisant, et il se trouve en général toujours quelqu'un sur votre piste. Cette position amène aussi une forte sensibilité esthétique.

» **Vénus en Scorpion :** Grâce à l'érotisme outrageux du Scorpion, cette position promet un ticket pour l'extase. Et parfois c'en est un. La présence de mystère, d'intensité, et même d'un soupçon subtil d'obscurité vous excite. Fier, passionné et séducteur, vous êtes prédestiné à de profonds désirs, à la fois sexuels et émotionnels, et votre vie amoureuse tend à être tumultueuse. Dans le meilleur des cas, vous êtes profondément dévoué et profondément intime. Dans le pire, vous pouvez être jaloux et vindicatif. Mais malgré votre réputation, vous êtes également capable de vous retirer de l'interaction sociale et de vous isoler derrière un écran invisible.

» **Vénus en Sagittaire :** Démonstratif, ardent et émotif, vous considérez l'amour comme une aventure, et pas comme un moyen de fixer un avenir assuré. Vous appréciez votre liberté, et votre partenaire idéal est une personne qui vous aide à voir le monde et à vivre encore plus d'autres aspects de la vie, et pas quelqu'un qui restreigne vos activités. Vous avez des idéaux élevés et vous êtes attiré par des personnes fortement engagées. Vous êtes également intrigué par des personnes qui viennent de milieux totalement différents du vôtre. Cela ne vous dérange pas de choquer les gens.

» **Vénus en Capricorne :** Vous êtes sensuel dans vos liaisons sexuelles et constant dans vos affections, mais prudent lorsqu'il s'agit de révéler vos émotions. Vous appréciez la stabilité, la propriété et la droiture, et vous ne voulez pas perdre le contrôle. Le désordre et la pagaille des bagarres émotionnelles vous effraient, c'est pourquoi vous ne dévoilez pas vos sentiments. Sérieux et sophistiqué, vous admirez tout ce qui est classique. En art comme en amour, vous comprenez le besoin de contrôler.

» **Vénus en Verseau :** D'esprit ouvert, amical et idéaliste, vous êtes attiré par les anticonformistes et par les rebelles, et vous avez une multitude d'amis. Mais vous n'êtes pas la personne la plus passionnée sur cette planète, et vous avez tendance à préférer une camaraderie intellectuelle à une liaison romantique. Vous avez également besoin de temps pour vous-même, et avez tendance à prendre le sexe de manière désinvolte. Les nouvelles techniques vous intéressent, mais pas l'étalage de passion. Au bout du compte, vous êtes du type indépendant et votre cœur est difficile à capturer.

» **Vénus en Poissons :** Vous êtes sentimental, vous avez le goût de l'art, vous êtes dévoué et prêt à faire n'importe quoi pour l'être aimé. Vous idéalisez vos partenaires et recherchez sincèrement l'union avec eux, mais vous n'avez aucune idée de ce qui est raisonnable et de ce qui ne l'est pas. D'autres personnes trouvent qu'il est facile de vous influencer, en partie parce que vous haussez les épaules en signe d'impuissance et acceptez qu'on vous laisse les miettes. À la fin, cela vous met en colère et explique que vous soyez parfois offensant sur le plan émotionnel, en général de manière passive et agressive. Vous savez véritablement comment aimer, mais vous êtes parfois trop prêt à sacrifier vos propres besoins pour satisfaire ceux de votre partenaire.

Vénus dans les maisons

La maison que Vénus occupe dans votre thème natal représente les domaines de votre vie qui vous apportent un plaisir tout particulier et stimulent votre aptitude à aimer.

» **Vénus dans la première maison :** Tout ce qui apparaît dans la première maison saute aux yeux de tout le monde. Avec Vénus en ascendant, vous êtes chaleureux, sociable et beau, une qualité que vous admirez également chez les autres.

» **Vénus dans la deuxième maison :** Vous avez entendu quelque part que l'amour ne s'achète pas. Mais vous ne pouvez quand même pas y croire. L'argent et les choses qu'on peut acheter ont pour vous une grande importance. Heureusement, vous avez tendance à bien faire rentrer l'argent.

» **Vénus dans la troisième maison :** Vous aimez discuter, voyager et collecter de l'information. Amoureux de la littérature, vous vous exprimez de façon éloquente, et vos aptitudes verbales attirent des admirateurs. Vous avez également une bonne interaction avec vos frères et sœurs. Une bonne position pour un écrivain ou pour un orateur.

- **Vénus dans la quatrième maison :** En l'absence d'autres facteurs, ce placement heureux amène une enfance heureuse, une relation étroite avec votre mère, un talent pour la décoration et un très beau foyer.
- **Vénus dans la cinquième maison :** Vous attirez l'amour, vous réagissez aux arts de façon profonde, et vous êtes merveilleux avec les enfants. C'est un plaisir de profiter de votre compagnie : vous réagissez de façon positive aux gens et vous profitez au maximum de la vie. Vous ne manquerez jamais d'amour.
- **Vénus dans la sixième maison :** Le travail est essentiel à votre bonheur, de même que l'amour. Lorsque l'un prospère, il en va de même pour l'autre. Vous rencontrez des candidats potentiels par votre travail, qui vous permet également de vous faire des amis et d'inspirer l'affection. Un emploi qui vous permet de vous réaliser vous apporte le bonheur, améliore votre santé et vous rend plus séduisant.
- **Vénus dans la septième maison :** Affectueux, aimable et disposé aux compromis, vous êtes le plus heureux des humains lorsque vous êtes marié. Malheureusement, bien que l'astrologie traditionnelle assure que cette position amène un mariage heureux, j'ai remarqué que ce n'est pas nécessairement le cas. Cette position apporte pourtant une sélection attrayante de partenaires potentiels, et l'aptitude à créer une relation affectueuse. Les associations d'affaires sont également bénéfiques.
- **Vénus dans la huitième maison :** Admettez-le, vous êtes séducteur, manipulateur, obsessionnel, passionné, et en général sous la domination d'une tempête déchaînée de sentiments, avec de puissants appétits sexuels. Votre vie amoureuse est probablement un dédale de complications. L'argent a tendance à venir à vous, souvent par le mariage ou par des héritages.
- **Vénus dans la neuvième maison :** L'amour entre dans votre vie par tout ce qui élargit vos horizons, surtout par les voyages, l'enseignement, le droit et l'édition, qui sont tous des domaines qui vous conviennent bien. Philosophe et idéaliste, vous réagissez à de grandes idées et à de grands systèmes de pensée. Vous pourriez vous marier à un étranger (ou à une personne dont vous feriez la rencontre au cours d'un voyage), à un professeur, à un écrivain, à un avocat, à toute personne ayant des dispositions spirituelles ou ayant affaire au domaine de l'édition.
- **Vénus dans la dixième maison :** Votre carrière, idéalement dans les arts, compte beaucoup pour vous. Les gens que vous rencontrez à travers votre travail, amis et partenaires amoureux compris, se sentent immédiatement attirés par vous. Aimable et ouvert, vous recevez l'aide de femmes, et vous jouissez d'une bonne réputation – à moins que vous ne fassiez voir de façon trop évidente combien vous êtes ambitieux sur le plan social. Vous voulez un conjoint ayant un statut social élevé. Heureusement, les gens se sentent naturellement attirés par vous : vous n'avez pas besoin de forcer.
- **Vénus dans la onzième maison :** L'esprit ouvert, affectueux et disposé à coopérer, vous faites en sorte que les gens se sentent à l'aise. Vous êtes le centre de votre cercle social, un leader naturel à l'intérieur d'un groupe, et un copain dévoué. Vous attirez facilement à la fois amis et partenaires amoureux.

» **Vénus dans la douzième maison :** Très attentivement à l'écoute des sentiments des autres, vous êtes une personne sensible qui a besoin d'intimité et a tendance à aimer le secret. De nombreuses personnes avec cette position ont une vie sentimentale clandestine, alors que d'autres, qui souffrent de timidité et de vulnérabilité, sont si facilement blessées dans leurs interactions sociales qu'elles se retirent pour panser leurs plaies.

Mars : le Seigneur de la Guerre

La planète Mars a une terrible réputation. Parce qu'elle brille avec sa teinte rougeâtre caractéristique (qui est due à la présence d'un oxyde de fer sur sa surface rocailleuse), les Babyloniens l'associèrent à la mort et à la destruction ; les habitants de certaines îles du Pacifique pensaient que c'était la maison d'un cochon rouge géant, et les habitants du New Jersey, en écoutant ce que leur racontait Orson Welles à la radio en 1938, sortirent de leurs maisons en courant, effrayés par les envahisseurs martiens. Et, pourtant, les hommes ont toujours fantasmé sur les possibilités de vivre sur la planète rouge. Voici pourquoi.

Les astronomes ont découvert que des fleuves avaient coulé à travers le paysage de Mars, en des temps reculés, et que cette planète avait peut-être même abrité une forme de vie primitive. Aujourd'hui, Mars est aride et n'abrite pas de vie (du moins le suppose-t-on). Mais elle pourrait, théoriquement, être colonisée. Si les humains se mettent un jour à fonder des foyers sur une autre planète, Mars constitue la destination de choix.

Mythologie

Pour les Romains, Mars était le dieu de la Guerre et de nombreuses festivités étaient tenues en son honneur. Arès, son équivalent grec, n'était pas particulièrement admiré. Dans toute la mythologie grecque, Arès est constamment écarté par les autres dieux, sauf par Aphrodite, la déesse de l'Amour qui l'adore.

Les anciens astrologues voyaient en Mars la planète de la violence, de la colère et du mauvais caractère. Jusqu'au XVe siècle, ils l'associaient au vol, au meurtre, aux batailles, à la lubricité, aux mensonges et à toutes les formes de méchanceté bouillonnante. Les astrologues d'aujourd'hui continuent à l'associer à la colère, aux accidents et aux blessures. Mais ils voient aussi en Mars la planète de l'action, de l'énergie et du désir. Elle apporte de la volonté, de l'endurance, du dynamisme, de la passion, de la force physique et le courage de poursuivre ce que l'on veut. Mars fait avancer les choses.

Quatrième planète à partir du Soleil, Mars a besoin de près de deux ans – 687 jours, pour être précis – pour effectuer son tour du zodiaque. En moyenne, elle passe environ deux mois dans un signe (mais une fois par année et demie, elle s'attarde dans une section du ciel, en donnant à ce signe particulier une secousse supplémentaire d'énergie martienne). Quel que soit votre signe solaire, Mars peut se trouver dans n'importe lequel des signes du zodiaque. Pour trouver sa position dans votre horoscope, consultez les tables planétaires sur un site Web spécialisé.

Le symbole de Mars possède des composants similaires à celui de Vénus, mais dans des positions inversées, avec le cercle de l'esprit en bas et la flèche de l'action au sommet. En biologie, ce symbole représente le mâle.

Mars dans les signes

La position de Mars par signe représente la manière avec laquelle vous prenez l'initiative, vous affirmez et plongez dans quelque chose de nouveau.

» **Mars en Bélier :** Maître du Bélier, Mars dote ses natifs de tonnes d'énergie, de sex-appeal à revendre, et parfois d'un caractère explosif que vous devrez apprendre à contrôler. Heureusement, votre colère ne tarde pas à s'évaporer. Enthousiaste, assuré et audacieux, vous êtes un leader naturel qui attire l'attention même sans la rechercher.

» **Mars en Taureau :** Vous êtes une personne qui a du nerf, vous travaillez dur, vous avez les pieds sur terre. Déterminé, persévérant, sensé et infatigable, vous pouvez être distrait par les désirs de la chair, mais lorsque vous vous engagez dans quelque chose, que ce soit dans une relation ou dans un travail, c'est pour le long terme – et pour l'argent. Né avec un grand sens pratique, vous accordez de l'attention aux biens matériels et au statut social, souvent bien davantage que vous ne voulez l'admettre.

» **Mars en Gémeaux :** Avec la planète de l'agression dans le signe des jumeaux, vous êtes fougueux, contestataire, nerveux et irritable. Bien que vous adoriez débattre, vous n'êtes pas capable de distinguer les principes importants des points de détail. Votre énergie monte et retombe à une allure parfois vertigineuse, mais vous avez un esprit vif et ingénieux, et vous êtes incroyablement amusant.

» **Mars en Cancer :** Vous êtes une personne fondamentalement émotive qui a besoin de maîtriser ses humeurs avant de pouvoir réaliser ses objectifs avec succès. Si vous ne l'avez pas compris, vous avez tendance à faire la tête. Vous êtes extrêmement sensible, mais vous donnez peut-être aux gens des signes tellement subtils que beaucoup ne les perçoivent pas. Dans une relation de couple, vous pouvez être possessif et tenace alors que vous devriez être en colère et prendre la porte. Vous cuisez dans votre jus. Vous enterrez vos émotions. Vous devez apprendre à être direct. Mais vous êtes également éveillé, protecteur, dévoué et imaginatif, au lit et ailleurs.

» **Mars en Lion :** Confiant, exalté et infatigable, vous avez de la passion, de la présence et de la suite dans les idées. Lorsque vous êtes engagé pour une cause ou pour une activité, quasiment rien ne peut vous arrêter. C'est vrai, vous pouvez être égotiste (ce qui signifie que vous apportez trop d'intérêt à votre propre personne) et arrogant, et votre besoin d'avoir un public peut être lassant. Cependant, votre chaleur, votre entrain et votre empressement à faire le premier pas vous apportent beaucoup d'admirateurs, sur le plan sentimental et ailleurs. Vous créez l'excitation.

» **Mars en Vierge :** Le contrôle a pour vous une importance primordiale. Vous travaillez dur, vous êtes calculateur et prêt à regarder vraiment droit dans les yeux. Sensé et méthodique, vous pouvez vous détacher de vos émotions lorsque votre succès en dépend. Cette qualité est avantageuse pour votre carrière. Dans votre vie privée, elle vous confère l'aptitude stupéfiante d'allumer et d'éteindre vos pulsions sexuelles à volonté, semblerait-il. (Plusieurs militaires célèbres ont cette position de Mars : Alexandre le Grand, Napoléon Bonaparte, George Patton.)

» **Mars en Balance :** Dans le meilleur des cas, vous êtes amical, charmeur, charmant, vous avez de la classe et vous êtes incroyablement attirant. Vous appréciez la vie sociale et vous êtes prêt à faire des compromis, sur le plan sentimental et dans d'autres situations. Mais vous tournez à perte sans un partenaire, sur le plan professionnel comme sur le plan personnel. De plus, vous avez tendance à dissimuler vos incertitudes et vos insécurités en justifiant vos déclarations inconsidérées avec davantage de passion que de logique, bien que vous soyez fier de votre esprit rationnel. Les gens se sentent parfois obligés de dire qu'ils sont d'accord avec vous pour pouvoir simplement mettre un terme à la discussion.

» **Mars en Scorpion :** Vous êtes courageux et rusé, déterminé, et vous pourvoyez à vos propres besoins. Doué d'une volonté redoutable et de désirs inébranlables, vous avez également une forte libido et êtes aussi intensément émotif. Vous ne pouvez pas vous empêcher de succomber à des sentiments puissants, et il est possible que vous vous débattiez avec la jalousie et l'envie de chercher à vous venger. Il ne vous est pas facile de vous adapter aux circonstances changeantes, mais vous disposez d'une source solide et fiable d'énergie interne et d'une grande quantité de pouvoir personnel. C'est une position bénéfique.

» **Mars en Sagittaire :** Indépendant et enthousiaste, vous avez de fortes convictions, un amour pour les activités à l'extérieur, et un profond désir d'aventure. Mais vous pouvez être négligent et provocateur, et vos croisades, commencées par tant d'empressement, n'arrivent pas toujours à terme. Evangeline Adams, une astrologue du début du xxe siècle qui ne manquait pas une occasion de dire sa façon de penser, prétendait que cette position rendait les gens « scintillants plutôt que solides, fringants plutôt que stables ». Que cela soit vrai ou non, vous êtes aussi juste, direct, idéaliste, et vous pouvez rassembler rapidement votre énergie, surtout si vous êtes parti à l'aventure.

» **Mars en Capricorne :** Vos désirs, sexuels ou autres, sont puissants, et vos ambitions sont ciblées. Lorsque vous vous sentez reconnu, votre énergie est fiable et vous êtes persévérant ; mais lorsque vous vous sentez contrarié, votre vitalité baisse. Efficace, systématique et contrôlé, vous respectez la tradition et l'autorité, et vous parvenez souvent au sommet de la hiérarchie. Vous comprenez les hiérarchies et vous êtes de différentes manières un leader naturel. Mais lorsque vous n'obtenez pas l'obéissance que vous exigez, vous pouvez être incroyablement froid. Vous essayez en général de cacher votre colère, mais, lorsqu'elle s'échappe, c'est désagréable.

» **Mars en Verseau :** Chaque fois que c'est possible, vous préférez le chemin le moins fréquenté. Vous êtes entreprenant, impatient, imprévisible, et vous n'avez pas peur de prendre des risques. Les conventions vous ennuient. Les idées modernes vous captivent, et vous appréciez l'idée de progrès. Le changement vous excite. Vous êtes indépendant, idéaliste et amical. Mais sur le plan des émotions, vous pouvez être plutôt froid, et vous vous rebellez même parfois rien que pour faire comprendre quelque chose.

» **Mars en Poissons :** Vous tombez profondément amoureux. Vous êtes généreux, d'humeur changeante, agité et hautement intuitif. Mais lorsque le vacarme émotionnel dépasse votre seuil de tolérance, vous avez tendance à vous fermer. Lorsque cela arrive, votre volonté s'évapore, vous avez des problèmes de motivation, vous pouvez décourager vos amis par votre passivité, et votre énergie physique disparaît. L'un des principaux défis dans votre vie consiste à réguler votre énergie, qui peut souvent être l'esclave de vos sentiments.

Mars dans les maisons

» **Mars dans la première maison :** Vigoureux et passionné, vous initiez des activités, parfois de façon impulsive, et vos passions (et colères) sont célèbres. Cette position vous donne une grande vitalité avec une personnalité assurée.

» **Mars dans la deuxième maison :** Avec l'esprit de compétition, l'instinct de possession et le sens pratique, vous vous sentez heureux lorsque vous pouvez vous concentrer sur un but concret. Vous voulez être récompensé pour vos efforts – et pas seulement par des louanges. L'argent et les biens matériels en général font mieux l'affaire que de simples mots.

» **Mars dans la troisième maison :** Vous avez un esprit vigoureux, indépendant et parfois tendant à polémiquer, et vous appelez un chat un chat, même si cela vous fait sauter à des conclusions. Avec votre esprit tranchant comme le rasoir, vous pouvez être agressif dans une conversation. Mais vous êtes impatient et vous vous laissez facilement distraire, et votre énergie est parfois imprévisible.

» **Mars dans la quatrième maison :** Vous essayez de compenser une enfance difficile en vous concentrant sur votre vie familiale. Très protecteur de votre foyer et de votre famille, vous êtes une personne indépendante qui possède une constitution solide et une vitalité naturelle. Les problèmes familiaux vous dévorent, mais faites pourtant attention à ne pas créer un environnement familial rempli de luttes et de dissensions.

- **Mars dans la cinquième maison :** Impulsif, nerveux, avec beaucoup de sex-appeal, vous êtes actif, aimez vous amuser et prenez plaisir à entreprendre des projets créatifs. Vous êtes également très impliqué avec votre progéniture, que ce soit des petits de chair et d'os ou les enfants de votre imagination. Bien que vous puissiez être impatient et avoir l'esprit de compétition, vous aimez participer à des jeux, d'athlètes ou autres, et la prise de risque vous stimule.
- **Mars dans la sixième maison :** Le travail vous excite (même s'il vous épuise). Vous êtes efficace, qualifié et précis, avec une grande énergie physique, d'excellents dons pour la mécanique, et l'amour pour les outils de votre métier. Un métier ennuyeux vous désespère, et des règles d'organisation contraignantes vous font vous rebeller. En revanche, un défi vous stimule, même s'il implique la prise de risque. Faites attention à ne pas trop travailler, et faites beaucoup d'exercice physique.
- **Mars dans la septième maison :** Les partenariats vous donnent de l'énergie, mais cela ne veut pas pour autant dire que vous les vivez facilement. Sans crainte des confrontations, vous mettez avec courage – et agressivité – les problèmes sur la table, ce qui fait de Mars dans la septième maison la position de la réconciliation. Sinon, il est possible que vous attiriez un partenaire agressif.
- **Mars dans la huitième maison :** Vous avez de puissants désirs, avec de la détermination et du sex-appeal à ne plus savoir qu'en faire. Chercheur de talent, vous pourrez vous sentir attiré par les arts de guérison et les sujets occultes. Les brassages financiers et les décisions d'argent vous fascineront peut-être également, bien que l'argent et les héritages puissent pour vous être une source de conflits. Comme cette position stimule un désir d'expérience intense, vous prenez sans frémir des décisions que des âmes plus sensées évitent. C'est la raison pour laquelle cette position, lorsqu'elle est sérieusement affligée par des aspects dissonants formés par d'autres planètes, peut indiquer une disposition violente (comme dans le cas de Lee Harvey Oswald), ou même de mort violente (comme dans le cas de James Dean ou du président Kennedy). Mais cette position n'est en elle-même pas suffisante pour produire un résultat aussi effrayant. Après tout, de nombreuses personnes qui ont mené ou mènent encore de longues vies productives ont aussi Mars dans la huitième maison.
- **Mars dans la neuvième maison :** Vous êtes un idéaliste passionné et un penseur indépendant qui a de fortes convictions, de grands objectifs et le désir de voir le monde. Les idées vous motivent, et vous êtes chez vous dans le royaume de la loi, de la religion et de l'éducation. Mais vous pouvez glisser dans le fanatisme, et vous devez veiller à ne pas devenir intolérant.
- **Mars dans la dixième maison :** Une carrière exigeante et excitante vous gonfle d'énergie. Vous aimeriez être célèbre, mais vous aimeriez davantage encore être impliqué dans un grand effort qui requiert de la stratégie et de l'esprit – comme une guerre, un mouvement de protestation sociale, ou le tournage d'un film. Ambitieux et agressif, vous voulez avoir de l'impact sur le monde.
- **Mars dans la onzième maison :** Vos amis vous donnent de l'énergie, vous stimulent et vous aident à réaliser vos aspirations. Dans un groupe, vous vous élevez au rôle

de chef. Mais vous pouvez aussi être exigeant plus que de raison, et ainsi créer inconsciemment des conflits ou être attiré par des personnes querelleuses.

» **Mars dans la douzième maison :** Les autres personnes peuvent parfois ne pas comprendre qui vous êtes, parce que vous dissimulez une bonne partie de votre énergie, de votre colère et de votre passion. Vous hésitez à révéler ces aspects de vous-même, bien que cela puisse avoir comme conséquence que vous vous sentiez méconnu. Néanmoins, passer du temps seul vous revitalise, et vous êtes extrêmement efficace lorsque vous travaillez en coulisses.

Jupiter : plus, c'est mieux

Vous voulez de la chance ? La voilà. Jupiter, cette planète propice, est le seigneur de la Chance, le gardien de la bonne fortune.

Jupiter est de loin la plus grande planète du Système solaire. Plus massive que toutes les autres planètes combinées, elle pourrait dévorer 1 330 Terres et encore avoir de la place pour roter. Sa caractéristique la plus célèbre, la grande tache rouge, est un énorme tourbillon atmosphérique vieux de trois cents ans et dont la taille fait deux fois celle de la Terre.

Mythologie

Il n'est pas surprenant que Jupiter ait été nommé « roi des dieux ». On l'appelait Zeus en Grèce ; à Rome, Jupiter, ou Optimus Maximus – le plus grand et le meilleur. Les Grecs le représentaient barbu, plein de dignité et de force – le Zeus qui joue le rôle du père surveillant l'Univers depuis sa demeure sur le mont Olympe enneigé.

Les astrologues associent Jupiter à l'opportunité, à l'expansion, à la croissance, à l'abondance, à l'étude, au succès, à l'optimisme et à la bonne chère. Tout ce que Jupiter touche s'accroît mais, comme chaque planète, elle peut s'exprimer positivement ou négativement. Lorsqu'elle est bien placée, elle apporte la chance, la générosité et la capacité de saisir une opportunité. Lorsqu'elle est liée à d'autres planètes par des aspects qui produisent de la tension, comme les carrés et les oppositions (qui sont traités au chapitre 8), elle exprime son côté négatif en se laissant aller à la goinfrerie, à la paresse et à des excès de toutes sortes.

Il faut environ douze ans à Jupiter pour effectuer le tour du zodiaque. Pour trouver sa position dans votre thème natal, consultez les tables planétaires sur un site Web spécialisé.

Le symbole de Jupiter se compose de deux parties : la croix de la matière et la courbe de la personnalité qui s'élève au-dessus et indique le déploiement expansif du moi. C'est un moyen de se le rappeler. Vous pouvez aussi vous en souvenir en pensant à un nombre 4 très stylisé.

Jupiter dans les signes

La position de Jupiter dans les signes décrit la manière dont vous essayez d'élargir votre horizon et de vivre davantage le monde.

- **Jupiter en Bélier :** Vous avez de la confiance, de l'énergie et un grand enthousiasme dans la vie. Vous vous enflammez souvent, parfois au point de devenir maniaque, et vous avez de nombreux centres d'intérêt, bien que vous ne puissiez pas tous les maintenir dans le long terme. Il vous est facile de vous laisser emporter par vos propres problèmes, et vous devez prendre garde à votre tendance à l'égocentrisme et à oublier les détails.
- **Jupiter en Taureau :** Vous êtes dévoué et gentil, amoureux de la nature, des objets matériels et des plaisirs des sens. Vous pouvez facilement prendre l'habitude de ne rien vous refuser. Vous êtes donc super au lit – mais peut-être aussi tourmenté par un excès de poids. Heureusement, vous équilibrez votre recherche du plaisir par votre esprit pratique. Lorsqu'il s'agit de l'essentiel, votre jugement est sain.
- **Jupiter en Gémeaux :** Rien ne vous excite davantage qu'une idée. Vous êtes un être intelligent, aux talents multiples, curieux et facilement captivé, bien que vous couriez le risque de perdre l'intérêt que vous portez à un sujet en en parlant à mort. Tout ce qui concerne les écrits vous est bénéfique – depuis le journal intime jusqu'à un job dans une librairie ou l'exercice de la profession de journaliste.
- **Jupiter en Cancer :** Vous êtes sincère, bienveillant, intuitif, protecteur et sympathique, la mère nourricière absolue, même si vous êtes un homme. Compréhensif et indulgent (à un point qui frise parfois le ridicule), vous adorez les plaisirs du foyer, de la propriété, ainsi que la condition de parent. L'astrologie traditionnelle soutient que Jupiter est en exaltation dans cette position, et l'expérience prouve qu'elle tend en effet à donner de la chance dans l'immobilier, mais il est également possible que vous ayez à vous débattre avec votre amour de la bonne chère.
- **Jupiter en Lion :** Vous êtes magnanime, compatissant, exubérant et théâtral, avec une énorme vitalité et un profond besoin de reconnaissance sociale, de respect et de pouvoir. Bien que vous puissiez parfois être autoritaire ou superficiel, vous êtes une personne sincère qui aime inclure les autres, et vous avez donc tendance à être apprécié. Cette position, considérée comme heureuse, amène souvent le succès.
- **Jupiter en Vierge :** Vous êtes organisé, pratique et heureux lorsque vos efforts produisent des résultats concrets. Vous possédez un intellect fin, vous êtes prêt à travailler dur, et vous avez tendance à passer trop d'heures à la recherche

de la perfection. Mais Jupiter est expansif alors que la Vierge est restrictive, et cette position crée une tension interne.

» **Jupiter en Balance :** Vous êtes aimable, sympathique, juste et populaire. Doué d'un charme naturel, vous travaillez bien avec d'autres personnes et vous vous sentez naturellement attiré par les arts. Mais vous serez peut-être forcé de lutter contre le défaut classique des Balances qui éprouvent des difficultés à prendre des décisions importantes.

» **Jupiter en Scorpion :** Vous avez des passions gigantesques, une intensité magnétique que d'autres personnes sentent, et une nature fortement sexuelle. Bien que vous soyez peut-être réservé, vous éprouvez un intérêt sincère pour ce qui peut bien se cacher derrière les apparences, et vous êtes toujours en train d'observer et de collecter des informations. Vous êtes ambitieux et parfois agressif, avec beaucoup de fierté et une volonté féroce qui peut vous aider à réaliser vos rêves.

» **Jupiter en Sagittaire :** Comme Jupiter est le maître du Sagittaire, cette position est considérée comme heureuse. Le Sagittaire tire le meilleur de Jupiter. Il vous rend génial, optimiste, généreux, tolérant et philosophe (vous n'êtes donc pas obsédé par les petites choses). Doué pour l'enseignement, vous êtes attiré par les voyages à l'étranger, les études supérieures, et les philosophies, religions et systèmes de croyances universels. Mais soyez conscient que cette position accentue également votre foi (ou votre fanatisme) en même temps que votre tendance à faire la morale.

» **Jupiter en Capricorne :** Avec la planète de l'expansion dans le Capricorne prudent, vous êtes ambitieux, obéissant, honnête, sérieux, réaliste, discipliné, et vous travaillez dur. Lorsque vous vous fixez un objectif, vos chances de le réaliser sont excellentes. Mais en route, vous devrez combattre le pessimisme.

» **Jupiter en Verseau :** L'esprit ouvert, altruiste et innovant, vous avez une grande originalité et vous intéressez à tout ce qui est du dernier cri. Vous êtes aussi naturellement tolérant. Mais vous ne réagissez pas bien face à la déception. Si vos idéaux élevés ne se réalisent pas, vous pouvez devenir égoïste et autoritaire.

» **Jupiter en Poissons :** vous êtes sympathique, indulgent et imaginatif. Doué d'une intuition puissante, vous captez tout ce qui se passe autour de vous. Généreux, vous essayez d'améliorer les choses en allant même jusqu'au sacrifice de vous-même. Mais lorsque vous vous sentez débordé, vous pouvez vous transformer en ermite. La quête spirituelle vous intéresse et vous soutient.

Jupiter dans les maisons

La position de Jupiter par maison détermine les domaines de la vie qui vous sont les plus favorables, où les avantages arrivent le plus facilement.

- **Jupiter dans la première maison :** Vous possédez une nature charismatique et expansive qui attire naturellement les gens. Mais vous devrez peut-être combattre votre tendance à prendre du poids.
- **Jupiter dans la deuxième maison :** L'argent et la prospérité viennent à vous, souvent sous la forme de gains inattendus. Mais votre désir de dépenser l'argent peut dépasser votre aptitude à en gagner ou à en épargner, donc soyez prudent.
- **Jupiter dans la troisième maison :** Loquace et avide d'informations, vous êtes intelligent et bien informé, bien que vous couriez le risque de saturer votre esprit de ragots. Les voyages, les lectures et la compagnie de vos frères et sœurs vous font du bien.
- **Jupiter dans la quatrième maison :** Vous êtes une personne généreuse qui ouvre son foyer à d'autres. Des logements confortables et même luxueux sont votre lot, et vous avez le don de faire de votre foyer un lieu agréable où il fait bon vivre. La vie devient de plus en plus facile au fur et à mesure que vous vieillissez, et à un âge avancé vous serez entouré de confort.
- **Jupiter dans la cinquième maison :** Est-ce que vous vous amusez ? Si vous avez Jupiter dans cette position, la réponse est souvent oui. Cette position apporte une profusion d'aventures amoureuses, un amour du plaisir, la capacité de s'amuser même dans des circonstances difficiles, et une joyeuse créativité. Bien que tous les natifs avec cette position ne deviennent pas parents, ceux qui le sont en tirent une grande satisfaction.
- **Jupiter dans la sixième maison :** Il est essentiel pour votre bonheur de trouver le bon travail, et vous aimez être de service. Dans un job satisfaisant, vous êtes un employé dévoué (ou un entrepreneur heureux) qui s'entend à merveille avec ses collègues. Mais vous avez tendance à négliger les détails, et vous pouvez devenir un bourreau de travail. Votre santé est habituellement bonne, mais vous devez éviter les excès.
- **Jupiter dans la septième maison :** Vous êtes sociable et facile à vivre. Le mariage et les partenariats d'affaires sont favorisés par cette position, et vous disposez d'une multitude d'opportunités pour former des alliances avec les gens. Même à l'ère du divorce dans laquelle nous vivons, les personnes avec cette position de Jupiter se marient en général pour la vie.
- **Jupiter dans la huitième maison :** Sur le plan financier, vous êtes prêt à profiter d'investissements, d'assurances, d'héritages et des affaires dans lesquelles vous entrez avec d'autres personnes. Vous avez de fortes pulsions sexuelles, un intérêt profond pour le processus de transformation personnelle, et d'excellentes capacités de rétablissement.
- **Jupiter dans la neuvième maison :** Vous adoptez une attitude expansive et optimiste vis-à-vis de la vie. Tourné naturellement vers l'enseignement, avec un penchant de philosophe, vous voulez tout voir et tout comprendre. Vous bénéficiez de tout ce qui élargit vos horizons, comme les voyages, l'éducation, la religion et l'édition.
- **Jupiter dans la dixième maison :** Avec un peu d'efforts, vous pouvez réaliser votre désir de reconnaissance sociale. Vous possédez un talent de chef naturel ; les gens veulent

vous aider, et vous vous épanouissez lorsque vous êtes très en vue. Cette position vous amène le succès, l'accès à des postes de haut niveau, et même la célébrité.

» **Jupiter dans la onzième maison :** Vous avez l'esprit ouvert, êtes agréable, rendez service aux autres et êtes juste. Vous travaillez efficacement avec d'autres personnes ; vous connaissez des millions de gens, et vos amis sont pour vous extrêmement importants. Ce sont les grandes ambitions qui tirent le meilleur de vous-même. Le succès arrive avec vos entreprises de groupe.

» **Jupiter dans la douzième maison :** Vous êtes sympathique, introspectif et généreux avec les autres. Vous avez peut-être des aptitudes médiumniques. Mais vous avez tendance à trop vous surmener, et vous devez trouver un moyen de vous régénérer. La solitude et la quête spirituelle vous calment, renforcent votre intuition et vous préparent à vos incursions dans le monde.

Saturne : le Seigneur des anneaux

Avant l'invention du télescope, Saturne était la plus distante des planètes que l'homme pouvait observer. Elle marquait la fin du Système solaire. Tout naturellement, elle en représentait les limites.

Aujourd'hui, elle reste la plus distante des planètes facilement visibles à l'œil nu, de telle sorte que cette signification s'applique encore. Mais sa réputation s'est améliorée. Grâce au télescope (et aux missions spatiales Voyager), nous savons à quoi ressemble Saturne. Nous avons vu son éblouissante structure en anneaux. Et nous savons que c'est la plus belle planète du Système solaire.

Note technique

Saturne est la deuxième planète par sa taille après Jupiter. C'est un géant gazeux entouré d'un large collier d'anneaux glacés et d'au moins dix-huit lunes. Elle est si grande que 95 Terres pourraient tenir à l'intérieur. Mais sa densité est si faible que s'il existait un océan suffisamment grand pour contenir la planète entière, Saturne pourrait flotter.

Mythologie

Dans la mythologie, Saturne était à l'origine une divinité italique des semailles. Les Romains l'identifiaient au dieu grec Cronos (ou Temps). Nous le connaissons comme le Temps, qui représente le passé et l'ordre ancien.

En astrologie, Saturne représente l'ordre établi. Son influence est grave et sombre. Il apporte de la structure, de la discipline, des limitations, des frontières, de la responsabilité, du devoir, de la persévérance et de la peur. Il nous teste et nous force à nous confronter à la réalité. Le résultat, c'est que Saturne a une terrible réputation, qui a été entretenue par des générations d'astrologues, y compris par la grande Evangeline Adams. Elle explique que Saturne « ternit tout ce qu'il regarde. C'est la malédiction de la déception, pas celle de la colère. Il gèle les sources d'eau ; c'est la pourriture sèche et la mort des impies. Il regarde le Soleil, et il désespère ; sa potion est brassée dans l'amertume cynique, et il la boit en souhaitant que cela soit du poison. Son haleine flétrit l'amour ; sa parole est une malédiction… Mais ces principes existent en chacun de nous ; c'est le plus inévitable de tous nos destins ».

Avec une pub pareille, pas étonnant que les passionnés d'astrologie se soient mis à craindre Saturne. Mais il ne mérite pourtant pas complètement cette réputation. Car bien que Saturne apporte des difficultés, il nous aide aussi à créer de l'ordre. L'influence de Saturne nous permet de surmonter nos peurs et de combattre notre inertie. S'il nous force à nous battre contre la dépression, la pauvreté et d'autres obstacles, il nous oblige aussi à chercher des solutions, à nous fixer des objectifs, à établir des plans d'action, à travailler plus dur que nous ne pensions en être capables, et à nous organiser. Saturne est, en bref, la planète de l'accomplissement.

Saturne met vingt-neuf ans et demi pour effectuer un tour complet du zodiaque. Il passe environ deux ans et demi dans chaque signe. Pour trouver la position de Saturne dans votre thème astral, consultez les tables planétaires sur un site Web spécialisé.

Dans le symbole de Saturne, la croix métaphysique de la matière et des circonstances s'élève à partir du croissant de la personnalité, ce qui suggère que nous créons nos propres limitations.

Saturne dans les signes

La position de Saturne dans les signes détermine vos sentiments d'incapacité, vos peurs, vos hésitations, et la manière dont vous essayez de surmonter ces handicaps.

- **Saturne en Bélier :** Vous êtes un penseur indépendant. Vous ne pouvez pas supporter de suivre un chef, mais vous n'aimez pas particulièrement non plus commander les autres. Bien que vous soyez entreprenant, déterminé et discipliné, vous pouvez aussi être irréfléchi, querelleur et dominateur. Lorsqu'on vous donne un objectif et une règle du jeu, vous vous débrouillez fabuleusement bien. Sans instructions, vous pataugez. Mais l'objectif ne doit pas vous être imposé, il doit venir de l'intérieur.
- **Saturne en Taureau :** Les images de l'hospice des pauvres dansent dans votre tête. Vous avez un besoin intense de stabilité, et la hantise de vous trouver sans argent. Vous apprendrez peut-être ainsi à gérer efficacement vos ressources, et vous serez peut-être même assez nanti. Vous êtes travailleur, pratique, prudent. Vous faites les choses de façon méthodique et compétente. L'inconvénient ? Vous manquez

de spontanéité, et vous courez le risque de devenir besogneux. Et bien que certaines personnes avec ce positionnement puissent devenir obsédées par le sexe et d'autres plaisirs, vous êtes secrètement ambivalent envers de telles choses, et il est également probable que vous allez vous refuser de tels réconforts matériels.

» **Saturne en Gémeaux :** Vous êtes intelligent, rusé, et vous savez vous exprimer, malgré votre crainte d'être inférieur sur le plan intellectuel et celle de devoir chercher vos mots. Vous êtes très doué pour résoudre les problèmes, vous avez un intellect actif et des douzaines de centres d'intérêt différents. Vous aimez lancer des idées à la ronde, mais il vous est difficile de les mettre en pratique, parce que vous courez le risque de gaspiller votre énergie en parlant. Vous possédez un esprit clair et lucide, mais attention : vous pouvez vous convaincre vous-même de n'importe quoi.

» **Saturne en Cancer :** Ce n'est pas une position facile. Saturne en Cancer amène en général une enfance difficile avec au moins l'un des deux parents froid ou distant. Il en résulte que vous êtes peut-être anxieux et inhibé, avec un désir ardent de contrôle émotionnel et de compréhension. Votre tentative de gagner l'amour dont vous avez manqué étant enfant peut devenir la quête de votre vie. Certaines personnes avec Saturne dans cette position deviennent importunes, ou dissimulent leur crainte de vulnérabilité en agissant de façon trop confiante ou indifférente (ce camouflage ne trompe du reste personne). La plupart des natifs essaient de créer à l'âge adulte ce dont ils ont manqué en devenant des parents tolérants, protecteurs et affectueux.

» **Saturne en Lion :** Déterminé et digne, vous désirez ardemment être créatif, mais vous avez peur de vous exprimer. Vous voulez être reconnu – mais vous avez peur d'être médiocre. C'est le cercle vicieux dont vous devez apprendre à sortir. Le manque de confiance en vous-même vous use et ne vous mène nulle part. Le défi de cette position, c'est d'admettre – et pas d'enterrer – votre besoin de reconnaissance sociale et de trouver un moyen de la satisfaire. Il faut de même que vos pulsions créatives trouvent une expression considérable et qu'elles soient positivement reçues. Surmontez votre tendance à l'arrogance, qui est le fléau des Lions. Osez être spectaculaire : vous serez bien plus heureux.

» **Saturne en Vierge :** Vous êtes analytique, soucieux, travailleur et attiré par la solitude (peut-être avez-vous été un moine médiéval dans une vie antérieure !). Étant donné que vous avez peur de perdre le contrôle, vous faites de votre mieux pour régler le moindre détail. Les rites vous détendent, et vous suivez probablement des habitudes établies dans votre vie quotidienne. Bien que vous préfériez que les choses soient en ordre et pas autrement, c'est justement sur ce point que vous pouvez trébucher (ce qui veut dire que vous souffrez peut-être de négligence à un haut niveau). Adoptez cette devise de Henry David Thoreau (tirée de *Where I Lived, and What I Lived For*) : « Nous gaspillons nos vies avec des détails… simplifiez, simplifiez. »

» **Saturne en Balance :** Cette position favorable vous rend rationnel, fiable, diplomate et sincère, surtout dans les relations de couple. Vous avez peur de la solitude, ce qui vous rend encore plus désireux de former une relation de couple. Vos relations vous reflètent complètement – mais il est possible que vous n'aimiez pas ce que vous voyez. Heureusement, vous êtes profondément engagé et monogame, et toujours prêt à négocier. Bien que vous pensiez peut-être désirer une aventure passionnée, vous êtes finalement bien plus heureux lorsque vous faites le choix du bon sens. Il est possible que vous vous mariiez à une personne plus âgée, et que ce soit un mariage tardif.

» **Saturne en Scorpion :** Vous êtes une personne pleine de ressources et d'énergie, avec de fortes convictions et une grande motivation. Il vous est peut-être difficile de résoudre les problèmes de dépendance, et vous devez peut-être lutter pour vous définir comme un individu accompli tout en vivant une véritable relation de couple. Vous avez des besoins sexuels irrésistibles, mais la sexualité est également pour vous un domaine délicat. Bien que vous soyez prédisposé à la jalousie et au ressentiment, vous trouvez le courage de traiter vos problèmes et de surmonter vos peurs, y compris votre peur de la mort. Tous les mystères vous fascinent, mais aucun autant que celui de votre propre psyché.

» **Saturne en Sagittaire :** « Ne m'enfermez pas », tel est votre refrain. Vous cherchez l'aventure, le voyage et les grands horizons. Mais à moins que vous ne trouviez une manière structurée de parvenir à vos buts, les circonstances conspireront peut-être pour vous empêcher de les réaliser. L'enseignement est important pour vous. De même, vous avez besoin d'identifier un ensemble de préceptes philosophiques ou moraux que vous pourrez suivre pour vivre. Bien que vous puissiez fantasmer sur le fait d'être indépendant et sauvage, ce dont vous avez besoin en réalité, c'est de trouver un sens à votre vie, d'élargir vos vues philosophiques et de beaucoup voyager, mais avec un but précis.

» **Saturne en Capricorne :** Vous êtes capable, ambitieux et pragmatique, avec une autorité naturelle et une compétence évidente. Étant donné que vous désirez ardemment la reconnaissance sociale et que vous êtes secrètement anxieux de ne pas l'obtenir, vous poursuivez résolument vos objectifs et ne manquez pas de respecter les règles – même si vous devez pour cela abandonner en route vos idées plus originales. Vous n'aimez pas les restrictions, mais vous êtes une personne disciplinée qui sait comment faire face aux limitations et peut travailler à l'intérieur d'une structure. Vous pouvez même surmonter votre tendance à la dépression. Saturne est le maître du Capricorne, et cette position est donc considérée comme excellente.

» **Saturne en Verseau :** Vous avez un esprit clair et original, un sens hors pair de l'organisation et de la structure, et l'aptitude à diriger. D'esprit libéral, désintéressé (en partie parce que vous ne voulez pas que les gens pensent du mal de vous), vous êtes une personne de principes. Il est essentiel pour votre bonheur et pour votre propre estime que vous viviez en accord avec ces idéaux, qui comptent en général parmi les plus élevés. Vous vous concevez volontiers comme une partie d'un ensemble plus grand, comme le membre d'un groupe ou d'une association. Le succès matériel n'est pas une motivation dans votre vie : vos principes sont plus importants.

» **Saturne en Poissons :** Vous êtes sympathique et intuitif. Votre sensibilité vous rend attirant pour les autres, et votre créativité vous apporte une grande satisfaction. Mais vous avez peut-être aussi plus que votre part de névroses, d'angoisses et d'appréhensions sans fondement. Bien que vous compreniez comment fonctionnent les autres personnes, vous ne savez peut-être pas comment résoudre vos propres problèmes (surtout si l'abus d'excitants en est un). Le désordre, la maladie et l'isolation vous effraient, et vous feriez n'importe quoi pour écarter toutes ces horreurs. Il est bon pour vous d'établir des routines, surtout si vous faites confiance à votre instinct et que vous les établissez de façon intuitive. En revanche, la dépendance à une drogue signifie votre perte.

Saturne dans les maisons

La position de Saturne par maison détermine les domaines de votre vie dans lesquels vous devez créer de l'ordre et établir des limites.

» **Saturne dans la première maison :** Vous êtes emprunté, grave, et vous avez peur d'être blessé. Vous vous inquiétez du qu'en-dira-t-on, et il en résulte soit que vous cachez votre véritable personnalité, soit que vous essayez de commander. Sous vos allures prudentes et réservées, vous êtes une personne compliquée, qui vaut bien la peine d'être connue. Mais vous ne facilitez pas les choses.

» **Saturne dans la deuxième maison :** Vous vous préoccupez des aspects pratiques de la vie, et l'argent est pour vous un sujet important, que vous soyez économe ou dépensier. Même lorsque vous traitez d'émotions, vous êtes conscient des implications pratiques. Vous aimeriez bien gagner au Loto, mais c'est extrêmement improbable (et même si ça arrivait, cela pourrait vous apporter plus de problèmes que cela n'en vaut la peine). Vous pouvez toutefois obtenir la sécurité que vous recherchez en travaillant dur.

» **Saturne dans la troisième maison :** Vous avez un esprit sérieux, consciencieux et contemplatif, et l'aptitude à explorer un sujet en profondeur. Les questions de communication, qu'elle soit verbale ou écrite, sont primordiales. Vos relations avec vos frères et vos sœurs sont compliquées, elles peuvent prendre la forme d'une rivalité.

» **Saturne dans la quatrième maison :** Bien que votre famille soit pour vous extrêmement importante, vous vous en sentez séparé, et peut-être même éloigné d'un parent en particulier. Vous avez besoin de faire des efforts pour trouver des manières d'interagir avec succès avec les membres de votre famille (ou simplement pour les comprendre). En outre, avoir votre propre foyer constituera pour vous une importante source d'identité et de sécurité.

» **Saturne dans la cinquième maison :** Vous adoptez une approche sérieuse des choses légères, et il n'est pas facile de vous dérider. Vous ne flirtez pas facilement. La créativité signifie pour vous beaucoup, mais vous avez tendance à réprimer vos pulsions créatrices par crainte de ne pas être doué : soit vous les réprimez vraiment, soit vous relevez le défi que vous jette Saturne et vous apportez une structure à votre vie créative (certaines personnes avec cette position de Saturne deviennent des artistes professionnels). En tant que parent, vous êtes responsable et impliqué.

» **Saturne dans la sixième maison :** Dans votre travail, vous êtes fiable, exigeant et efficace. Vous apportez une grande attention aux travaux de la vie quotidienne et travaillez autant qu'il est nécessaire pour arriver à la maîtrise de votre métier. Vous ne ratez jamais une date butoir. Si vous trouvez le courage de persévérer pour arriver à faire quelque chose que vous aimez, vous tirerez une grande satisfaction de votre travail. Vous êtes aussi un anxieux de première, donc rassurez-vous en vous faisant régulièrement établir des bilans de santé.

» **Saturne dans la septième maison :** Vous prenez le mariage très au sérieux, mais vous pourriez tout aussi bien être trop timide pour franchir le pas. Si vous surmontez vos peurs de l'intimité, vous pourrez créer une relation de couple solide et durable. Vous serez le plus à l'aise avec un partenaire responsable, posé et plus âgé.

» **Saturne dans la huitième maison :** Vous avez de grandes intuitions psychologiques. Votre défi consiste à surmonter votre peur de la mort, et à faire face à vos problèmes sexuels, qui peuvent aller d'une légère inhibition à des relations sans émotions. De plus, vous êtes à la fois prudent et habile dans votre manière de gagner de l'argent – ce qui est une bonne chose parce qu'il est possible que vous épousiez une personne ayant des problèmes financiers.

» **Saturne dans la neuvième maison :** Vous êtes une personne sérieuse avec une intelligence de grande envergure. Les grandes idées vous attirent – la philosophie ou la religion, par exemple – et leur exploration en profondeur fait de vous un éducateur, un auteur ou un éditeur né. Vous pouvez aussi trouver votre succès dans les voyages et dans les domaines juridiques.

» **Saturne dans la dixième maison :** Vous êtes responsable, ambitieux et persévérant, mais vous pouvez aussi être arrogant, et vous devrez travailler dur avant d'obtenir le succès qui sera finalement le vôtre. Un de vos parents (probablement votre père) vous a peut-être particulièrement causé des difficultés.

» **Saturne dans la onzième maison :** Vous ne vous faites pas facilement des amis, mais les amitiés que vous avez sont durables et fortes. Vos rêves sont traditionnels et ambitieux, et vous devez travailler dur pour les réaliser. Heureusement, vous avez de grands talents d'organisateur, et vous pouvez mobiliser l'aide dont vous avez besoin.

» **Saturne dans la douzième maison :** Vous êtes une personne serviable. Nombreux sont ceux qui seraient étonnés d'apprendre que, sous la surface, vous luttez contre la peur, le pessimisme, l'insécurité, la solitude et le sentiment de culpabilité. Bien que vous soyez habitué à travailler en coulisses, la solitude vous pose problème, parce que vos peurs deviennent plus vivaces lorsque vous êtes seul. Que vous tendiez à vous y enfoncer avec un soupir de soulagement ou que vous pédaliez comme un fou dans la direction opposée, il est essentiel pour votre bien-être que vous appreniez à vous sentir à l'aise dans la solitude.

DANS CE CHAPITRE

Uranus, Neptune et Pluton : les planètes transsaturniennes dans l'astronomie, la mythologie et l'astrologie

•

Découvrez l'influence des planètes transsaturniennes

Chapitre 7

Les planètes transsaturniennes

Jusqu'à 1781, les astrologues dressaient des cartes du ciel en n'utilisant que le Soleil, la Lune et les cinq planètes visibles depuis la Terre : Mercure, Vénus, Mars, Jupiter et Saturne. Puis William Herschel, un musicien de carrière qui avait pour passe-temps la fabrication de télescopes, fit une découverte capitale. Au bout d'innombrables nuits passées durant de longues années en compagnie de sa sœur dévouée à observer le ciel avec opiniâtreté (il était Scorpion), il fut le premier humain de l'histoire à pointer un télescope sur le ciel nocturne et à découvrir une planète. Cette découverte, celle de la planète Uranus, ébranla le monde.

Au XIXe siècle, les savants comprirent que plusieurs anomalies dans l'orbite d'Uranus ne pouvaient s'expliquer que par la présence d'une autre planète. En 1846, à la suite d'une recherche marquée par la confusion la plus totale (ce qui correspondait bien d'ailleurs à la nature de la planète), des astronomes européens identifièrent ce corps inconnu et l'appelèrent Neptune. Une troisième découverte vint encore élargir le Système solaire en 1930, lorsque Clyde William Tombaugh, un amateur de 23 ans engagé pour examiner des clichés photographiques du ciel nocturne, trouva ce qu'il cherchait : une minuscule planète éloignée, qui fut dénommée Pluton.

Aujourd'hui, bien que certains astrologues croient que d'autres planètes de notre Système solaire attendent encore qu'on les découvre (y compris, peut-être, une planète encore plus proche du Soleil que Mercure), les astronomes, eux, ne trouvent aucune preuve correspondante. Pour le moment, ces neuf planètes sont tout ce que nous avons.

Uranus, Neptune et Pluton fonctionnent différemment des planètes de l'Antiquité. Les planètes visibles influencent nos comportements et nos personnalités de manière immédiate. Mais Uranus, Neptune et Pluton ne définissent pas la personnalité de l'individu, elles définissent plutôt des générations. Après tout, le Soleil traverse les douze signes en une année, mais Uranus met quatre-vingt-quatre ans, Neptune, cent soixante-cinq ans, et le minuscule Pluton a besoin de près de deux siècles et demi pour effectuer le tour complet du zodiaque (ou révolution zodiacale).

Ces planètes s'attardent pendant des années dans un seul signe, et elles ont un effet relativement mineur sur le comportement quotidien. Les planètes externes définissent les générations, provoquent des événements, et mettent en lumière les potentiels cachés. Mais elles ne vous font pas vous distinguer du gamin d'à côté comme le font les autres planètes.

Pourtant, elles mènent la danse lorsqu'il est temps d'effectuer un changement majeur, à la fois externe et interne. Ces planètes vous remuent (Uranus le révolutionnaire), vous inspirent et vous troublent (Neptune le nébuleux), et vous poussent au bord du gouffre (Pluton qui ne fait pas de quartier). Ce sont les forces invincibles du changement.

Attention

Les dates données entre parenthèses plus loin dans ce chapitre pour les positions de ces planètes ne sont pas exactes. En fait, ce qui se passe lorsque Neptune, Uranus ou Pluton change de signe, c'est que pendant près d'un an (et pendant plus longtemps parfois) la planète ricoche d'avant en arrière entre l'ancien signe et le nouveau. Donc, si vous êtes né pendant (ou même près de) la première ou la dernière année du passage d'une planète dans un signe, vous ne pouvez pas vous fier aux dates données dans ce chapitre.

Uranus : le rebelle

Uranus est la première planète qui a été découverte grâce à l'utilisation de la technologie : c'est la planète de la révolution et des temps modernes. Elle gouverne l'électricité, la technologie, l'informatique et tout ce qui est à la pointe du progrès. C'est aussi la planète de l'astrologie.

Note technique

Il faut quatre-vingt-quatre ans (soit environ la durée d'une vie humaine) à Uranus et à ses quinze lunes pour traverser tout le zodiaque. Comme Jupiter, Saturne et Neptune, c'est un géant gazeux. Mais alors que toute autre planète tourne autour de son axe de manière plus ou moins verticale, Uranus tourne sur elle-même dans le sens rétrograde, pratiquement couchée sur le plan de son orbite, avec son pôle Nord pointé sur le Soleil. Il en résulte que le jour uranien dure quarante-deux ans, de même que la nuit.

Mythologie

Dans la mythologie, Ouranos était le fils et l'amant de la Terre, qui s'appelait Gaïa. Comme Neptune et Pluton, elle définit les générations, et son influence est en général subtile. Lorsqu'elle est valorisée, Uranus est la marque des génies, des idéalistes, des anticonformistes et des astrologues.

N'oubliez pas

Uranus est valorisée dans votre thème astral si :

» Elle occupe un angle, c'est-à-dire qu'elle se trouve dans la première, la quatrième, la septième ou la dixième maison de votre thème. Elle est particulièrement forte lorsqu'elle est proche (c'est-à-dire à 8° au maximum) de votre ascendant ou de votre milieu du ciel (consultez le chapitre 5 pour en savoir plus sur l'ascendant et sur le milieu du ciel).

» Elle forme plusieurs aspects proches avec d'autres planètes, et en particulier avec le Soleil, la Lune, ou la planète qui gouverne votre ascendant (consultez le chapitre 8 qui traite des aspects).

» Vous avez une ou plusieurs planètes en Verseau.

Pour trouver la position d'Uranus dans votre thème astral, consultez les tables planétaires sur un site Web spécialisé.

Le symbole d'Uranus ressemble à une antenne de télévision, une image appropriée pour la planète associée à l'électricité, à la technologie, à l'avenir et à tout ce qui arrive de façon imprévue. Le symbole inclut aussi la lettre H, qui rappelle William Herschel, l'organiste et astronome qui découvrit la planète Uranus en 1781.

Uranus dans les signes

Le signe qu'occupe Uranus dans votre carte du ciel détermine la manière dont vous exprimez votre caractère unique et rebelle contre l'ordre établi.

» **Uranus en Bélier (1927 à 1935) :** Vous êtes indépendant, impétueux, indomptable et impatient. Lorsque le changement est nécessaire, vous aimeriez plutôt l'effectuer rapidement pour en finir. Votre enthousiasme vacille parfois, mais vous êtes ingénieux, intrépide et inventif.

- **Uranus en Taureau (1935 à 1942) :** Une fois que vous avez décidé que vous vouliez quelque chose, vous vous y tenez. Vous avez des opinions fortement prononcées vis-à-vis de l'argent, que ce soit pour ou que ce soit contre, et vous souffrez de hauts et de bas sur le plan financier. Votre volonté vous aide à surmonter tous les obstacles, matériels ou autres, et vous vous sentez attiré par les manières concrètes et innovantes de gagner de l'argent.
- **Uranus en Gémeaux (1942 à 1949) :** Vous êtes intelligent, curieux, nerveux, polyvalent et loquace. Vous faites face au changement en en parlant, et en finissant par vous convaincre que vous êtes capable de vous y adapter ou qu'en réalité vous le désirez. Vous êtes aussi attiré par des idées originales et par les nouvelles manières de communiquer. Le téléphone portable a été inventé pour vous.
- **Uranus en Cancer (1949 à 1956) :** Vous possédez une imagination active, vous êtes sensible, et vous avez une vie de famille qui sort de l'ordinaire. Votre humeur varie considérablement pendant les périodes de changement. Vous avez autant envie de la sécurité d'une famille et de la vie conjugale que vous vous rebellez contre elles, et lorsque vous vous trouvez dans une famille traditionnelle, vous en changez la structure.
- **Uranus en Lion (1956 à 1962) :** Vous vous jetez avec enthousiasme dans toutes sortes d'entreprises créatives, y compris les aventures amoureuses à côté de la plaque. Vous êtes ardent, entêté et talentueux, et vous évoluez vers les périodes de changement avec grand plaisir. Mais vous pouvez aussi être impérieux, exigeant et, en un mot, odieux.
- **Uranus en Vierge (1962 à 1969) :** Bien que vous possédiez un esprit analytique et un côté pratique, vous vous rebellez contre la routine, et des détours imprévus vous orientent dans des directions surprenantes. Vous faites face au changement d'une manière pratique et spécifique, mais aussi contraignante.
- **Uranus en Balance (1969 à 1975) :** Vous êtes imaginatif et vous aimez les arts, bien que votre goût puisse consterner les membres d'autres générations. La vie relationnelle est pour vous essentielle. Vous êtes attiré par les personnes et par les situations qui sortent de l'ordinaire, et vos relations reflètent cela. Lorsque le changement est inévitable, vous êtes aux anges si vous pouvez le traverser avec quelqu'un d'autre.
- **Uranus en Scorpion (1975 à 1981) :** Profondément intuitif et volontaire, vous êtes charismatique et déterminé, avec une attitude inhabituelle vis-à-vis de la sexualité. Il est possible que vous soyez tourmenté par des engouements passagers. Le mariage peut vous apporter des hauts et des bas sur le plan financier. Mais vous êtes plein de ressources, et lorsque le changement est dans l'air du temps, vous voulez le traverser en profondeur et de façon consciente.
- **Uranus en Sagittaire (1981 à 1988) :** Vous êtes optimiste, indépendant et plein de vie, avec de grandes aspirations. Vous en voulez aux gens qui disent non et aux pessimistes qui pensent que vos grands rêves sont irréalistes. Vous aimeriez voir le monde (mais pas en suivant l'itinéraire de quelqu'un d'autre). Vous aimeriez obtenir l'illumination

spirituelle (mais vous vous rebellez contre les religions habituelles). Les voyages et l'enseignement vous excitent. Vous vous sentez libéré par les forces du changement.

- **Uranus en Capricorne (1988 à 1996) :** Vous êtes ambitieux, responsable et méthodique. Vous évitez pourtant instinctivement la voie prescrite, et votre carrière prend des détours surprenants. Si vous pouvez exprimer votre individualité à travers une organisation ou un système, c'est très bien. Sinon, votre grand malaise vous force soit à l'ignorer, soit à le faire plier. Heureusement, lorsque vous créez le changement, c'est de façon constructive.
- **Uranus en Verseau (1996 à 2003) :** Vous êtes tolérant, peu sentimental, humanitaire et hautement inventif. Anticonformiste au plus profond du cœur, vous appréciez l'individualité chez les autres, et vous comptez parmi vos amis plus d'un excentrique. Votre vie est caractérisée par des coïncidences et des coups de chance incroyables. Lorsque vous embrassez le changement, votre monde s'ouvre. Lorsque vous y résistez, le chagrin s'ensuit.
- **Uranus en Poissons (2003 à 2011) :** Vous êtes prédisposé à des rêves étranges et à des éclairs métapsychiques. Votre imagination, vos talents et votre intuition sont inspirés. Mais votre détermination vacille, et votre volonté a besoin de soutien. L'art et les quêtes spirituelles sont pour vous des chemins positifs.

Uranus dans les maisons

La maison qu'occupe Uranus détermine le domaine de la vie dans lequel vous pouvez rencontrer l'inattendu.

- **Uranus dans la première maison :** Votre comportement est inhabituel, et vous choquez les gens qui vous considèrent comme un véritable original ou même comme un excentrique. Peu importe combien vous essayez d'avoir l'air conventionnel, vos tentatives de vous faire passer pour normal sont vouées à l'échec. De temps en temps, des événements imprévus et gênants bouleversent votre monde.
- **Uranus dans la deuxième maison :** L'argent et les biens matériels vont et viennent, ils arrivent précipitamment et disparaissent à la même vitesse. Vous pourriez aussi bien trouver du pétrole que faire faillite. Vos valeurs peuvent aussi subir un revirement soudain.
- **Uranus dans la troisième maison :** Vous avez un esprit innovant et des manières intelligentes de vous exprimer. Vous pourriez être un penseur ou un écrivain brillant – ou un individu bizarre. Vos frères et sœurs sortent généralement du commun, et vos relations avec eux ont des hauts et des bas. Des bouleversements peuvent se produire au cours de voyages.
- **Uranus dans la quatrième maison :** Vous venez d'une famille non conventionnelle, ou vous en créez une. Une relation inhabituelle avec l'un de vos parents (probablement votre mère) vous a marqué. Il vous est difficile de vous installer, et lorsque vous

le faites, vous créez un ménage complètement personnalisé. Les changements dans votre carrière affectent votre vie de famille.

» **Uranus dans la cinquième maison :** Vous possédez une nature créative sauvage et une vie amoureuse imprévisible. Vous êtes prédisposé à l'amour au premier coup d'œil, de préférence avec des personnes du type rebelle. Mais des ruptures soudaines font également partie du tableau. Vos enfants seront peut-être des personnes remarquables, bien que vous puissiez penser qu'ils entravent votre liberté.

» **Uranus dans la sixième maison :** Cela ne vous dérange pas de travailler, mais vous êtes opposé au concept « 9 heures – 17 heures ». Vous arrivez à trouver des jobs inhabituels et même bizarres. Et même dans votre vie quotidienne, vous faites les choses de la manière unique qui vous est propre. Vos nerfs affectent votre santé, et les méthodes de guérison qui ne sont pas orthodoxes vous sont bénéfiques.

» **Uranus dans la septième maison :** Vous vous marierez peut-être à une personne non conventionnelle, ou votre vie de couple pourra prendre une forme radicale, due en grande partie à votre besoin d'indépendance. Vous risquez de vous marier à la vitesse de l'éclair – et de divorcer tout aussi rapidement.

» **Uranus dans la huitième maison :** Votre vie sexuelle possède un aspect remarquable et même outrageant, et la même chose est vraie pour vos finances (et celles de votre conjoint). Vous êtes attiré par les sujets occultes et métaphysiques, y compris l'idée de réincarnation. Et, bien que j'hésite à mentionner ceci, sachez-le : lorsqu'elle coexiste avec de nombreux aspects dissonants, cette position indique que vous pourriez être affecté par une mort soudaine et accidentelle – mais pas nécessairement la vôtre.

» **Uranus dans la neuvième maison :** Vous vivrez des expériences inhabituelles à travers les voyages et l'enseignement. La religion vous intéresse, mais pas de manière conventionnelle, et votre philosophie de la vie est votre invention personnelle.

» **Uranus dans la dixième maison :** Vous insistez pour conserver votre indépendance, en particulier pour votre carrière. (Les bons domaines incluent, sans s'y limiter : l'activisme social, la technologie des ordinateurs, l'astrologie et la science.) Vous avez un point de vue original, et des opportunités venues de nulle part se présentent à vous. Trop rebelle pour travailler dans une organisation trop hiérarchique, vous êtes un entrepreneur ou un travailleur indépendant né.

» **Uranus dans la onzième maison :** Vous êtes une personne tolérante avec des aspirations inhabituelles et de nombreux amis intelligents mais imprévisibles, qui peuvent vous motiver vers la réussite. Les gens entrent dans votre vie en un éclair, en particulier lorsque vous êtes impliqué dans une cause, mais vous pouvez tout aussi rapidement perdre le contact avec eux.

» **Uranus dans la douzième maison :** Vous êtes un amoureux de la liberté qui exige l'indépendance et se rebelle contre les contraintes. Des formes inhabituelles de spiritualité vous attirent. Vous exprimez votre individualité la plus profonde dans la solitude. Des éclairs d'intuition et de perspicacité viennent du fond de vous. Apprenez à les écouter.

Neptune : le rêveur

En 1612, Galilée observa avec son petit télescope ce qui ressemblait à une étoile de faible lueur, sauf que, contrairement aux autres étoiles, elle se déplaçait. S'il n'avait pas été « dans la lune », il aurait compris qu'il s'agissait d'une planète. Mais il ne sut pas additionner deux et deux pour faire quatre, et il manqua ainsi l'occasion d'identifier Neptune. C'est Johann Gottfried Galle, un jeune assistant de l'observatoire de Berlin, qui le fit en 1846.

Note technique

Sur les photos de la NASA, Neptune ressemble à un merveilleux marbre de couleur turquoise, presque sans caractéristiques. Les astronomes disent que Neptune est un géant gazeux parce que, comme Uranus, il s'agit pour l'essentiel d'une boule de gaz qui tourbillonnent autour d'un petit noyau de métal. Balayée par les vents les plus rapides de tout le Système solaire, Neptune porte un halo d'anneaux à peine visibles, et au moins huit lunes gravitent autour d'elle. L'une de ces lunes, Triton – qui possède des geysers –, est le corps le plus froid de tout le Système solaire.

Mythologie

Dans la mythologie classique, Poséidon – Neptune pour les Romains – était le frère de Zeus et de Hadès (ou Pluton). Lorsque les trois se partagèrent l'Univers, Poséidon devint le dieu de la Mer. Les Grecs l'appelaient aussi le dieu des tremblements de terre, car, chaque fois qu'il frappait le sol de son célèbre trident, la terre tremblait. Seigneur des profondeurs marines, Neptune gouverne l'intuition, la médiumnité, l'imagination et tout ce qui s'écoule. Cette planète gouverne la danse, la musique, la poésie et le glamour. Elle apporte la compassion, dissout les limites et sensibilise tout ce qu'elle touche. Idéaliste et profondément spirituelle, elle a aussi un côté négatif. Neptune est la planète de l'illusion, de la confusion, de la tromperie, celle qui fait que l'on prend ses désirs pour des réalités, sans parler de l'alcoolisme et de l'abus de drogues. Positivement valorisée, Neptune apporte le talent artistique, les inclinaisons spirituelles et les aptitudes psychiques. Mais, mal aspectée, c'est-à-dire lorsqu'elle reçoit de nombreux carrés et oppositions à haute tension d'autres planètes, elle peut aussi entraîner la dépendance (drogues), le manque de précision, l'hypocondrie et l'évasion de la réalité.

N'oubliez pas

La planète Neptune est valorisée dans votre thème si :

» Elle occupe un angle – c'est-à-dire se trouve dans la première, la quatrième, la septième ou la dixième maison. Elle est particulièrement forte lorsqu'elle est proche (approximativement 8° ou moins) de votre ascendant ou de votre milieu du ciel (consultez le chapitre 5 pour en savoir plus sur l'ascendant et sur le milieu du ciel). Elle forme plusieurs aspects proches avec d'autres planètes, et en particulier avec le Soleil, la Lune ou la planète qui gouverne votre ascendant (consultez le chapitre 8 pour en savoir plus sur les aspects).

» Vous avez une planète ou davantage en Poissons.

Neptune passe en moyenne quatorze ans dans chaque signe. Pour découvrir sa position dans votre thème astral, consultez les tables planétaires sur un site Web spécialisé.

Le symbole de Neptune ressemble au trident du dieu Neptune, tel qu'on le connaît par les illustrations de la mythologie.

Neptune dans les signes

La position de Neptune dans les signes décrit les façons dont votre génération est la plus idéaliste – et la plus irréaliste.

» **Neptune en Bélier (1861 à 1874) :** Vous possédez un sens intuitif du moi, et vous adoptez une approche active de la vie spirituelle. Mais vous pouvez fortement manquer d'égards envers les autres, et vous avez des problèmes à contrôler votre agression. Vous pouvez être parfois bien trop faible, alors que d'autres fois vous êtes trop agressif et trop imprudent.

» **Neptune en Taureau (1875 à 1889) :** Vous adorez l'art, le confort et la nature. De plus, vous avez des aptitudes de guérisseur, et vous répondez intuitivement aux rythmes de votre corps. Mais vous éprouvez des difficultés à maîtriser le côté pratique des choses, y compris les finances.

» **Neptune en Gémeaux (1889 à 1902) :** Vous avez un esprit subtil, intelligent et compliqué, une imagination bien développée, du talent littéraire et une tendance à être superficiel. Il est également possible que vous soyez irréaliste et malhonnête.

» **Neptune en Cancer (1902 à 1915) :** Vous êtes observateur, réceptif et sentimental. Le foyer, la famille et la campagne vous mettent les larmes aux yeux, et vous avez tendance à glorifier tout ce qui a trait au passé. Il ne vous est pas facile de traiter les problèmes auxquels vous faites face ici et maintenant.

» **Neptune en Lion (1915 à 1929) :** Vous êtes extravagant, vous aimez les arts et vous êtes romantique. Vous idéalisez tout ce qui a trait à l'amour, aux enfants et au processus créatif, et vous prenez de plein gré des risques énormes. Souvent, vous gagnez vos paris incroyablement osés. Le côté négatif, c'est que vous pouvez tellement vous enticher d'une personne (ou d'une idée) que vous ne remarquez même pas les signes évidents que le sentiment n'est pas nécessairement réciproque.

» **Neptune en Vierge (1929 à 1942) :** Neptune, la planète du vague brumeux, ne se sent pas à l'aise dans la Vierge consciente des détails. Vous ne pouvez pas distinguer les détails qui comptent de ceux qui ne comptent pas – et vous serez donc peut-être angoissé par toutes les choses négatives. L'hypocondrie constitue une menace bien réelle. Un travail mettant votre imagination à contribution vous apportera de la joie.

- **Neptune en Balance (1942 à 1957) :** Vous êtes idéaliste, compatissant, et sensible à l'art et à la musique. Mais les relations amoureuses vous déconcertent. Si vous êtes né avec Neptune dans cette position, vous pouvez vous attendre à vivre de grands changements dans les règles des relations humaines.
- **Neptune en Scorpion (1957 à 1970) :** Avec cette puissante position, vous êtes attiré par la magie, le mystère et l'inconnu. Vous projetez une aura d'intensité magnétique et de courage émotionnel. Mais vous êtes prédisposé aux extrêmes dans la sexualité, ainsi qu'à un comportement autodestructeur, et vous êtes peut-être incapable de reconnaître la source de vos propres émotions.
- **Neptune en Sagittaire (1970 à 1984) :** Les questions de philosophie, de foi et de valeurs religieuses dansent dans votre esprit : vous trouvez qu'il est facile d'en parler mais difficile de les résoudre. Vous avez un grand besoin de liberté personnelle. Les voyages (surtout vers les lieux sacrés) vous apportent une grande satisfaction. Mais faites attention au domaine des transactions légales, car vous avez tendance à être trop crédule et à vous laisser duper facilement.
- **Neptune en Capricorne (1984 à 1998) :** Vous êtes ambitieux, pragmatique, et vous regrettez les bonnes vieilles valeurs du passé, « le bon vieux temps », ou du moins le passé tel que vous vous le représentez. Vous trouvez votre satisfaction dans les religions organisées. Mais vous devez combattre une tendance à l'autoritarisme.
- **Neptune en Verseau (1998 à 2012) :** Vous recherchez l'illumination spirituelle, vous avez des dons pour la technologie, vous possédez un sens intuitif du bien commun et une approche progressiste de la réforme sociale.
- **Neptune en Poissons (2012 à 2026) :** Vous possédez les traits les plus typiques des Poissons... au carré. Vous avez des dons de médium, vous êtes généreux, compréhensif, vous réagissez à votre environnement, vous êtes mystique, crédule, passif, vous avez une tendance à l'autodestruction, vous êtes un champion du rêve éveillé et un fana de l'imagination et du cinéma, ainsi qu'un candidat probable à tous les types de dépendances.

Neptune dans les maisons

La maison qu'occupe Neptune dans votre horoscope vous indique le domaine dans lequel vous pouvez accéder à la plus profonde intuition – et aussi où vous avez tendance à vous faire des illusions.

- **Neptune dans la première maison :** Vous êtes influençable, rêveur, et d'opinion changeante. Votre intuition est extrêmement bonne, mais vous pouvez facilement devenir dépendant. Vous embrouillez les gens et vous les fascinez ; ils ne sont pas sûrs de qui vous êtes ni de ce que vous faites. Vous avez probablement des talents pour la musique.

» **Neptune dans la deuxième maison :** Vous savez intuitivement ce que vous appréciez et comment gagner de l'argent. Vous avez la possibilité d'en gagner par la quête spirituelle. Mais vous courez aussi le risque d'être escroqué, parce que vous n'avez pas la moindre idée des mécanismes de l'argent, et vos finances seront probablement chaotiques.

» **Neptune dans la troisième maison :** Vous êtes influençable, imaginatif et hautement sensible aux implications du langage. Persuasif mais facilement distrait, vous absorbez du savoir et vous avez un don pour la poésie. Mais vous êtes crédule et on peut vous tromper – et personne ne sait mieux comment s'y prendre que vos frères et sœurs.

» **Neptune dans la quatrième maison :** Bien que les membres de votre famille soient des personnes hors du commun, leur influence est puissante et subtile, et il vous est difficile de vous séparer d'eux. Vous avez peut-être hérité une aptitude métapsychique de l'un de vos parents.

» **Neptune dans la cinquième maison :** Vous avez des goûts pour l'art et vous êtes sensible, mais vous éprouvez des difficultés à concentrer vos impulsions les plus créatives (vous pourriez commencer par vos rêves). Les amours platoniques et les aventures secrètes font partie de votre vie sentimentale, et vous êtes attiré par des gens qui vous trompent. Si vous arrivez à surmonter votre ambivalence quant à la parenté et décidez de devenir vous-même parent, vos enfants seront probablement influençables et doux, et vous aurez un lien spirituel puissant avec eux.

» **Neptune dans la sixième maison :** Vous avez tendance à vous laisser prendre dans le filet des intrigues au bureau, et les aspects physiques des jobs ordinaires – les néons, la décoration hideuse – vous donnent envie de vous enfuir. Des opportunités de carrière existent pour vous dans les films, la pharmacologie, la musique, et tout ce qui a trait à la mer. Vos problèmes de santé seront rarement résolus par la médecine occidentale. Les médecins auront probablement des difficultés à établir des diagnostics, et vous obtiendrez de meilleurs résultats avec les médecines intuitives.

» **Neptune dans la septième maison :** Les gens d'humeur changeante et les âmes d'artiste vous attirent. Vous recherchez l'âme sœur sur le plan spirituel, mais comme vos relations vous embrouillent, vous vous sacrifierez peut-être de trop bon gré à une image ou à un idéal qui n'a rien à voir avec votre véritable partenaire. Souvenez-vous que l'idéalisme est quelque chose de merveilleux, mais seulement lorsqu'il est tempéré par un peu de réalisme.

» **Neptune dans la huitième maison :** Les séances de spiritisme, les perceptions extrasensorielles et toutes les formes de communication avec l'au-delà vous attirent. Vous considérez le sexe comme un exercice spirituel. Mais vous faites peut-être trop confiance à vos instincts, en particulier lorsqu'il s'agit de l'argent de votre partenaire. Soyez prudent dans les partenariats d'affaires.

- **Neptune dans la neuvième maison :** Les religions mystiques et les voyages spirituels sont exactement ce que vous aimez. Vous voulez désespérément trouver votre gourou, et vous êtes sûr que vous le reconnaîtrez le moment venu. Mais Neptune est la planète de l'illusion, et vous devez donc faire attention. Vous pouvez aussi être un enseignant sensible.
- **Neptune dans la dixième maison :** En choisissant une profession qui exige que vous utilisiez votre intuition, vous atteindrez le succès que vous désirez tant. Ne perdez pas votre temps à exercer une profession simplement parce que vous pensez que c'est une solution commode (comme si vous le saviez). Voici deux problèmes de carrière auxquels vous devrez peut-être faire face : vous avez tendance à dériver, et vous n'imposez que rarement votre autorité, car vous n'en voyez pas l'intérêt.
- **Neptune dans la onzième maison :** Vos idéaux changent et vous avez des aspirations vagues, qui vont de pair avec toute une collection d'amis inspirants et talentueux qui ont peut-être des problèmes d'alcool et de drogue. Votre opinion d'eux sera peut-être trop facilement exaltée, parce que vous avez tendance à ne voir chez eux que ce que vous voulez voir. Rejoindre une organisation spirituelle vous sera bénéfique.
- **Neptune dans la douzième maison :** Vous éprouvez de la compassion, vous êtes contemplatif, solitaire, et vous avez probablement des talents de médium. Vous recevez un flot continuel de messages de votre inconscient. La métaphysique, le mysticisme, les rêves et les secrets vous fascinent, et vous êtes très sensible à ceux qui sont dans le besoin. Vos efforts créatifs se réalisent au mieux en privé, et la solitude est nécessaire à la paix de votre esprit.

Pluton : le pouvoir de transformation

Pluton, la plus distante des planètes du Système solaire, se déplace si lentement dans le ciel que, depuis sa découverte en 1930, elle n'a même pas parcouru la moitié du zodiaque. Elle n'en finira le tour complet qu'en 2176. Pluton demeure donc inconnue à de nombreux égards, et ses effets n'ont pas encore été tous observés. Pourtant, une chose est sûre : bien qu'elle soit subtile et lente, Pluton détient le pouvoir de la transformation totale.

Pluton est petite, rocheuse et mystérieuse. Son orbite allongée, inclinée à un angle de 17°, pénètre parfois dans l'orbite de Neptune, et Neptune a donc remplacé Pluton de 1979 à 1999 dans le rôle de la planète la plus éloignée. La seule lune de Pluton, Charon, est si grande par rapport à Pluton que certains astronomes classifient Pluton comme une planète double. D'autres astronomes ne la classifient pas du tout comme une planète : ils croient que c'est un astéroïde très éloigné de son origine, un morceau de rocher subsistant de la création du Système solaire, ou un ancien satellite de Neptune qui se serait échappé.

Mythologie

Dans la mythologie classique, Pluton (Hadès pour les Grecs) était le dieu des Enfers. Il enleva Proserpine (Perséphone), la fille de Cérès (ou Déméter). C'est contre sa volonté que Proserpine devint sa femme. Reine des Enfers, elle était si attirante qu'un ami du grand Thésée aurait même eu le béguin pour elle (et aurait souffert en conséquence). Personne ne s'est jamais entiché de Pluton. Il reste un personnage vague, avec si peu d'histoires à son sujet qu'il se trouve à peine dans le circuit de la mythologie. Mais les influences de la planète Pluton sont considérables.

Pour les astrologues, Pluton représente la mort, la régénération et la renaissance. Il détruit, purifie, purge et renouvelle. Il bloque ; il obsède. Par son action en profondeur, il fait prendre conscience de ce qui a été caché, il donne la force à ce qui a été faible, et il apporte finalement la transformation. Le processus peut être rébarbatif et ardu. En chemin, Pluton peut stimuler des sentiments de culpabilité, des ressentiments, de l'obsession et de la peur. Mais la récompense change la vie.

N'oubliez pas

La planète Pluton est valorisée dans votre thème si :

» **Elle occupe un angle – c'est-à-dire si elle se trouve dans la première, la quatrième, la septième ou la dixième maison. Elle est particulièrement forte si elle est proche (à 8° au maximum) de votre ascendant ou de votre milieu du ciel (consultez le chapitre 5 pour en savoir plus sur l'ascendant et le milieu du ciel).**

» **Elle forme plusieurs aspects proches avec d'autres planètes, en particulier avec le Soleil, la Lune ou la planète qui gouverne votre ascendant (consultez le chapitre 8 pour en savoir davantage sur les aspects).**

» **Vous avez une planète ou davantage en Scorpion.**

Bien que Pluton passe en moyenne vingt ans dans chaque signe, elle traverse rapidement certains signes (elle entre dans le signe de la Vierge et en sort en l'espace de douze ans) et s'attarde laborieusement dans d'autres (trente-deux ans dans le Taureau). Pour trouver sa position dans votre thème astral, consultez les tables planétaires sur un site Web spécialisé.

Pluton possède deux symboles : un symbole métaphysique très chic, et un autre, plus banal, bien plus simple à identifier. Ce dernier représente à la fois les deux premières lettres du nom de la planète et les initiales de Percival Lowell, cet astronome aristocrate mort en 1916 qui était tellement convaincu qu'il y avait de la vie sur Mars qu'il construisit un observatoire privé en Arizona avec pour seul objectif de l'observer. Il se consacra aussi à la recherche de la mystérieuse planète X, dont il était certain qu'elle évoluait autour du Soleil aux limites du Système solaire, bien plus loin que Neptune. Il ne la trouva jamais. Elle fut découverte quatorze ans après sa mort.

Histoire vraie

En hommage à Percival Lowell, on désigna tout d'abord Pluton par les initiales P.L. Puis on s'avisa que les autres planètes portaient le nom d'un dieu mythologique. Il en existait encore un de disponible : Pluton, le dieu des Enfers, dont les deux premières lettres évoquent les initiales de celui qui permit de découvrir... Pluton.

Pluton dans les signes

La position de Pluton dans les signes détermine les obsessions les plus profondes de votre génération, de même que le style avec lequel vous abordez les événements qui changent la vie.

» **Pluton en Bélier (1823 à 1852) :** Cette génération fut volontaire, rebelle, impulsive et obsédée par le pouvoir.

» **Pluton en Taureau (1852 à 1884) :** La sécurité amenait le pouvoir à ces gens qui travaillèrent dur, mais les valeurs, particulièrement celles concernant les biens matériels, furent en perpétuel changement. La propriété fut un problème, et la guerre de Sécession des États-Unis fut menée pendant ces années, exactement sous cette contrainte.

» **Pluton en Gémeaux (1884 à 1914) :** C'est l'esprit qui commande. La nouveauté vous excite. Votre esprit reste toujours jeune.

» **Pluton en Cancer (1914 à 1939) :** Si vous êtes né durant ces années, la famille joue un rôle prépondérant, la sécurité a une importance primordiale, et vous vous accrochez à ce que vous avez, même si vous pouvez mieux faire. Et il n'est pas étonnant que vous soyez comme cela : vous avez vécu la crise de 29, ou vous êtes né pendant ou juste après.

» **Pluton en Lion (1939 à 1957) :** Votre désir de vous exprimer de façon exubérante peut tourner à l'obsession. Cette position est le signe distinctif de la génération du baby-boom : elle regarde avec dédain la recherche de sécurité de la génération précédente, et est elle-même regardée avec dédain par les générations qui suivent parce que, dans le pur style du Lion, vous ne pouvez pas vous empêcher de faire l'important.

» **Pluton en Vierge (1957 à 1972) :** Les excès égocentristes des baby-boomers (les personnes qui appartiennent à la génération du baby-boom) vous horripilent et vous réagissez contre eux. Vous recherchez la maîtrise personnelle, vous êtes obsédé par les détails, et vous avez toutes les intentions de devenir parfait. Si vous êtes né entre 1962 et 1969, vous avez en outre Uranus dans la Vierge, de sorte que des changements soudains et imprévus pourraient vous désorienter.

» **Pluton en Balance (1972 à 1984) :** Vous êtes obsédé par l'équilibre, la beauté et les relations sociales. Vous tirez une grande puissance d'un partage profond, mais vous exigez un mariage entre égaux. Les arts vous influencent fortement.

» **Pluton en Scorpion (1984 à 1995) :** Vous êtes passionné, déterminé, profondément sexuel, et vous avez bien l'intention de vivre jusqu'au bout tout ce que la vie va vous proposer. Mais il est essentiel que vous contrôliez vos désirs. Heureusement, vous possédez une volonté prodigieuse.

- **Pluton en Sagittaire (1995 à 2008) :** Vous ressentez un besoin profond de trouver une philosophie ou une religion qui propose des expériences spirituelles et intellectuelles intenses – mais vous courez le risque d'être pompeux et fanatique. La liberté est pour vous essentielle.
- **Pluton en Capricorne (2008 à 2024) :** Les personnes qui naissent avec Pluton dans le Capricorne conformiste s'orienteront sur des objectifs, ils seront persévérants et pragmatiques, avec un sens inné de la manière dont fonctionne le monde. Vous pensez avoir déjà vu des hommes politiques pleins de bon sens ? Attendez que ces bébés arrivent. La dernière fois que Pluton a passé un an dans ce signe, ce fut en 1776, l'année de l'indépendance des États-Unis d'Amérique, qui fut proclamée par le Congrès le 4 juillet 1776.
- **Pluton en Verseau (2024 à 2044) :** Cette génération détendra les situations en suivant des idéaux progressistes et en cherchant la transformation par des associations intenses et non conventionnelles.
- **Pluton en Poissons (2044 à 2068) :** Cette position ne manquera pas d'être intéressante. Une génération mystique qui fait le sacrifice de soi et plonge profondément dans l'inconscient collectif. Mais les structures externes se dissoudront peut-être dans le chaos, comme ce fut le cas à l'époque d'Abraham Lincoln, qui avait son Pluton dans les Poissons, comme tous les autres membres de sa génération.

Pluton dans les maisons

La maison occupée par Pluton dans votre thème natal détermine les domaines de la vie dans lesquels il est le plus probable que vous fassiez l'expérience de profondes transformations.

- **Pluton dans la première maison :** Vous avez une personnalité compulsive, attirante, magnétique, qui contrôle et possède une tendance à la domination. Vous avez un impact puissant sur les gens, mais vous pourriez aussi les faire se détourner de vous.
- **Pluton dans la deuxième maison :** Vous trouvez des débouchés concrets pour vos capacités, mais vous pouvez aussi devenir obsédé par les biens matériels. Effet encore plus important, l'argent pourrait devenir un champ de bataille, et il est possible que vous essayiez de manipuler d'autres personnes par ce moyen.
- **Pluton dans la troisième maison :** Vous avez un esprit profond, des perceptions précises, le désir de résoudre les mystères de la vie, et un besoin obsédant de communiquer. Dans le même temps, vous éprouvez un besoin très fort de protéger votre intimité (l'inventeur de l'agenda avec verrou avait sûrement Pluton dans la troisième maison).

- **Pluton dans la quatrième maison :** L'un de vos parents était une force sur laquelle il fallait compter ; la tâche que vous assigne Pluton consiste à traiter les retombées psychologiques de cette situation. Vos transformations les plus importantes proviennent de votre famille et de votre foyer.
- **Pluton dans la cinquième maison :** Vous êtes obsédé par les aventures amoureuses. Et pourtant, peu importe l'intensité de vos efforts pour manipuler votre partenaire, la personne qui est la plus changée par la liaison, c'est vous. Des luttes pour le pouvoir naissent autour des enfants. Des entreprises créatrices vous permettent de vous transformer, mais le jeu vous rend dépendant.
- **Pluton dans la sixième maison :** Vous avez une grande concentration et un grand dynamisme, et vous possédez peut-être des pouvoirs de guérison. Votre désir de pouvoir se concentre sur le travail, mais il en résulte que vous avez tendance à exagérer. Votre travail doit avoir un sens, sinon votre santé risque d'en souffrir. Vous avez besoin d'un objectif dans votre vie.
- **Pluton dans la septième maison :** La relation amoureuse et l'obsession vont chez vous de pair, et le mariage est un terrain d'essai. Vous attirez un partenaire puissant dont l'influence vous forcera à profondément changer. Il ne vous sera pas facile de maintenir le sens de votre propre personnalité en présence de cet être. Les partenariats d'affaires présenteront les mêmes défis.
- **Pluton dans la huitième maison :** La vie après la mort, la perception extrasensorielle et tous les sujets occultes vous fascinent, et vous acquerrez une grande sagesse à travers ces canaux. Vous êtes intuitif, perspicace et profondément sérieux. Vous devez absolument vous colleter avec les grands problèmes de la vie, y compris avec les sentiments embarrassants qui entourent la sexualité, l'argent et la mort.
- **Pluton dans la neuvième maison :** La philosophie, la religion et les grands systèmes de pensée vous attirent et vous fortifient. En vous plongeant dans l'étude d'une culture différente de la vôtre ou en vous impliquant passionnément avec des natifs de cette culture, vous approfondirez votre compréhension de la vie. L'enseignement et les voyages sont vos passeports pour la transformation, mais vous devez les aborder selon vos propres termes.
- **Pluton dans la dixième maison :** Dans l'arène politique, vous êtes une force irrésistible. Vous n'aimez pas les personnages qui représentent l'autorité (à commencer par l'un de vos parents), mais vous souhaitez pourtant vous-même exercer l'autorité. Une fois que vous aurez décidé que vous recherchez le pouvoir, vous pourrez véritablement jouer un rôle. Cette position favorise le succès.
- **Pluton dans la onzième maison :** L'amitié est pour vous un domaine difficile. Votre obsession de l'amitié (en particulier dans votre jeunesse) pourrait entraîner des luttes et des difficultés. Mais finalement, vos amis vous aideront à façonner vos rêves et vos aspirations, et vous vivrez par ces relations des expériences qui vous transformeront profondément.

- **Pluton dans la douzième maison :** Même si vous semblez extraverti, vous êtes une personne pudique avec une vie secrète. Vous évitez d'exprimer votre puissance, mais vous êtes pourtant fasciné par tout ce qui se passe en coulisses ou au-dessous de la surface, surtout dans votre propre psyché. L'exploration de votre inconscient et de vos rêves vous apporte la transformation.

DANS CE CHAPITRE

Les aspects des planètes

•

Interprétation de ces aspects

Chapitre 8

La géométrie cosmique, ou les aspects des planètes

Connaître la position des planètes dans les signes et dans les maisons ne suffit pas, et de loin, à vous permettre de vous faire votre opinion sur un thème astral avec toutes ses complexités. Vous devez savoir comment les planètes interagissent. Ces informations vous sont révélées par les angles mathématiques que forment les planètes les unes avec les autres, et qu'on appelle *aspects*.

Prenons le thème natal d'une femme dans lequel Vénus, la planète de l'amour, est située à quelques petits degrés seulement de Jupiter, la planète de la bonne fortune. Cette combinaison fait qu'il lui est facile d'exprimer de l'affection et d'attirer de l'amour. Mais que se passe-t-il lorsque ces deux planètes forment un angle de 90° avec Saturne ? Avec cet angle droit, le pessimisme et la déception font leur entrée en scène. Vous avez maintenant une personne charmante et attrayante qui attire facilement les autres, mais qui n'en est jamais contente, une personne qui, comme Groucho Marx, ne veut pas faire partie d'un club qui l'aurait elle-même comme membre.

Pour détecter ce type de mécanismes internes dans votre thème, vous devez examiner les aspects. À cet effet, vous devez connaître le degré exact qu'occupe chaque planète.

Ce sont des informations qui dépassent le cadre de ce livre. Vous devez vous procurer un exemplaire de votre carte du ciel établie de façon professionnelle (voir le chapitre 2 pour savoir comment vous le procurer). Et vous devez, le cas échéant, mettre votre phobie pour les maths entre parenthèses. Bien qu'il soit fastidieux de calculer les écarts de longitude entre deux paires de planètes, c'est un jeu d'enfant que de trouver les principaux aspects.

Note technique

Un thème natal, comme tout autre cercle, possède 360°, et chaque signe du zodiaque couvre exactement 30°, soit 1/12 du total. À l'intérieur de ce cercle, chaque paire de planètes est séparée par un nombre de degrés spécifique. Deux planètes qui se trouvent à un écart en longitude spécifique l'une de l'autre forment un *aspect*. Le tableau ci-dessus donne la liste des principaux aspects, dont les symboles apparaissent sur la table d'aspects, ou *aspectarium*, qui accompagne souvent la carte du ciel.

Tableau 8.1 Les aspects majeurs.

Écart en longitude	Nom de l'aspect	Symbole	Effet
0°	Conjonction	☌	Unit ou fusionne
60°	Sextil	⚹	Soutient
90°	Carré	□	Crée de la friction
120°	Trigone	△	Assiste et amène des opportunités
180°	Opposition	☍	Oppose

En gros, il y a trois types d'aspects. Si deux planètes se trouvent à quelques degrés l'une de l'autre, elles sont en *conjonction*, ce qui signifie qu'elles fonctionnent à l'unisson. Si deux planètes sont à 60° ou à 120° l'une de l'autre, elles se soutiennent et s'assistent mutuellement ; ces aspects sont considérés comme *harmoniques*. Et si deux planètes sont opposées (180°) ou forment un angle droit ou carré (90°) l'une avec l'autre, elles sont fondamentalement en guerre. Ces aspects sont appelés *dissonants*.

Les cartes du ciel de la plupart des gens présentent un mélange de conjonctions et d'aspects harmoniques et dissonants.

Il est surprenant qu'un thème « facile » tout orné de sextils et de trigones ne soit pas meilleur qu'un thème « dur » enchevêtré de carrés et d'oppositions. Les astrologues ont depuis longtemps noté que les gens qui ont des thèmes « faciles » courent le risque de devenir paresseux et autosatisfaits, alors que les gagneurs accomplis ont souvent des thèmes pleins de tensions.

Les aspects les plus puissants existent lorsque les écarts en longitude entre les planètes sont proches de ceux listés dans le tableau. Un carré de 90° est par exemple plus fort qu'un carré de 82°, quelles que soient les planètes concernées. Mais l'expérience nous indique qu'un aspect ne doit pas obligatoirement être précis pour exercer son influence. Les astrologues acceptent donc une petite dérive de chaque côté, qu'on appelle l'*orbe*, ou tolérance admise pour ces aspects. Leurs opinions diffèrent pourtant sur l'amplitude de cette tolérance. Quelques praticiens généreux utilisent des orbes allant jusqu'à 14°. Les sages stricts ne tolèrent pas d'orbe supérieur à 5°. La plupart des astrologues, y compris moi-même, adoptent une position intermédiaire.

Conseil

En général, je recommande d'utiliser un orbe de 10° pour la conjonction, de 6° pour le carré, de 7° pour le trigone, 10° pour l'opposition, et un orbe de 4° pour le sextil, qui est un aspect légèrement plus faible.

Trouvez vos aspects

Voici comment identifier les cinq aspects majeurs de votre thème :

Conjonctions : Il est facile de détecter les conjonctions. Si deux planètes se trouvent à 10° ou moins l'une de l'autre, elles sont conjointes, même si elles ne sont pas dans le même signe. Donc, si vous avez Vénus à 28° dans le Capricorne et la Lune à 1° dans le Verseau, Vénus et la Lune sont conjointes.

Oppositions : Il est également facile de détecter des planètes en opposition. Les planètes dans des signes opposés sont souvent (mais pas toujours) en opposition. Pour en être sûr, vérifiez qu'elles se trouvent dans l'orbe. Si votre Mars est par exemple à 18° dans le Sagittaire, toute planète entre 10° et 26° en Gémeaux (18° en Gémeaux plus ou moins 8°) est en opposition. Une planète se trouvant à 7° en Gémeaux n'est pas en opposition.

Carrés : Les carrés sont plus difficiles à repérer. Recherchez les planètes se trouvant dans les signes de même qualité (cardinal, fixe ou mutable) et vérifiez qu'elles se trouvent à l'intérieur de l'orbe. Si c'est le cas, vous avez trouvé la source de vos frustrations les plus profondes.

Trigones : On trouve les trigones entre les planètes dans des signes du même élément – c'est-à-dire que les deux planètes se trouvent dans des signes du feu, de la terre, de l'air ou de l'eau. Vous avez Mercure en Gémeaux et Uranus en Balance ? Si leur écart d'angle est compris dans l'orbe, elles forment un trigone – dans ce cas, félicitations : vous avez un esprit rapide et original.

Sextiles : Ce sont les plus faibles des aspects majeurs. On trouve les sextils parmi les planètes qui sont séparées par deux signes.

Le tableau ci-dessous présente la liste des carrés et des oppositions, et le tableau 8.3 celle des aspects harmoniques.

Tableau 8.2 Les aspects dissonants.

Si une planète se trouve en...	... ses planètes en carré se trouvent en...	... et ses planètes en opposition en...
Bélier	Cancer et Capricorne	Balance
Taureau	Lion et Verseau	Scorpion
Gémeaux	Vierge et Poissons	Sagittaire
Cancer	Bélier et Balance	Capricorne
Lion	Taureau et Scorpion	Verseau
Vierge	Gémeaux et Sagittaire	Poissons
Balance	Cancer et Capricorne	Bélier
Scorpion	Lion et Verseau	Taureau
Sagittaire	Vierge et Poissons	Gémeaux
Capricorne	Bélier et Balance	Cancer
Verseau	Taureau et Scorpion	Lion
Poissons	Gémeaux et Sagittaire	Vierge

Tableau 8.3 Les aspects harmoniques.

Si une planète se trouve en...	... ses planètes en sextil sont en...	... et ses planètes en trigone en...
Bélier	Verseau et Gémeaux	Lion et Sagittaire
Taureau	Poissons et Cancer	Vierge et Capricorne
Gémeaux	Bélier et Lion	Balance et Verseau
Cancer	Taureau et Vierge	Scorpion et Poissons
Lion	Gémeaux et Balance	Sagittaire et Bélier
Vierge	Cancer et Scorpion	Taureau et Capricorne
Balance	Lion et Sagittaire	Gémeaux et Verseau
Scorpion	Vierge et Capricorne	Cancer et Poissons
Sagittaire	Balance et Verseau	Lion et Bélier
Capricorne	Scorpion et Poissons	Vierge et Taureau
Verseau	Sagittaire et Bélier	Balance et Gémeaux
Poissons	Capricorne et Taureau	Scorpion et Cancer

Attention

Lorsque les planètes sont placées dans les premiers degrés ou les derniers degrés d'un signe, n'oubliez pas de vérifier les aspects hors de ce signe, qui sont difficiles à détecter, c'est bien connu. Si vous analysez un thème avec, disons, le Soleil à 28° en Gémeaux et Saturne à 1° en Balance, il est facile de supposer qu'étant donné que les deux planètes sont dans des signes de l'air, elles doivent être en trigone. En fait, leur écart est de 93°, et il forme un carré. C'est la raison pour laquelle vous devriez quand même vous procurer un horoscope généré par un ordinateur. Un astrologue expérimenté peut parfois oublier un aspect hors du signe, mais un ordinateur ne l'oubliera pas.

Interprétons les aspects

Dans les pages suivantes, je rassemble les sextils et les trigones, qui forment les *aspects harmoniques*. Leur action est semblable, bien que les trigones soient plus puissants. De même, je rassemble les carrés et les oppositions, qui forment les *aspects dissonants*, bien qu'ils ne soient pas non plus complètement identiques. En général, un carré amène des conflits intérieurs, alors que les oppositions vont plus probablement créer des obstructions externes.

Nous allons passer en revue les planètes dans cet ordre : Soleil, Lune, Mercure, Vénus, Mars, Jupiter, Saturne, Uranus, Neptune et Pluton. Lorsque vous étudierez un aspect, n'oubliez pas de regarder la planète qui arrive en premier dans la liste. Un aspect entre Uranus et Mercure apparaît par exemple sous Mercure ; une opposition entre Vénus et Pluton est traitée sous Vénus, etc.

Les aspects du Soleil

Votre Soleil représente la partie la plus profonde et la plus essentielle de votre nature. Les aspects qu'il forme avec d'autres planètes peuvent vous aider à exprimer votre potentiel – ou rendre plus difficile la réussite dont vous êtes capable et la réalisation de votre potentiel.

Soleil/Lune

Le Soleil représente votre identité consciente, tandis que la Lune gouverne vos sentiments les plus intimes et votre subconscient. L'aspect Soleil/Lune montre si la coopération entre ces deux planètes est confortable.

» **Conjonction :** Vous êtes né vers l'heure de la nouvelle lune, avec toute la vitalité que cela implique. Votre volonté et votre subconscient travaillent ensemble, et vous avez donc des intentions bien arrêtées, un enthousiasme énergique et l'aptitude à vous concentrer. Mais il est également possible que vous soyez têtu et que vous ayez l'esprit étroit.

- **Aspects harmoniques :** Vous êtes génial, dynamique et aimé. Les opportunités viennent à vous. Toutes choses égales par ailleurs, vous êtes fondamentalement en paix avec vous-même. Considérez que vous êtes béni !
- **Aspects dissonants :** Si votre Soleil et votre Lune forment un carré, votre conscience va désirer une chose alors que votre subconscient va aspirer à quelque chose d'autre. Il est donc possible que vous soyez très sensible, frustré, que vous ayez des sentiments d'insécurité, et tendance à vous saboter vous-même. Mais l'inconfort est extrêmement motivant. Beaucoup de natifs accomplis ont cet aspect. Si votre Soleil et votre Lune sont en opposition, vous êtes né pendant la pleine lune, un moment où les émotions sont fortes. Vous avez des habitudes agitées et irrégulières, et vous donnez peut-être la préférence à vos désirs plutôt qu'à vos aptitudes, ou l'inverse. Il n'est pas facile de combiner les deux. Vous attirez des relations pleines de tension et vous avez tendance à réagir à l'excès face aux obstacles, parce que vous êtes en conflit sur le plan intérieur. Mais gardez ceci à l'esprit : bien que certaines personnes avec des oppositions Soleil-Lune aient échoué de manière étonnante, d'autres surmontent la division intérieure et jouissent d'un succès incroyable.

Soleil/Mercure

Le fier Soleil gouverne votre moi alors que Mercure est le maître de la communication. Cet aspect révèle la facilité avec laquelle vous exprimez vos pensées les plus simples.

- **Conjonction :** Ces deux corps ne peuvent pas être séparés de plus de 28°, et de nombreuses personnes ont donc cet aspect de conjonction. Il indique un esprit nerveux, rapide et actif. Lorsque la conjonction est exceptionnellement proche, 4° ou moins, elle indique aussi un niveau d'implication de soi qui peut parfois être irritant.
- **Aspects harmoniques :** Mercure et le Soleil ne peuvent jamais être éloignés au point de former un sextil (60°) ou un trigone (120°). Mais ils peuvent parfois être séparés de 28°, ce qui en fait un semi-sextil, un aspect modérément favorable qui renforce votre aptitude à communiquer avec vigueur.
- **Aspects dissonants :** Mercure et le Soleil sont toujours tellement proches l'un de l'autre qu'ils ne forment jamais d'aspect dissonant.

Soleil/Vénus

La façon dont ces deux planètes interagissent influence vos qualités artistiques, votre sociabilité et votre aptitude à attirer ce que vous aimez – en particulier dans le domaine des relations, de l'argent ou des biens matériels.

- **Conjonction :** Vous êtes attirant, affectueux et créatif. Vous avez un besoin profond d'être dans une relation de couple, une aptitude innée pour l'intimité, et l'amour du plaisir. Cet aspect amène aussi un talent artistique. Étant donné que Vénus ne peut jamais être éloignée de plus de 48° du Soleil, c'est l'unique aspect majeur que ces deux corps peuvent former.
- **Aspects harmoniques :** Vénus et le Soleil ne sont jamais assez éloignés l'un de l'autre pour former un sextil ou un trigone. Mais s'ils sont à 30° l'un de l'autre, ils forment un semi-sextile, un aspect favorable mais mineur qui soutient le talent artistique et l'aptitude à exprimer de l'affection.
- **Aspects dissonants :** Le Soleil et Vénus ne sont jamais en opposition ni en carré. Mais lorsqu'ils sont proches de leur distance maximale, ils forment un semi-carré, un aspect mineur de 45° qui peut soulever des problèmes sexuels et inciter à les vivre.

Soleil/Mars

Cet aspect décrit votre aptitude à concentrer votre énergie, à être entreprenant et à transformer vos intentions en actions.

- **Conjonction :** Vous êtes un aventurier avec de l'énergie, du courage et d'ardentes passions – sexuelles et autres. Vous êtes entreprenant, vous avez l'esprit de compétition et vous voulez prendre l'initiative : un concurrent dans tous les cas.
- **Aspects harmoniques :** L'énergie est là où vous voulez qu'elle soit. Vous êtes assuré sans être combatif, et dynamique sans être désordonné.
- **Aspects dissonants :** La vitalité coule à travers vous, mais il ne vous est pas facile de contrôler votre énergie ni votre humeur. Vous avez tendance à exagérer, souvent en travaillant trop. Vous êtes peut-être querelleur et prédisposé aux accidents, et vous avez tendance à agir imprudemment.

Soleil/Jupiter

Combinez le Soleil, qui représente votre potentiel, avec Jupiter, l'astre qui amène les opportunités et la bonne fortune, et vous obtenez un aspect enviable. Le défi consiste à faire bon usage de la liaison entre les deux planètes et à ne pas la gaspiller.

- **Conjonction :** Vous avez de la chance, de l'humour, une intelligence élevée, un caractère prononcé et une attitude optimiste. Mais vous pouvez aussi être négligent et trop confiant, sachant que la chance est en général de votre côté.
- **Aspects harmoniques :** Cet aspect amène la santé, le succès, une approche de la vie plaisante et positive, et une nature généreuse. Revers possible de cette médaille : une tendance à se laisser aller et à être paresseux.

- **Aspects dissonants :** Vous avez tendance à exagérer, à être vaniteux, à mal juger et à manquer de tout sens de la modération. Vous êtes peut-être aussi extravagant, ce qui peut poser problème. Mais même si c'est le cas, cet aspect peut amener des opportunités.

Soleil/Saturne

Le Soleil veut éblouir, mais le sombre Saturne est l'avocat de la retenue. Si ces deux planètes forment un aspect majeur, cela indique que vous vous sentez testé de différentes manières. Cet aspect montre la manière dont vous devez relever ces défis.

- **Conjonction :** Contenu mais persévérant, vous êtes responsable, réaliste, introspectif et prudent. Vous vous prenez au sérieux. Il s'agit d'un aspect difficile, mais qui apporte de la détermination et l'aptitude à surmonter votre ancien sentiment d'inadéquation par de solides réalisations.
- **Aspects harmoniques :** Vous êtes industrieux, tourné vers vos objectifs, et vous voulez assumer la responsabilité de votre propre situation. Résolu, l'esprit pratique, vous regardez où vous mettez les pieds, et votre prudence porte ses fruits.
- **Aspects dissonants :** Dans votre enfance, des déceptions et des frustrations ont peut-être malmené le sens de votre valeur personnelle. Si votre Soleil et votre Saturne sont en carré, vos problèmes sont avant tout internes et personnels. Si votre Soleil et votre Saturne sont en opposition, des ennemis ou des situations externes bloquent peut-être votre voie. Finalement, vous avez la possibilité de surmonter les doutes que vous avez sur vous-même, votre dépression et votre frustration par l'autodiscipline et la persévérance.

Soleil/Uranus

Le Soleil représente le cœur de votre identité. Uranus représente votre côté le plus excentrique. Si ces planètes forment un aspect majeur, une chose est sûre : vous n'êtes pas comme tout le monde.

- **Conjonction :** Indépendant, imprévisible et profondément unique, vous adoptez une approche de la vie hautement individualiste et complètement originale. Vous êtes impulsif et excentrique, génie ou rebelle, et magnétique dans les deux cas.
- **Aspects harmoniques :** Aventurier à l'esprit libre, vous avez de l'originalité, de l'indépendance, une attitude souple et une tendance à avoir des coups de chance.
- **Aspects dissonants :** Vous êtes une personne inhabituelle et théâtrale, avec une tendance malheureuse à agir de façon excentrique et maladroite, ainsi qu'à prendre des décisions irréfléchies et impétueuses. Rebelle, vous vous ennuyez facilement, et il est probable que vous allez partir dans des directions imprévisibles, surtout si les événements vous prennent par surprise, comme c'est parfois le cas.

Soleil/Neptune

Le Soleil confère de la vitalité, alors que Neptune le rêveur amène l'inspiration… ou l'indolence. Cette combinaison peut favoriser le potentiel créatif ou les illusions des châteaux en Espagne.

» **Conjonction :** Vous êtes rêveur, poète, idéaliste, inspiré. Intuitif, sensible, parfois même médium, vous possédez une imagination finement développée et un grand talent créatif pour vos entreprises à la fois mystiques et artistiques, ce qui laisse peu de place aux choses pratiques. Vous avez aussi tendance à vous mentir à vous-même (ou aux autres) – et à vivre dans un monde imaginaire où vous ne voyez que ce que vous voulez voir. Peut-être avez-vous des problèmes de drogue et d'alcool.

» **Aspects harmoniques :** Vous avez une intuition très développée et l'aptitude à utiliser votre imagination de manière constructive.

» **Aspects dissonants :** Vous possédez une imagination active combinée à une tendance à vous décourager. Comme avec tous les aspects de Neptune, il vous est facile de planer sur un nuage d'illusion, de rêver tout éveillé. Peut-être vivez-vous des situations de tromperie, soit parce que vous choisissez de tromper les autres, soit parce que vous êtes tellement crédule que n'importe qui peut vous rouler dans la farine.

Soleil/Pluton

Si ces deux planètes forment un aspect majeur, le contrôle est pour vous une question importante. Cet aspect révèle la façon dont vous équilibrez votre identité fondamentale avec votre besoin de pouvoir.

» **Conjonction :** Vous êtes une personne irrésistible, vigoureuse et charismatique, extrémiste, avec de fortes réactions, une grande volonté et l'aptitude à vous transformer. Vous devrez peut-être lutter contre votre tendance à la domination ou à l'obsession.

» **Aspects harmoniques :** Très volontaire, persévérant, à l'aise avec le pouvoir, vous avez une compréhension intuitive de vous-même associée au don de vous adapter à des circonstances modifiées et à créer assez facilement des changements positifs.

» **Aspects dissonants :** La concurrence vous excite. Extrêmement conscient de l'utilité du pouvoir personnel, vous êtes manipulateur, plein de ressources, dominant, et parfois intimidant. Le problème, que vous soyez en compétition avec d'autres ou que vous tentiez de réaliser vos propres ambitions – qui sont d'ailleurs considérables –, consiste à trouver une manière d'arriver à votre pouvoir personnel sans devenir trop agressif ni trop affamé de puissance.

Les aspects de la Lune

La Lune représente vos émotions, vos instincts, vos habitudes et votre subconscient.

Lune/Mercure

Éprouvez-vous un besoin important de communiquer vos émotions ? Si Mercure et la Lune forment un aspect majeur, la réponse est oui.

- **Conjonction :** Vous êtes intelligent, sensible et en prise avec vos émotions. Vous savez comment communiquer avec précision, confiance et élégance. Mais votre esprit logique ne peut pas être séparé de vos émotions. Que vous l'admettiez ou non, les deux sont liés.
- **Aspects harmoniques :** Vous avez l'esprit clair et vous communiquez avec efficacité. Vous faites bon usage de votre humour et avez une excellente mémoire.
- **Aspects dissonants :** Vous réagissez rapidement, mais vous êtes souvent anxieux. Doué d'un esprit non conventionnel, vous avez souvent le sentiment que les gens ne vous comprennent pas, et vous êtes très sensible à la critique.

Lune/Vénus

Si la Lune et Vénus forment un aspect majeur, vos besoins émotionnels et vos besoins d'amour et de beauté sont liés.

- **Conjonction :** Grand adorateur du confort, vous êtes sensible, sympathique, gentil, créatif et facile à vivre. Votre humeur dépend de vos relations, et vous pouvez être complètement séduit par le jeu de l'amour.
- **Aspects harmoniques :** Vous exprimez facilement votre affection. Agréable, confiant et sympathique, vous avez un bon goût et des sentiments romantiques, même si vous tombez parfois dans le piège du laisser-aller.
- **Aspects dissonants :** Vos histoires d'amour sont chaotiques, et elles entraînent des difficultés, des conflits et des frustrations émotionnelles. Certaines personnes réagissent à cela en se retirant, d'autres en devenant exigeantes et possessives. Dans les deux cas, la conclusion à en tirer est que vous devez travailler plus dur que les autres pour obtenir ce que vous voulez.

Lune/Mars

Certaines personnes acceptent tranquillement leurs sentiments. Ce n'est pas votre cas. Si vous avez un aspect majeur entre la Lune et Mars, vous exprimez vos émotions de façon affirmée.

- **Conjonction :** Sur le plan émotionnel, vous êtes intense, impatient, colérique, et autoritaire. Vous faites savoir aux autres ce que vous ressentez, et ce, pas toujours avec diplomatie.
- **Aspects harmoniques :** Courageux, dynamique, serviable et direct, vous êtes un preneur de risques toujours prêt à aborder une nouvelle situation.
- **Aspects dissonants :** Imprudent, sur la défensive et d'humeur parfois changeante, vous êtes impulsif, avez l'esprit de compétition et êtes autoritaire. Vous ne dissimulez pas vos émotions, mais vos humeurs fluctuantes peuvent créer des conflits. Peu importe la face que vous montrez au monde, la colère est un problème que vous devez affronter.

Lune/Jupiter

La Lune veut donner libre cours à ses sentiments, alors que l'extravagant Jupiter dit : « Plus, c'est mieux », ce qui donne un puissant cocktail émotionnel.

- **Conjonction :** Vous êtes chaleureux, optimiste, prévenant, sensible et compatissant, même si vous promettez de temps à autre plus que vous ne pouvez tenir. Vous avez foi en vos propres capacités. Vous vous sentez le plus à l'aise lorsque les possibilités se multiplient et que votre univers s'élargit.
- **Aspects harmoniques :** Vous êtes extrêmement sensible, doux, et vous encouragez les autres ; un véritable humain.
- **Aspects dissonants :** Avec vous, c'est tout ou rien. Vous êtes soit en extase, soit accablé de chagrin, soit béat, soit au bord de l'effondrement. En bref, vous avez de la difficulté à maîtriser vos sentiments, et tendance à vous emballer.

Lune/Saturne

Saturne est la planète de la restriction, et la Lune est celle de toutes les émotions débridées. On pourrait très bien appeler cette paire « Raison et Sensibilité ».

- **Conjonction :** Le passé exerce sur vous une forte emprise. Suite à une relation moins que chaleureuse avec votre mère, vous doutez peut-être de vous-même. Heureusement, vous maniez l'arme de l'autocontrôle. Le bon sens vous aide à concentrer vos sentiments d'une manière positive.
- **Aspects harmoniques :** Discipliné et sensé, vous faites un effort considérable pour contrôler vos émotions, et en général vous y parvenez.
- **Aspects dissonants :** Vous êtes une personne sérieuse et prudente. Un passé de privations émotionnelles vous rend hésitant et complexé. Bien que le pessimisme, les émotions réprimées et les difficultés avec les femmes puissent vous tourmenter, votre compréhension grandit avec l'âge, de même que votre aptitude à trouver le bonheur et le contentement.

Lune/Uranus

On ne s'ennuie jamais lorsque la Lune émotive fait la paire avec la planète de l'imprévisibilité.

» **Conjonction :** Impulsif et émotif, vous réagissez de manière non conventionnelle, vous attirez des situations inhabituelles, et vous souffrez peut-être de sautes d'humeur imprévisibles.

» **Aspects harmoniques :** Vous vous révoltez contre les restrictions et les conventions, vous êtes fier de votre indépendance et vous appréciez votre autonomie, même dans une relation. Les gens stimulants et excitants vous attirent, de même que les situations inhabituelles.

» **Aspects dissonants :** Talentueux mais facilement distrait, vous ne supportez pas de vous sentir assiégé ou contraint. Vous vous enthousiasmez et réagissez rapidement, et vous provoquez de temps en temps une crise, ou vous en attirez une. Pour maintenir votre indépendance, il est possible que vous vous éloigniez inconsciemment des autres.

Lune/Neptune

La Lune abrite le côté le plus sensible et le plus intime de votre personnalité, et Neptune dissimule tout sous la cape du mystère. Cette paire peut sensibiliser votre imagination, ou vous amener dans un brouillard émotionnel.

» **Conjonction :** Vous détectez le moindre indice dans le domaine des émotions, mais vous vous sentez souvent submergé, emporté, ou vous vous apitoyez sur votre sort. Vous êtes vulnérable et gentil, avec des besoins spirituels importants, un potentiel de médiumnité certain et une vie rêveuse active. Cet aspect indique de l'imagination et un talent créatif, mais il peut aussi amener une tendance à vouloir s'évader de la réalité, à l'alcoolisme et à l'abus de drogues.

» **Aspects harmoniques :** Vous êtes compatissant, intuitif et affectueux, et il vous en coûte peut-être de dire non. Bien que cet aspect favorise votre créativité, il est parfois difficile de le maîtriser parce que vous avez tendance à rêver tout éveillé. Il vous faut travailler pour transformer les rêves en réalité, et cela peut vous poser problème.

» **Aspects dissonants :** Vous devez peut-être lutter contre votre tendance à prendre vos rêves pour de la réalité, contre des peurs irrationnelles (telles que l'hypocondrie) et contre l'instabilité émotionnelle ; sans parler de l'abus de drogues et d'alcool. Mais vous êtes également sensible, créatif et réceptif.

Lune/Pluton

Pluton confère de l'intensité au domaine des émotions gouverné par la Lune. Un aspect majeur entre ces deux astres signifie que vos sentiments sont profonds et que vos perceptions sont extrêmement précises.

» **Conjonction :** Vous êtes magnétique, directif, possessif et compulsif. Vous éprouvez des difficultés face à des changements mineurs, car vous préféreriez en rester à ce que vous savez déjà. Mais lorsque sonne l'heure des grands changements, vous vous comportez très bien. Vous avez la capacité de devenir un chercheur de premier plan.

» **Aspects harmoniques :** Vous traitez les changements importants avec facilité. Vous éprouvez de profondes émotions et un besoin fort, de temps en temps, de vous libérer de sentiments anciens, ce qui vous apaise et vous satisfait.

» **Aspects dissonants :** Bien que vos émotions soient puissantes, vous êtes inhibé et ne pouvez pas les exprimer. Il n'est pas facile de gagner votre confiance. De temps en temps, des bouleversements domestiques viennent secouer votre vie.

Les aspects de Mercure

Mercure représente la façon dont vous pensez, votre curiosité, la façon dont vous vous exprimez, et votre intellect.

Mercure/Vénus

L'aimable Vénus, la muse du zodiaque, confère la grâce de l'expression aux efforts mentaux de Mercure.

» **Conjonction :** Vous vous exprimez avec facilité, charme et humour. Vous avez des capacités littéraires et aimez sans aucun doute discuter, pour ne pas dire bavarder.

» **Aspects harmoniques :** Vous êtes alerte, charmant, diplomate et un communicateur de talent.

» **Aspects dissonants (en quelque sorte) :** Mercure et Vénus ne sont jamais éloignés de plus de 76°, et ne peuvent donc former ni carrés ni opposition. Mais ils peuvent se trouver en semi-carré, à un angle de 45° qui augmente les capacités créatives mais peut vous encourager à être critique envers ceux que vous aimez le plus.

Mercure/Mars

Lorsque le maître de l'intellect se joint à la planète de l'agressivité, on obtient un esprit aiguisé et autoritaire.

» **Conjonction :** Vous avez un esprit vif et tendant à polémiquer, des opinions que vous défendez avec véhémence, et vous faites autorité sur le plan intellectuel. Vous l'emportez dans la plupart de vos débats.

» **Aspects harmoniques :** Vous êtes franc et actif mentalement, avec un esprit rapide et l'aptitude à prendre des décisions nettes.

» **Aspects dissonants :** Vous réagissez immédiatement, parfois de façon imprudente. Il est aussi possible que vous soyez mauvaise langue et que vous ayez tendance à chercher querelle.

Mercure/Jupiter

Mercure est la planète des aptitudes mentales, alors que Jupiter rend toutes les choses plus grandes et meilleures. Cette paire peut inspirer de grandes idées, mais l'excès peut vous égarer.

» **Conjonction :** Vous êtes intelligent, philosophe, vous avez l'esprit ouvert et êtes capable de considérer une situation dans son ensemble. Vous posez les grandes questions, vous jonglez avec des dizaines de centres d'intérêt, et vous avez une aptitude à influencer les autres. Cela vous rend heureux de rassembler de l'information et de maîtriser de nouveaux talents.

» **Aspects harmoniques :** Vous êtes prévenant et avez de l'humour, vous êtes optimiste et pourtant lucide. Vous avez un bon jugement.

» **Aspects dissonants :** Vous débordez de bonnes idées et de bonnes intentions. Mais vous avez tendance à exagérer et à sauter trop rapidement aux conclusions, et votre jugement est parfois à côté de la plaque.

Mercure/Saturne

Mercure gouverne le processus de la pensée, Saturne est terriblement exigeant. Ils fonctionnent bien ensemble si Mercure peut utiliser la discipline de Saturne pour mettre les pensées en action.

» **Conjonction :** Vous êtes une personne sérieuse avec un esprit rationnel, pince-sans-rire, et vous appréciez le savoir utile.

» **Aspects harmoniques :** Vous êtes bien organisé, méthodique, réservé et intelligent, et vous savez d'instinct comment concentrer votre esprit et absorber de l'information.

- **Aspects dissonants :** Vous ne prenez pas les choses à la légère, même lorsque vous le devriez. Bien que vous soyez un planificateur efficace, vous manquez peut-être de souplesse ; vous êtes peut-être mélancolique et mal à l'aise avec les idées nouvelles.

Mercure/Uranus

Mercure représente la manière dont vous pensez, alors qu'Uranus apporte l'inspiration surgie de nulle part. Selon la manière dont les deux interagissent, ils peuvent générer l'inventeur brillant ou le savant fou.

- **Conjonction :** C'est l'aspect « Eurêka ! » Vos idées sont tournées vers le progrès et vous êtes prédisposé aux intuitions soudaines et aux idées renversantes. Vous avez un esprit non conventionnel, un style d'expression original, et même une touche de génie.
- **Aspects harmoniques :** Les idées inhabituelles vous excitent. Votre esprit est inventif, sans contrainte et brillant, et vous vous exprimez d'une manière vivante et originale.
- **Aspects dissonants :** Parfois brillant, parfois simplement impatient, vous avez un esprit imprévisible. Vous vous révoltez contre l'autorité, la routine et les usages ; ce faisant, vous créez des tensions et des conflits. Mais vous possédez aussi un intellect spontané et ingénieux qui pourra vous mener loin.

Mercure/Neptune

Mercure pense, tandis que Neptune rêve. Mercure peut contribuer à transformer les rêves de Neptune en réalités, tandis que Neptune apporte de la perspicacité et des élans d'imagination aux idées de Mercure.

- **Conjonction :** Vous êtes un visionnaire à l'imagination inspirée, un rêveur sensible aux humeurs et au langage, un artiste qui sait comment créer une ambiance rien qu'avec les mots. Cet aspect est courant chez les poètes et les hommes de loi.
- **Aspects harmoniques :** Vous avez un esprit critique, une imagination artistique et une manière inventive de vous exprimer.
- **Aspects dissonants :** L'imagination et la réalité rivalisent pour obtenir votre attention, et on ne peut jamais savoir exactement laquelle gagne, car vous pouvez être désordonné, inconscient et oublieux lorsque cela vous arrange, avec une tendance destructive à ne voir que ce que vous voulez.

Mercure/Pluton

Lorsque Pluton, le détective du zodiaque, se connecte avec Mercure à l'esprit rapide, la combinaison donne un esprit autoritaire et l'aptitude à se concentrer.

» **Conjonction :** Vous êtes analytique, concentré, et vous excellez à percer les secrets. Avec votre intelligence pénétrante, vous pourrez être un grand chercheur, un journaliste d'investigation ou un détective. Cet aspect amène la perspicacité et l'aptitude à écrire, de même que des pensées obsédantes.

» **Aspects harmoniques :** Vous êtes un penseur astucieux et créatif qui peut creuser au-dessous de la surface.

» **Aspects dissonants :** Vous êtes profond et perspicace, mais tendu, et vous êtes enclin à broyer du noir.

Les aspects de Vénus

Vénus symbolise l'amour, la vie relationnelle, l'art, le plaisir, les biens matériels et l'argent.

Vénus/Mars

Vénus est la planète de l'attrait. Mars stimule le désir. Ensemble, elles brassent beaucoup de passion, de sensualité et de charisme.

» **Conjonction :** Démonstratif et magnétique, vous rayonnez de sexualité, de vitalité et de détermination. Les gens veulent être près de vous.

» **Aspects harmoniques :** Vous êtes attirant, génial, affectueux, et il est probable que vous trouverez le bonheur dans l'amour.

» **Aspects dissonants :** Vous n'êtes pas sûr de ce que vous voulez, surtout dans les relations. Le résultat, c'est que votre vie amoureuse peut être troublée par des mésententes, de la tristesse et beaucoup de tension.

Vénus/Jupiter

Lorsque l'amoureuse Vénus rencontre le généreux Jupiter dans un thème astral, le résultat est un flot d'affection, un amour du luxe, de l'art et de la beauté.

» **Conjonction :** C'est un aspect heureux. Étant donné que vous êtes affectueux et généreux, vous attirez l'amour, l'amitié et même l'argent – ce qui est incroyable si l'on considère combien inconscient, indiscipliné et complaisant envers vous-même vous pouvez être. Cet aspect vous confère aussi des talents artistiques.

» **Aspects harmoniques :** Autres aspects heureux. Cela augmente votre charme ainsi que votre aptitude à attirer l'attention, à gagner de l'argent, et à choisir le bon partenaire.

» **Aspects dissonants :** Vous vous emballez. Comme un adolescent qui a le béguin pour quelqu'un, vous donnez à vos sentiments des proportions excessives, et vous en faites part au monde entier. Vous mangez ou buvez peut-être aussi à l'excès, ou vous avez peut-être des exigences excentriques.

Vénus/Saturne

Saturne le restrictif inhibe l'affectueuse Vénus. Cet aspect fonde et renforce vos sentiments, mais il cause aussi de la souffrance et des retards dans l'amour.

» **Conjonction :** Inhibé sur le plan émotionnel et ayant peur d'être blessé, vous vous prenez vous-même trop au sérieux pour prendre les histoires d'amour à la légère. Vous vous sentez le plus à l'aise dans une relation avec quelqu'un de plus âgé ou de plus reconnu que vous-même. Certaines personnes avec cet aspect font de l'amour une sorte de quête obsessionnelle. Que ce soit ou non votre cas, l'amour est pour vous un problème.

» **Aspects harmoniques :** Vous faites passer la sécurité avant l'excitation, aussi bien sur le plan émotionnel que sur le plan financier. Responsable et loyal, vous cherchez une relation stable et durable – ainsi qu'un portefeuille bien garni.

» **Aspects dissonants :** Chaque histoire d'amour est pour vous une lutte. Sur la défensive, timide et ayant peur d'être rejeté, vous créez un mur qui pourra vous garder enfermé dans la solitude. Même lorsque vous vivez une relation épanouissante (et de nombreuses personnes ayant cet aspect ont un mariage heureux), vous vous sentez peut-être en quelque sorte isolé ou mélancolique. Cela ne servira à rien d'essayer de combler ce vide en étant tout le temps avec la personne aimée, ni de faire des excès sexuels ; au contraire, il vous sera utile d'avoir des espérances réalistes, d'apprécier votre propre compagnie et de vous fixer des objectifs clairs, aussi bien sur le plan financier que sur le plan émotionnel.

Vénus/Uranus

Si l'amoureuse Vénus et l'anticonformiste Uranus se lient dans votre thème astral, il est probable que vous allez être la star impétueuse et téméraire de votre propre opéra personnel.

» **Conjonction :** C'est l'aspect coup de foudre, celui qui apporte une personnalité émotive, l'amour au premier coup d'œil, et une vie amoureuse spectaculaire et souvent instable. Vous exigez une attirance instantanée et des feux d'artifice jusqu'au bout.

- **Aspects harmoniques :** En amitié comme en amour, vous êtes attiré par des personnes excitantes, imprévisibles et excentriques. Vous êtes original, vous avez des talents artistiques, et vous êtes heureux en amour. De plus, vous avez l'aptitude enviable (mais imprévisible) d'attirer à vous des aubaines d'argent.
- **Aspects dissonants :** Vous, rechercher une relation stable avec une personne appropriée ? J'en doute. Vous recherchez le frisson de l'interdit. L'amour surgi de nulle part fait partie de votre histoire ; la trahison soudaine, peut-être aussi. Dans mes dossiers, parmi les personnes avec un aspect dissonant entre Vénus et Uranus, j'en trouve une qui a eu une relation amoureuse avec le mari de sa sœur, une autre qui s'est enfuie avec le mari de sa meilleure amie, une autre qui s'est mariée avec son cousin, et plusieurs autres qui ont défié toutes les prévisions en se mariant à une personne d'une autre race ou d'une autre nationalité.

Vénus/Neptune

Vénus vit pour les histoires d'amour et pour la beauté. Neptune le sophistiqué encourage le mystère et la magie. Lorsque les deux sont en phase, vous pouvez être aux anges, mais même la conjonction peut vous ramener sur terre en toute précipitation.

- **Conjonction :** Votre imagination vivace peut faire de vous un artiste inspiré, mais elle peut aussi vous causer de graves ennuis, surtout en amour. Souvent victime de fantasmes et d'illusions, vous permettez inconsciemment à votre désir d'amour (et/ou d'illumination) de brouiller votre vision. Vous êtes romantique, idéaliste, un chercheur spirituel : votre partenaire idéal partage ces inclinations.
- **Aspects harmoniques :** Vous êtes peut-être mystique, vous aimez la musique, vous êtes raffiné et créatif, mais vous pouvez également être paresseux et vous laisser aller.
- **Aspects dissonants :** L'illusion entre dans votre vie de manière positive par l'art, la musique et le cinéma. Mais lorsque vous avez le choix entre un béguin romantique et des relations ordinaires et fiables, vous optez chaque fois pour Heathcliff (ou pour Scarlett O'Hara). Que ce soit activement ou passivement, vous permettez que la tromperie, la confusion, la trahison façonnent votre vie amoureuse.

Vénus/Pluton

La planète de l'amour rencontre la planète de l'obsession. Vous devinez ce qui va se passer : jalousie, intrigues et passions sont les mots-clés de cette paire.

- **Conjonction :** Vous êtes jaloux, possessif, profondément sexuel et vous voulez dominer. Cet aspect amène aussi des aptitudes dans les domaines artistiques et financiers.
- **Aspects harmoniques :** Intense mais pas destructif, vous recherchez avec succès à vous transformer par vos relations. Vous attirez des personnes influentes, aussi bien en amour que dans votre vie professionnelle.

» **Aspects dissonants :** Avez-vous déjà eu une fixation sur une personne qui n'était pas bonne pour vous ? Je le savais bien. Cet aspect amène la passion et l'obsession. Il peut également vous conférer un magnétisme attirant.

Les aspects de Mars

Mars représente votre volonté, vos désirs, vos pulsions, votre énergie et votre agressivité.

Mars/Jupiter

L'énergie « volonté-action » de Mars est un complément parfait à l'énergie « pouvoir-action » de Jupiter.

» **Conjonction :** Si vous avez cette combinaison dans votre thème, vous avez de l'enthousiasme, des pulsions, l'envie d'explorer, un sens naturel de l'à-propos, et l'aptitude à satisfaire vos désirs de manière extravagante.

» **Aspects harmoniques :** Vous vous fixez naturellement des objectifs élevés. Vous êtes aventureux, infatigable, optimiste et robuste : une formidable combinaison.

» **Aspects dissonants :** Agité et extravagant, vous avez de l'énergie à revendre, mais vous éprouvez des difficultés à la contrôler. La modération n'est pas votre fort.

Mars/Saturne

Mars au sang chaud est la planète de l'action ; Saturne le sombre est le seigneur de la prudence. Ils ne s'aiment pas beaucoup, mais ils peuvent travailler ensemble.

» **Conjonction :** Au mieux, cet aspect amène de l'autodiscipline, de l'endurance et du courage. Au pire, il cause la timidité, l'inhibition, les ressentiments et un comportement destructeur.

» **Aspects harmoniques :** Vous êtes ambitieux, décidé, industrieux et sensé. Vous faites avancer les choses.

» **Aspects dissonants :** L'impatience vous mine. Vous vous sentez bloqué et frustré, et il ne vous est pas facile de maîtriser vos humeurs. De plus, vous sentez peut-être que vous avez des ennemis, et les démêlés avec les autorités, bien trop fréquents dans votre vie, vous gardent peut-être dans un état de nervosité constante. Cela peut être un aspect difficile, mais il existe des exemples positifs.

Mars/Uranus

Mars l'impatient et Uranus l'imprévisible forment la paire originale de mauvais garçons du zodiaque : ils ne peuvent pas s'empêcher de semer la pagaille.

- **Conjonction :** Vous êtes sans restrictions et déterminé, avec des attitudes sexuelles non conventionnelles, des désirs inhabituels et de grandes pulsions. Mais votre énergie est irrégulière, et vous êtes peut-être prédisposé aux accidents.
- **Aspects harmoniques :** Nerveux et franc, vous travaillez activement pour atteindre vos objectifs, vous recherchez la nouveauté et réagissez rapidement. Mais utilisez-vous votre considérable énergie de façon constructive, ou la gaspillez-vous ?
- **Aspects dissonants :** Vous êtes un preneur de risques et un esprit libre dont les manières de rebelle peuvent tout déranger autour de vous. Au pire, cet aspect stimule un comportement véritablement stupide qui cherche à vivre des fantasmes ; au mieux, créatif, il encourage l'indépendance et l'aventure.

Mars/Neptune

Neptune le songeur peut passer toute la journée à rêvasser, alors que Mars l'écervelé entre en action, même si cette action est complètement irréfléchie ou inefficace. Heureusement, Mars peut fournir les pulsions qui feront avancer les plans créatifs de Neptune.

- **Conjonction :** Fragile, mais talentueux et sensible, vous avez des difficultés à concentrer votre énergie, et vous vous fixez peut-être des objectifs idéalistes irréalisables.
- **Aspects harmoniques :** Vous êtes romantique, vous avez des aptitudes artistiques, et vous êtes capable de mettre en application vos rêves et vos inspirations.
- **Aspects dissonants :** Vous êtes idéaliste mais facilement découragé, avec une tendance à vous laisser aller et à chercher à vous évader de la réalité.

Mars/Pluton

Vous puisez à une source profonde d'énergie et d'intensité. Cet aspect amène de l'ambition et de l'endurance, à foison.

- **Conjonction :** Sur le plan physique, vous êtes doté d'énormes réserves d'énergie, vous êtes agressif, ambitieux et vous travaillez dur. Vous poursuivez vos objectifs avec une détermination impressionnante.

- **Aspects harmoniques :** Vous avez de fortes préférences et aversions, une confiance solide, ainsi que l'aptitude rare à terminer une relation ou un job sans vous effondrer et à démarrer une nouvelle entreprise avec énergie et intensité.
- **Aspects dissonants :** Vous avez de fortes passions mais des difficultés à les contrôler. Bien que vous ayez tendance à vous saboter vous-même, vous disposez aussi d'une résistance impressionnante et de l'aptitude à changer vos comportements négatifs pour obtenir ce que vous voulez : le pouvoir.

Les aspects de Jupiter

Jupiter représente la prospérité, la sagesse, l'abondance, l'extravagance et l'expansion. Sa position dans votre horoscope vous indique les domaines dans lesquels vous pouvez vous attendre à avoir de la chance.

Jupiter/Saturne

Jupiter l'expansif et Saturne le restrictif ne sont pas des alliés naturels. Mélangez-les, et vous obtiendrez de la tension, ainsi que de la détermination.

- **Conjonction :** Lorsque Jupiter l'optimiste est conjoint avec Saturne le pessimiste, l'idéalisme est écrasé par le réalisme, et la frustration est galopante. Votre chemin est encombré d'obstacles, mais votre capacité de travail est impressionnante, et en général vous faites avancer les choses. Cet aspect difficile revient tous les vingt ans environ.
- **Aspects harmoniques :** Vous êtes sensé, vous gardez la tête froide, et vous avez suffisamment de sens pratique pour reconnaître vos limites et les compenser grâce à vos forces. Les meilleurs thérapeutes que je connais ont cet aspect.
- **Aspects dissonants :** Une lutte acharnée entre les forces de l'expansion et celles de la restriction vous garde en déséquilibre constant. L'agitation, le mécontentement, le manque d'à-propos et la tension vous tourmentent peut-être. À un niveau profond, vous avez peur que votre jugement ne soit pas fiable, et votre confiance en souffre en conséquence.

Jupiter/Uranus

Les surprises abondent lorsque Jupiter le bienveillant rencontre Uranus, la planète des événements soudains. Uranus confère une tournure très spéciale à l'enthousiasme débordant de Jupiter.

- **Conjonction :** C'est l'aspect de la bonne fortune soudaine. Les opportunités surgissent de nulle part, et vous êtes prêt à en profiter.

» **Aspects harmoniques :** Alerte et créatif, vous réagissez aux opportunités qui sont excitantes, originales et typiquement contemporaines.

» **Aspects dissonants :** Les voies prédéterminées et autres itinéraires obligés ne vous plaisent pas. Vous voulez faire vos propres choix, même si vous souffrez du fait que vous ne vous conformez pas à l'ordre établi. Vous êtes un rebelle né.

Jupiter/Neptune

Jupiter l'extravagant encourage Neptune l'influençable à rêver en grand. Cet aspect favorise l'imagination, l'idéalisme et la spiritualité.

» **Conjonction :** Cet aspect heureux favorise la spiritualité, l'idéalisme, et même le bien-être financier. Mais soyez prudent : bien que vous ayez beaucoup d'intuition, peut-être souffrez-vous d'indécision, vous faites-vous des illusions et avez-vous tendance à trop faire confiance à tout le monde.

» **Aspects harmoniques :** Vous êtes sympathique, gentil, perspicace, vous êtes créatif et vous avez de la chance, ainsi qu'un intérêt inné pour les quêtes spirituelles.

» **Aspects dissonants :** Vous avez tendance à disperser vos efforts ; vous pouvez être bien trop crédule et votre refus de faire face à la réalité peut vous amener à boire ; faites vraiment attention à ne pas exagérer. Cet aspect peut amener l'argent et le talent, surtout dans le monde des variétés musicales. L'illusion des châteaux en Espagne peut aussi être un problème.

Jupiter/Pluton

Jupiter augmente tout ce qu'il touche. Pluton représente le voyage intérieur et le pouvoir de transformation.

» **Conjonction :** Lorsque ces deux planètes sont côte à côte, vous devenez un puissant agent du changement, à l'intérieur de vous-même si ce n'est pas ailleurs.

» **Aspects harmoniques :** Lorsque vient le temps de changer, vous êtes prêt. Bien organisé, vous êtes un leader puissant.

» **Aspects dissonants :** Vous êtes un croisé voué à changer le monde. Au mieux, vous vous battez avec les plus redoutables des Goliath – et vous gagnez. Mais vous abritez un désir secret de pouvoir, et vous êtes peut-être impitoyable, suspicieux, autodestructeur et fanatique.

Les aspects de Saturne

Saturne symbolise la limitation, la contradiction, la restriction et le besoin de structure. Sa position vous indique le domaine dans lequel vous devez vous organiser et vous mettre à travailler.

Saturne/Uranus

La tradition (Saturne) rencontre l'innovation (Uranus). Autant dire qu'il se passe des choses !

» **Conjonction :** Vous avez du dynamisme, de la persévérance, un potentiel de leader, et l'aptitude à concentrer vos idées les plus originales en combinant la brillance d'Uranus avec la structure de Saturne.

» **Aspects harmoniques :** Vous êtes déterminé et décidé, capable de mêler le côté pratique de Saturne à l'originalité d'Uranus. C'est un aspect de réussite.

» **Aspects dissonants :** Il vous est difficile de faire des compromis. Vous pouvez être égoïste, sans cœur et hypocrite – un véritable poison. Au pire, vous avez le sentiment qu'on ne vous fait vraiment pas de cadeaux, qu'on vous refuse la reconnaissance, le statut ou la richesse matérielle que vous méritez. Au mieux, vous êtes un réformateur, capable d'appliquer les idées originales (uraniennes) aux vieux problèmes (saturniens).

Saturne/Neptune

Saturne, au côté pratique, suit les instructions. Neptune, le rêveur, erre sans plan. Ensemble, ils créent une imagination concentrée – ou démontrent une incapacité totale à s'organiser.

» **Conjonction :** Si les deux planètes travaillent main dans la main, vous êtes discipliné, sensé et créatif. Si Saturne domine Neptune, vous vous méfiez de votre intuition et écrasez votre créativité. Si Neptune est dominant, vous devez lutter pour vous ordonner, vous organiser et maîtriser la situation.

» **Aspects harmoniques :** Votre idéalisme et votre sens de la réalité coopèrent, ce qui vous donne l'aptitude à canaliser votre imagination dans une voie pratique.

» **Aspects dissonants :** Sur le plan émotionnel, vous vous retenez. Vous ne faites pas facilement confiance aux gens, vous avez tendance à vivre en solitaire, et vous avez besoin d'organiser vos idées créatives d'une manière extrêmement structurée avant de les exprimer.

Saturne/Pluton

Pluton est la planète du changement interne et profond, alors que Saturne est le tyran du zodiaque et le seigneur de la discipline. Si ces planètes sont liées dans votre thème, votre aptitude à vous transformer s'en trouve renforcée.

- **Conjonction :** Pluton recherche la transformation, mais le prudent Saturne restreint son action, ce qui crée un comportement compulsif, des habitudes difficiles à abandonner et beaucoup de résistance. Pour vous débrouiller avec cette situation frustrante, vous avez besoin d'organisation, d'une approche systématique de la résolution de problème, et d'une bonne dose d'autodiscipline.
- **Aspects harmoniques :** Cet aspect renforce votre volonté, votre maîtrise et votre confiance en vous-même.
- **Aspects dissonants :** Des pensées obsédantes ou un comportement compulsif vous tiennent peut-être sous leur joug jusqu'à ce que vous ayez trouvé un moyen de réduire leur impact.

Les aspects d'Uranus, de Neptune et de Pluton

N'oubliez pas

Uranus représente l'individualité, l'excentricité, le soulèvement, la révolution et l'imprévisible.

Neptune symbolise l'imagination, les efforts spirituels, les rêves, les visions et les illusions.

Pluton représente l'obsession, la compulsion, la mort, la renaissance et la transformation.

Uranus, Neptune et Pluton, les trois planètes transsaturniennes, se déplacent dans le zodiaque à une telle lenteur qu'elles exercent leur influence la plus grande sur des générations, et pas sur des personnes isolées (on les appelle *planètes collectives*). Les aspects qu'elles forment sont en orbe pendant longtemps. Une conjonction entre deux d'entre elles, quelles qu'elles soient, dure par exemple des années. Donc le simple fait d'avoir un tel aspect ne vous distingue pas des autres. Pourtant, un aspect peut prendre une importance déterminante pour un individu dans les conditions suivantes :

- L'une des planètes impliquées occupe un angle ou est en conjonction avec votre ascendant ou votre milieu du ciel.
- L'un de ces corps forme plusieurs aspects proches avec d'autres planètes, en particulier avec le Soleil, la Lune ou la planète qui gouverne votre ascendant.

- L'une des planètes gouverne votre signe solaire, votre signe lunaire ou votre ascendant. (Uranus gouverne le Verseau, Neptune les Poissons, Pluton le Scorpion.)

Uranus/Neptune

Uranus, la planète du changement soudain, et Neptune le mystique, la planète des rêves et des visions, pourront peut-être vous inspirer et vous apporter des éclairs de perspicacité foudroyants.

- **Conjonction :** En 1992 et 1993, Uranus et Neptune étaient exactement en conjonction pour la première fois depuis 1821, un aspect qu'elles ne reprendront plus avant 2163. Toute personne avec cet aspect va probablement avoir une approche inventive et intuitive du changement, une nature compatissante et sensible.
- **Aspects harmoniques :** Si vous avez un trigone ou un sextil entre Neptune et Uranus, vous appartenez à une génération sensible, utopique et attirée par le spirituel.
- **Aspects dissonants :** Vous êtes émotif, excentrique et totalement original, surtout si l'une de ces planètes en touche une troisième de manière significative.

Uranus/Pluton

Uranus l'anticonformiste et le puissant Pluton se combinent pour favoriser des changements majeurs et parfois révolutionnaires.

- **Conjonction :** Vous êtes-vous déjà demandé pourquoi les années 1960 furent aussi turbulentes ? En voici la raison : pour la première fois depuis cent quinze ans, Uranus, la planète de la révolution et de l'excentricité, était en conjonction avec Pluton, la planète de la transformation. Les planètes en transit affectent tout le monde, pas seulement les bébés qui naissent sous leur influence. Si vous êtes né pendant cette décennie – si vous êtes un véritable enfant des années 1960 –, vous êtes indépendant et volontaire, et vous portez en vous ce sens de la rébellion créative.
- **Aspects harmoniques :** Les trigones et les sextils entre Uranus et Pluton amènent des changements perturbateurs, mais vous permettent d'utiliser de manière créative l'énergie ainsi libérée.
- **Aspects dissonants :** Lorsque frappe la foudre, vous essayez de réprimer vos réactions naturelles, créant ainsi une dose supplémentaire d'anxiété qui vient couronner le tout. Ne vous en faites pas : vous êtes né pendant la crise de 29, et vous n'y pouvez rien. Il vous est difficile de faire face aux changements imprévus.

Neptune/Pluton

Neptune frémit en réaction à la musique, à la poésie et à tout le non-dit. Le puissant Pluton explore les secrets et sonde la zone de l'interdit. Ensemble, ils forment une combinaison puissante, qui amène l'inspiration et un désir d'aventure qui devra être comblée dans une quête héroïque.

- **Conjonction :** Cette conjonction rare, qui se produisit la dernière fois en 1892 et ne se reproduira plus avant le XXIVe siècle, associe la spiritualité neptunienne à l'énergie plutonienne pour la puissance et la compréhension.
- **Aspects harmoniques :** Depuis 1928 environ, Neptune et Pluton sont plus ou moins en sextil, un aspect qui relie les désirs mystiques de Neptune et le besoin de transformation de Pluton, ce qui crée une montée de spiritualité, de voyance, de perceptions extrasensorielles et de tout ce qui n'a encore jamais été vu.
- **Aspects dissonants :** Un intérêt pour le surnaturel, pour les états de conscience modifiés ou pour la sexualité peut surgir de l'énergie bloquée de cet aspect puissant. L'obsession est probable, mais l'orientation que prend cette obsession dépend de la personne.

Partie 3

Faites la synthèse de votre carte du ciel

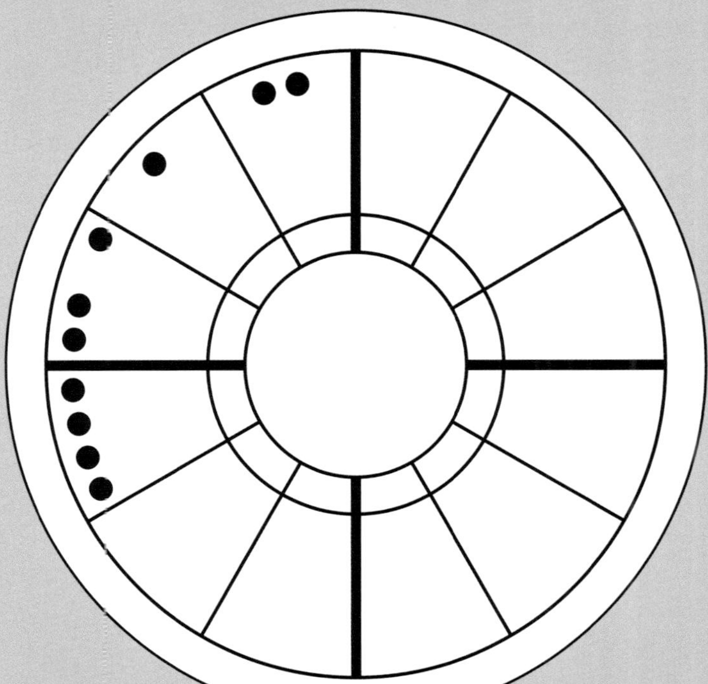

Dans cette partie...

Une carte du ciel est un peu semblable à une partition de musique. Elle comprend l'équivalent de dix musiciens – les dix planètes (le Soleil, la Lune, et toutes les planètes sauf la Terre) – jouant chacun une ligne de musique différente à un endroit différent. En regardant le radix, il est difficile de dire quelles planètes s'harmonisent, quelles planètes s'opposent, quelles planètes jouent fort et quelles planètes jouent strictement *pianissimo*. Pour le savoir, vous devez étudier les aspects, qui vous indiquent comment les planètes interagissent.

Mais, alors que vous absorberez toutes ces informations, vous vous sentirez peut-être submergé. Cette partie a donc deux objectifs : d'abord, elle complique un peu plus le thème astral en examinant le drame continuel des aspects, puis elle le simplifie en vous donnant un système simple en quatre étapes qui permet d'interpréter le thème. Maîtrisez ce système et, comme le chef d'orchestre, vous serez capable d'entendre la musique céleste en lisant le thème.

DANS CE CHAPITRE

Examiner le thème dans son ensemble

Explorer les composants les plus importants d'un thème

Chapitre 9

Un guide de l'interprétation

Les astrologues sont d'accord sur le fait que l'astrologie du signe solaire, qui décrit des types plutôt que des individus, est insuffisante. Mais bien qu'elle n'inclue pas tous les détails plus fins, l'astrologie du signe solaire présente quand même un avantage : elle est simple. Par contre, un thème astrologique complet, avec son tissu de planètes, de signes, de maisons et d'aspects, est aussi complexe qu'un véritable être humain, et tout aussi difficile à comprendre.

Heureusement, il n'est pas nécessaire d'être voyant pour être astrologue. Mais il vous faut un système, surtout si vous débutez. Les étapes qui suivent proposent un tel système. (Le Chapitre 2 vous indique comment vous procurer un exemplaire de votre horoscope.)

1. Étudiez le thème dans son ensemble. Cherchez les éléments évidents comme :

- les planètes au-dessus et au-dessous de l'horizon ;
- les planètes à gauche et à droite de l'axe du milieu du ciel ;
- les figures formées par les planètes dans toute la carte du ciel ;
- les planètes dans certains types de signes ;
- les planètes dans certains types de maisons.

❷ Étudiez les cinq composants suivants de votre horoscope :

- votre Soleil en signe et en maison (voir chapitre 3) ;
- votre Lune en signe et en maison (voir chapitre 4) ;
- votre ascendant ;
- la planète qui gouverne votre horoscope ;
- tout groupe (ou amas, encore appelé *stellium*) de trois planètes ou plus.

❸ Recherchez les aspects majeurs qui forment des figures caractéristiques, dont les suivantes :

- le carré en T (ou triangle isocèle) ;
- le grand carré ;
- le grand trigone (ou triangle équilatéral).

❹ Vérifiez tout le reste.

Première étape : les caractéristiques générales

Si vous feuilletez une pile de thèmes, vous remarquerez peut-être que dans certains les planètes sont entassées dans une partie du cercle, alors que dans d'autres elles sont éparpillées tout autour de la roue comme des chiffres sur le cadran d'une montre. Ces groupements, qui n'ont rien à voir avec les planètes spécifiques et les signes impliqués, peuvent être incroyablement révélateurs. Les astrologues ont développé deux manières principales d'évaluer la configuration d'un thème astral :

- **L'analyse par hémisphère :** Simple comme un jeu d'enfant, cette méthode divise l'horoscope en deux moitiés à la fois horizontales et verticales, et fait le compte du nombre de planètes de chaque côté.
- **L'analyse par figure de base :** Cette méthode, dont le célèbre astrologue américain Marc Edmund Jones fut le pionnier avec son ouvrage *Guide to Horoscope Interpretation*, étudie la manière dont les planètes sont réparties et les figures qu'elles forment sur la roue de l'horoscope.

Les deux méthodes ne se fondent que sur les figures dans la carte du ciel, et non sur des signes spécifiques ni sur des planètes.

L'analyse des hémisphères

Un coup d'œil rapide à votre horoscope vous donne une entrée facile dans l'interprétation, et tout ce que vous avez à faire, c'est de compter.

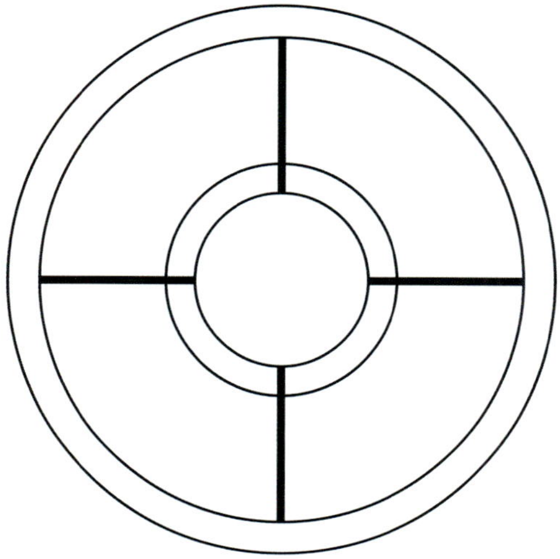

1. D'abord, situez la ligne d'horizon dans votre horoscope, c'est-à-dire la ligne qui va de l'ascendant au descendant. Si la majorité de vos planètes est au-dessus de l'horizon, vous êtes un extraverti qui recherche dans le monde extérieur la reconnaissance et l'approbation. Si la plupart de vos planètes sont au-dessous de la ligne d'horizon, vous êtes un introverti qui a besoin de solitude, qui est intimidé par la vie publique et qui recherche l'accomplissement personnel.

2. Divisez maintenant votre horoscope en deux, verticalement le long du *méridien*, qui va du milieu du ciel, ou MC, au sommet du thème, au fond du ciel, ou FC, en bas. Cette ligne forme elle aussi deux secteurs : l'hémisphère est à gauche, et l'hémisphère ouest à droite. Si la plupart de vos planètes se trouvent dans la partie est ou gauche de l'horoscope, vous possédez l'aptitude enviable de faire avancer les choses, de créer vos propres opportunités. Vous êtes très indépendant, mais peut-être aussi intolérant envers les gens qui ne semblent pas capables de prendre des décisions comme vous. Si votre thème est fortement pondéré sur la droite ou du côté ouest du cercle, vous dépendez davantage des circonstances, et il est probable que vous aurez plutôt le sentiment que pour réussir vous devez obéir aux besoins des autres. La plupart des gens, y compris les plus grands de toute l'humanité, ont des planètes des deux côtés.

N'oubliez pas

L'ascendant symbolise la surface de votre personnalité. Le descendant représente votre approche du mariage et des partenariats. Le milieu du ciel, ou MC, décrit votre ambition et votre image dans le public. Le fond du ciel, ou FC, indique votre attitude vis-à-vis du foyer et de la famille.

Les sept figures de base que peuvent former les planètes dans la carte du ciel

Le rassemblement

Si toutes vos planètes sont concentrées dans quatre signes ou à l'intérieur d'un angle de 120° (un trigone), vous avez une carte qui présente une figure de rassemblement, quels que soient les signes impliqués et quel que soit l'endroit de la carte où cet amas de planètes se trouve. Cette figure vous donne une concentration claire, des centres d'intérêt constants, de la confiance et de la force de caractère. Mais elle vous limite également : vous êtes fort là où vous l'êtes, mais vous n'y connaissez vraiment rien dans les autres domaines (il est aussi possible que vous vous en désintéressiez complètement).

Figure 9-1
Le rassemblement.

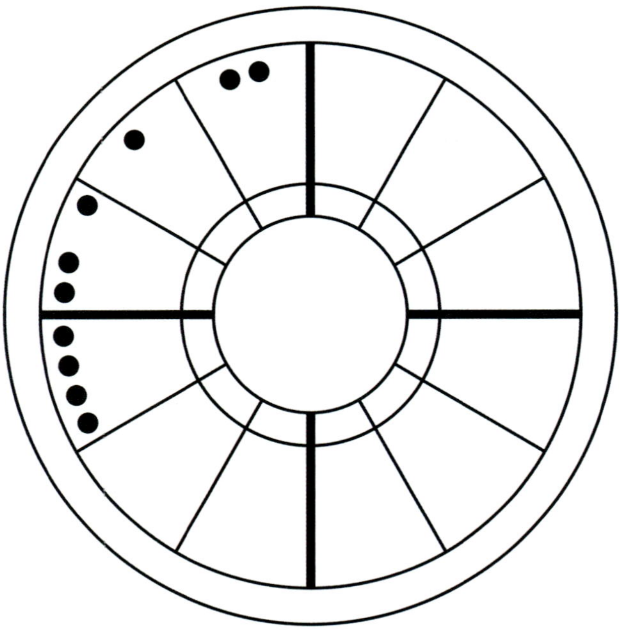

Le saladier

Si vos planètes couvrent plus de 120° mais pas plus de 180° (la moitié du zodiaque), vous avez une carte en saladier. Cette figure très motivante peut créer le sentiment frustrant que quelque chose manque, associé à la détermination inflexible de combler ce vide en entrant en action.

Figure 9-2

Le saladier.

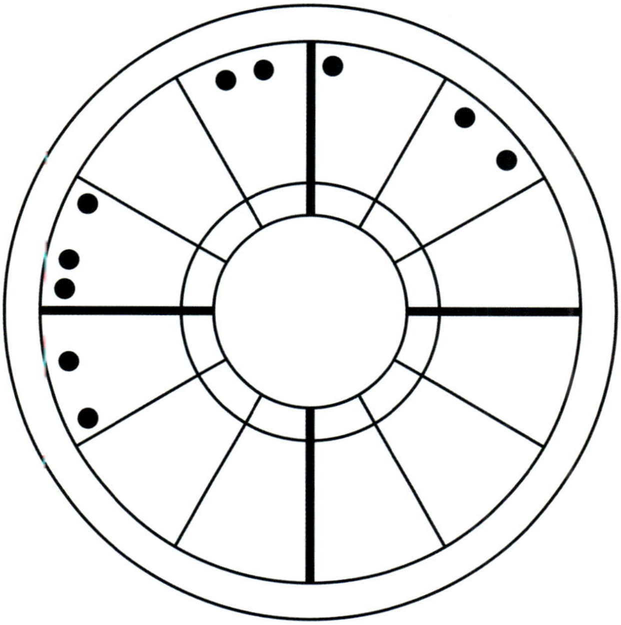

Le seau

Une carte en seau ressemble à un saladier, sauf qu'elle présente aussi une planète qui est séparée du reste (ou parfois deux planètes en conjonction proche). Ce singleton, l'anse du seau, devient le centre d'attention du thème. Étant donné que ses besoins sont toujours d'une importance suprême, Marc Edmund Jones comparait cette planète isolée à un mal de dents. Elle exige notre attention, et parfois cela fait mal. C'est parce que sa tâche consiste essentiellement à équilibrer le reste du thème. Son importance est si extrême qu'elle décrit fréquemment une personne d'une manière surprenante, aussi bien par son signe que par sa maison.

Figure 9-3

Le seau.

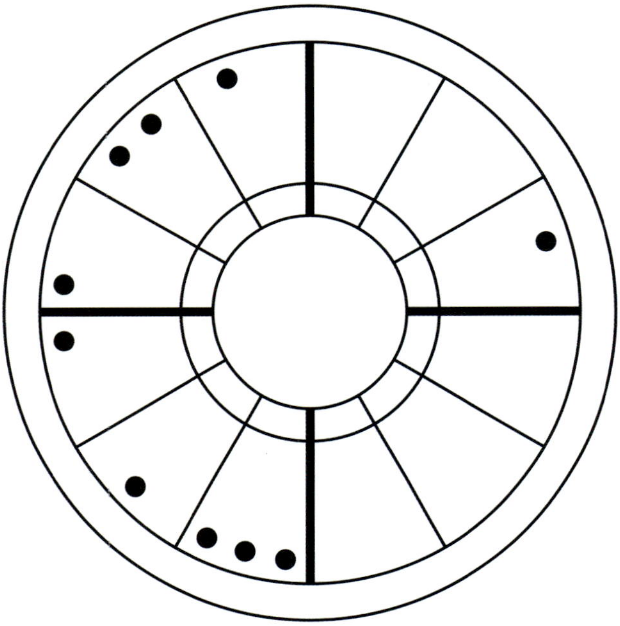

La locomotive

Si les dix planètes de votre carte du ciel s'alignent joliment sur les deux tiers du zodiaque, vous avez du dynamisme, de la résistance et le sens pratique. Les deux planètes les plus importantes sont la première et la dernière – la locomotive, qui mène le train planétaire lorsqu'on fait tourner l'horoscope dans le sens horaire, et le fourgon de queue.

Figure 9-4
La locomotive.

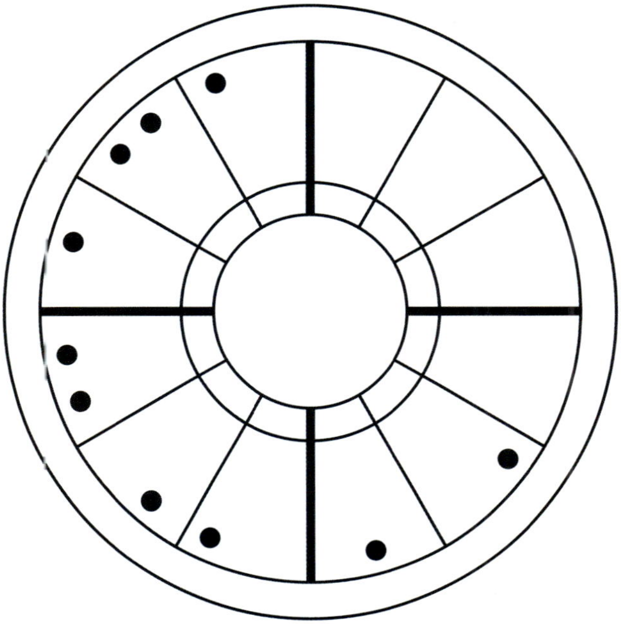

L'éclatement

Les planètes sont réparties de façon à peu près égale dans tout le zodiaque, avec des trous çà et là parce qu'il y a dix planètes, mais seulement douze signes. Cette figure promet une vie riche en expériences diverses, qui n'attendent que d'être vécues. L'inconvénient ? Vous dispersez votre énergie et vos intérêts comme un arbre fruitier éparpille ses fleurs un jour de grand vent.

Figure 9-5

L'éclatement.

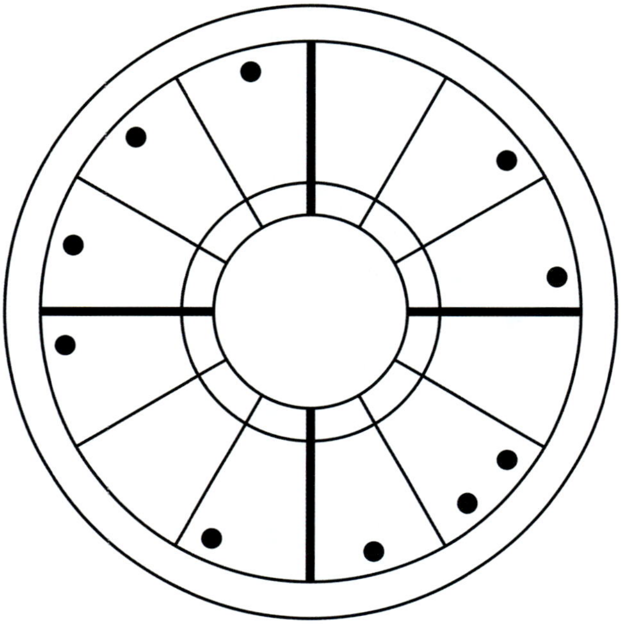

L'évasement

Dans cette figure, les planètes sont éparpillées de façon inégale dans toute la carte, avec au moins un amas de trois planètes ou davantage. Les personnes avec ce type de thème sont individualistes, elles ont un sens très poussé de leurs propres intérêts et refusent de s'incliner devant l'opinion publique.

Figure 9-6

L'évasement.

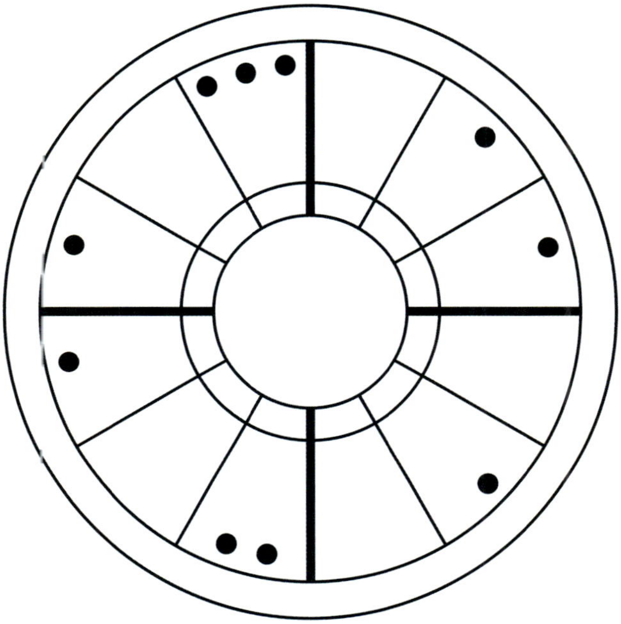

La bascule

Si votre carte du ciel présente deux groupes de planètes opposées séparés par deux maisons vides de chaque côté, vous êtes continuellement en train de chevaucher les montagnes russes des circonstances. Excellent médiateur, juge et administrateur, vous pouvez évaluer les choses de façon objective. Mais il est également possible que vous vous sentiez divisé à l'intérieur de vous-même, parce que vous avez deux ensembles de besoins et deux ensembles de talents, et que vous éprouvez peut-être des difficultés à satisfaire les deux.

Figure 9-7

La bascule.

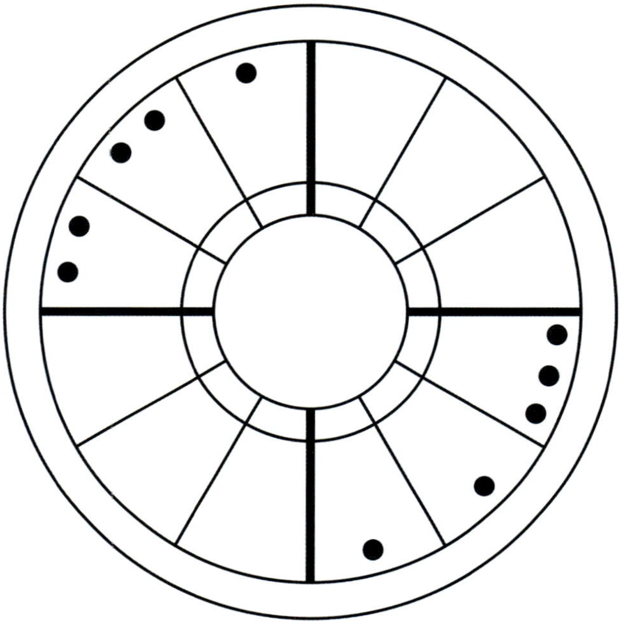

Étudions les signes

Après avoir étudié les grandes lignes de votre thème, préparez-vous maintenant à évaluer les signes et les planètes selon l'élément et le mode.

1. Commencez par compter les planètes dans chaque élément (feu, terre, air et eau) et dans chaque mode (cardinal, fixe, mutable). Aidez-vous du tableau ci-dessous.
2. Si vous connaissez l'heure de votre naissance, incluez-y votre ascendant et votre milieu du ciel pour en faire un total de douze composants distincts.

	Feu	Terre	Air	Eau
Cardinal	Bélier	Capricorne	Balance	Cancer
Fixe	Lion	Taureau	Verseau	Scorpion
Mutable	Sagittaire	Vierge	Gémeaux	Poissons

La plupart des gens sont plus ou moins équilibrés, avec deux à quatre planètes dans chaque élément. Mais si vous avez cinq planètes ou davantage dans des signes d'un élément, les traits de cet élément ou qualité sont accentués. Consultez le tableau ci-dessous pour obtenir des explications sur ce que signifie une telle abondance dans votre cas.

Avec une prépondérance de planètes dans les…	… vous êtes…
signes du feu	actif, aventureux, vif, assuré, un chef naturel
signes de la terre	pratique, sensuel, stable, prudent, travailleur, à la recherche de sécurité
signes de l'air	communicateur, intellectuel, sociable, alimenté par les idées et par la conversation
signes de l'eau	sensible, exalté, influençable, compatissant et perspicace

Attention

Lorsque vous classez les éléments d'un horoscope, gardez à l'esprit que le Soleil et la Lune ont plus d'influence que les autres planètes – et méritent peut-être en conséquence qu'on leur attache davantage d'importance. Certains astrologues les comptent même deux fois, rien que pour s'assurer qu'elles sont bien représentées.

❸ Les modes fonctionnent de la même manière que les éléments. La plupart des gens ont une sorte d'équilibre. Mais si vous avez une concentration de planètes dans un mode particulier, ses traits sont accentués. Le tableau ci-dessous vous en apprendra davantage.

Avec une prépondérance de planètes dans les...	... vous êtes...
signes cardinaux	tourné vers l'action, courageux, désireux de prendre des initiatives
signes fixes	ferme, déterminé, concentré, opposé au changement
signes mutables	souple, adaptable et ouvert au changement

Les planètes dans les maisons : d'importance mineure

En admettant qu'il existe des parallèles entre les maisons et les signes, et plus précisément que la première maison est l'équivalent du Bélier, la deuxième maison l'équivalent du Taureau, etc., vous pouvez classifier les maisons de façon révélatrice, comme dans le tableau ci-dessous.

Maisons	Nom du groupe	Caractéristiques
1, 5 et 9	Maisons de la Vie, ou maisons personnelles	Enflammé ; dynamique ; décidé à profiter de la vie et à en tirer autant d'expérience que possible
2, 6 et 10	Maisons de la Substance, ou maisons matérielles	Pratique ; féru de systèmes et de méthodes ; motivé par la recherche de la sécurité, de la santé, de la reconnaissance sociale
3, 7 et 11	Maisons des Relations, ou maisons sociales	Communicatif, tourné vers l'autre, motivé par la création de relations satisfaisantes de toutes sortes
4, 8 et 12	Maisons de l'Émotion, ou maisons intérieures	Émotionnel ; réagit bien ; perspicace ; motivé par l'exploration des relations de famille et par celle du passé

Une question d'équilibre

Bien que ces divisions par maison ne vous confèrent pas les mêmes aptitudes et caractéristiques que celles des signes, elles orientent vos intérêts de certaines manières qui peuvent procurer un équilibre bien nécessaire à un thème qui serait sinon détraqué. Par exemple, une personne n'ayant pas de planètes dans les signes terrestres manque d'aptitudes pratiques. Mais la présence de planètes dans la deuxième, la sixième et la dixième maison peut contrebalancer cette faiblesse, au moins un peu, en fournissant de la motivation. Ces planètes ne pourront pas transformer un poète en herbe en comptable. Mais elles peuvent donner au poète la forte envie de s'organiser, de trouver une forme de sécurité, quelle qu'elle soit, et de rechercher la reconnaissance du public.

❹ Vous pouvez aussi établir des parallèles entre les maisons et les modes ou qualités, grâce au tableau ci-dessous.

Maisons	Nom du groupe	Caractéristiques
1, 4, 7 et 10	Maisons angulaires	Entreprenant, actif
2, 5, 8 et 11	Maisons succédentes	Stable, déterminé
3, 6, 9 et 12	Maisons cadentes	Réfléchi, souple

Maisons angulaires, succédentes ou cadentes ?

Les astrologues considèrent traditionnellement que les maisons angulaires (en particulier la première et la dixième) sont les plus fortes, alors que les maisons cadentes (en particulier la sixième et la douzième) sont les plus faibles. Ce type d'analyse décourage ceux d'entre nous qui ont beaucoup de planètes cadentes. Heureusement, au cours de ces dernières décennies, de l'aide est arrivée avec Michel Gauquelin, un savant qui a décidé d'étudier de façon scientifique les affirmations de l'astrologie. Il a découvert que, dans des domaines spécifiques d'efforts, certaines planètes apparaissent de façon répétitive d'une manière significative sur le plan statistique. Gauquelin a découvert les tendances suivantes :

» Mars l'agressif se lève (proche de l'AC) ou culmine (proche du MC) souvent dans les thèmes de sportifs de haut niveau.

» La Lune, qui gouverne l'humeur, l'instinct et l'écriture, joue un rôle important dans les thèmes des écrivains.

» Le sombre Saturne, le seigneur de la structure et de la logique, est bien valorisé dans les thèmes de savants.

» Le jovial Jupiter, la planète de l'extravagance, est bien valorisé dans les thèmes des acteurs.

Ces planètes sont souvent placées dans des zones de l'horoscope qu'on appelle parfois *zones de Gauquelin*. Ces zones de pouvoir incluent de larges portions des maisons cadentes, la douzième et la neuvième étant classées comme les plus importantes. En dépit de l'astrologie traditionnelle, qui est d'un avis différent, les planètes cadentes ne sont donc pas forcément faibles.

Deuxième étape : les cinq principaux composants d'un thème astral

Ayant examiné les schémas généraux de votre horoscope, vous êtes maintenant prêt à étudier les signes et les planètes spécifiques. Pour vous donner une idée de votre horoscope sans vous noyer dans les détails, concentrez-vous sur ces facteurs.

1. **Étudiez d'abord le Soleil :** Le Soleil détermine votre identité de base – vos motivations, vos besoins, votre volonté et votre individualité. Le signe dans lequel il se trouve décrit la manière dont vous exprimez ces aspects importants de vous-même. La maison qu'il occupe détermine les domaines des préoccupations qui sont les plus importantes pour vous, de même que le domaine dans lequel vous pouvez exprimer le plus efficacement votre moi essentiel. (Voir le chapitre 3 pour en savoir plus sur votre signe solaire.)

2. **Poursuivez avec la Lune :** La Lune détermine vos émotions, votre subconscient, vos instincts, vos habitudes et votre mémoire. Le signe dans lequel elle se trouve définit la manière dont vous exprimez le côté émotionnel de votre nature. La maison dans laquelle elle est placée représente le domaine de la vie qui est le plus important pour votre bien-être émotionnel. (Voir le chapitre 4 pour en savoir plus sur les signes lunaires.)

3. **Puis avec votre ascendant :** L'ascendant décrit la surface de votre personnalité, la façade que vous montrez au monde. (Voir le chapitre 5 pour davantage d'informations sur l'ascendant.)

4. **Et votre planète maîtresse :** La planète qui gouverne votre ascendant est considérée comme le gouverneur de votre thème, peu importe son emplacement et ce qui se passe autrement dans le thème. En tant que gouverneur, elle contribue fortement à la fois au sentiment que vous avez de vous-même et à l'impression que vous donnez aux autres. Le tableau ci-dessous vous propose un aperçu des ascendants et des planètes maîtresses.

5. **Regardez également dans quelle maison se trouve votre planète maîtresse.** Cela vous indique la manière dont ce facteur important vous affecte. Aidez-vous du tableau ci-dessous.

Si votre ascendant est. .	... les autres pensent que vous êtes...	... et la planète qui gouverne votre thème est...
Bélier	impétueux, volontaire	Mars
Taureau	stable, sensuel	Vénus
Gémeaux	verbal, très sensible	Mercure

Si votre ascendant est...	... les autres pensent que vous êtes...	... et la planète qui gouverne votre thème est...
Cancer	émotif, attentif	Lune
Lion	confiant, exubérant	Soleil
Vierge	méthodique, perspicace	Mercure
Balance	charmant, attrayant	Vénus
Scorpion	contrôlé, réservé	Pluton
Sagittaire	cosmopolite, irrésistible	Jupiter
Capricorne	respectable, fier	Saturne
Verseau	sympathique, individualiste	Uranus
Poissons	idéaliste, réceptif	Neptune

Si votre planète maîtresse se trouve dans la...	... vous êtes...
première maison	une personne qui a du caractère et qui est capable d'initiatives
deuxième maison	un matérialiste qui gagne de l'argent
troisième maison	un communicateur et un bavard
quatrième maison	un homme ou une femme d'« intérieur », attaché à la famille
cinquième maison	un romantique qui adore s'amuser
sixième maison	un bourreau de travail et un guerrier
septième maison	un confident et un compagnon
huitième maison	un observateur qui pose des questions
neuvième maison	un explorateur et un penseur
dixième maison	un battant et une personne dominante
onzième maison	un ami et un membre de club
douzième maison	un chercheur spirituel et un ermite

Les amas planétaires

Un groupement de trois planètes ou plus dans le même signe, et de préférence dans la même maison, est appelé amas. Un tel groupement est automatiquement important. Lorsqu'il apparaît dans le même signe que le Soleil, il renforce en général le message de ce signe. Lorsqu'il apparaît dans un signe différent, il ajoute un ensemble différent de qualités et d'influences qui peuvent parfois rivaliser en importance avec celles du Soleil. La taille de l'amas est aussi un facteur important. Normalement, un amas est formé de trois ou quatre planètes. On en trouve rarement davantage. Mais parfois, des empilements de planètes produisent des amas monstrueux.

Troisième étape : les aspects et les figures qu'ils forment

Après avoir étudié le Soleil, la Lune, l'ascendant, la planète maîtresse et les amas, il est impossible d'éviter plus longtemps les aspects. Un thème astral peut facilement présenter deux douzaines d'aspects. Heureusement, certains sont plus importants que d'autres. Les aspects qui méritent qu'on y attache le plus d'importance sont ceux qui sont les plus stricts, ceux qui impliquent le Soleil et la Lune, et ceux qui relient trois planètes ou plus dans une figure, comme c'est le cas pour :

Le grand trigone (ou triangle équilatéral)

Trois planètes, chacune en trigone l'une avec les deux autres, forment un triangle de chance géant appelé le grand trigone. Un grand trigone parfait inclut toujours au moins une planète de chaque signe d'un élément donné. Dans ces domaines de la vie, l'énergie coule et les opportunités abondent. Les personnes suffisamment heureuses pour avoir cet aspect n'arrivent pas toutes à l'utiliser aussi efficacement. Il est notoire que les grands trigones, qui sont souvent les figures que l'on trouve chez les grands fainéants, amènent tout juste assez de chance aux natifs pour que ceux-ci n'aient pas le sentiment qu'ils doivent se remuer un peu plus...

Figure 9-8

Le grand trigone (ou triangle équilatéral).

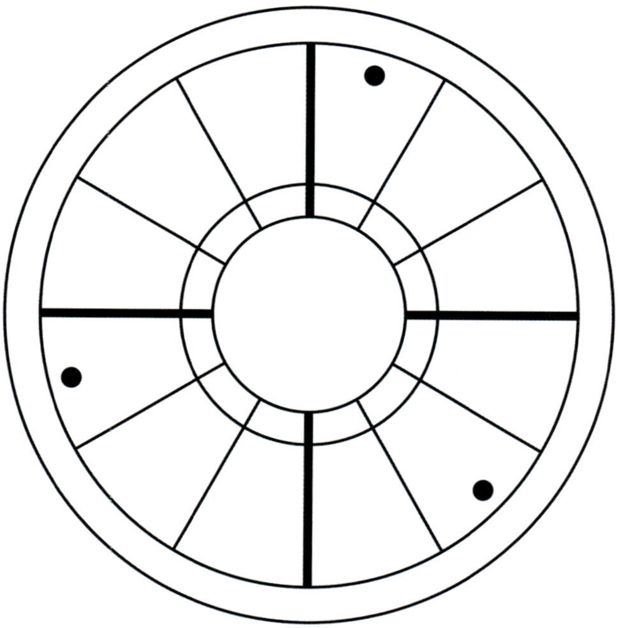

Le grand carré

Si deux groupes de planètes s'opposent ou sont en carré l'un avec l'autre dans votre horoscope, vous « avez de quoi faire ». Le grand carré est une figure relativement rare qui symbolise la tension, l'obstruction et la frustration. Certaines personnes sont débordées par un grand carré. Mais cette figure peut aussi devenir la source d'un engagement, d'une détermination, d'un courage et d'une énergie incroyables.

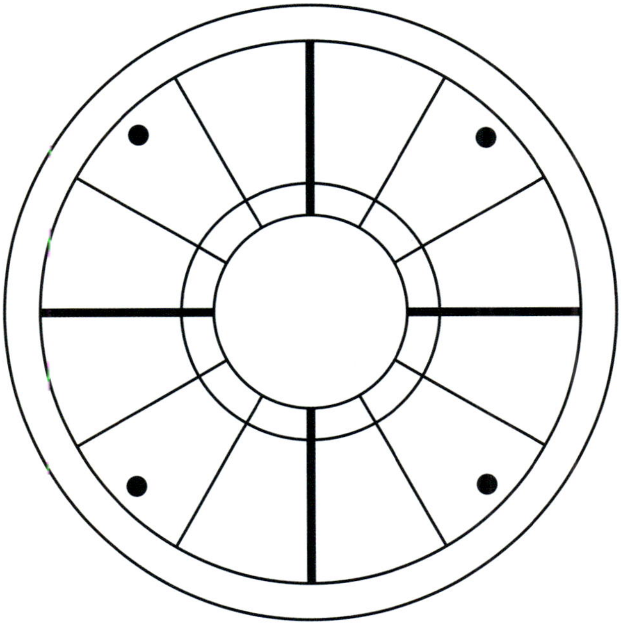

Figure 9-9
Le grand carré.

Le carré en T (ou triangle isocèle)

Lorsque deux planètes s'opposent l'une à l'autre avec une troisième (la planète apex) en carré avec chacune d'elles, elles forment un carré en T. Il s'agit d'une configuration agitée et pénible, mais courante. Un carré en T crée inévitablement de la tension, de la frustration et de l'insatisfaction. Mais il motive également le natif à entrer en scène (à ne pas assister en spectateur) et à faire quelque chose pour changer sa situation, ce qui explique peut-être pourquoi tant de personnes qui ont réussi ont des carrés en T.

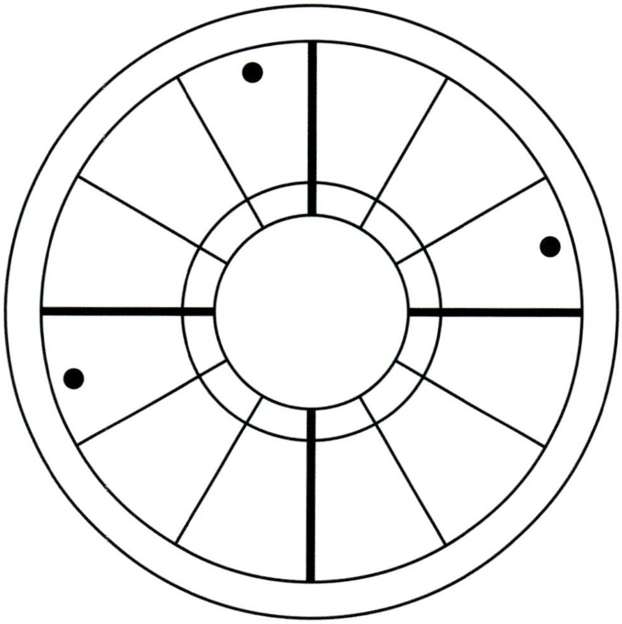

Figure 9-10
Le carré en T (ou triangle isocèle).

Le Doigt du Destin ou Main de Dieu

Ça a l'air sérieux, n'est-ce pas ? En fait, cette configuration difficile à repérer a une action plus subtile que les autres figures d'aspects. Elle ressemble à un long triangle étroit, avec deux planètes en sextil (60°) qui forment la base, et une troisième, l'apex, ou pointe, qui forme un angle de 150° avec les deux autres. Cet aspect de 150°, qu'on appelle quinconce, possède une énergie d'arrêts et de redémarrages fréquents, qui crée des faux départs, des récidives et des frustrations. Il exige un ajustement continuel et diminue la capacité de prise de décision du natif, surtout dans les zones touchées par la planète de l'apex. Cet aspect crée une dynamique complexe à l'intérieur d'un horoscope. Mais est-il mortel ? Non. Est-ce un signe de faveur spéciale de Dieu ? Non. Ne vous laissez pas impressionner par le nom de cet aspect.

Figure 9-11

Doigt du Destin ou Main de Dieu.

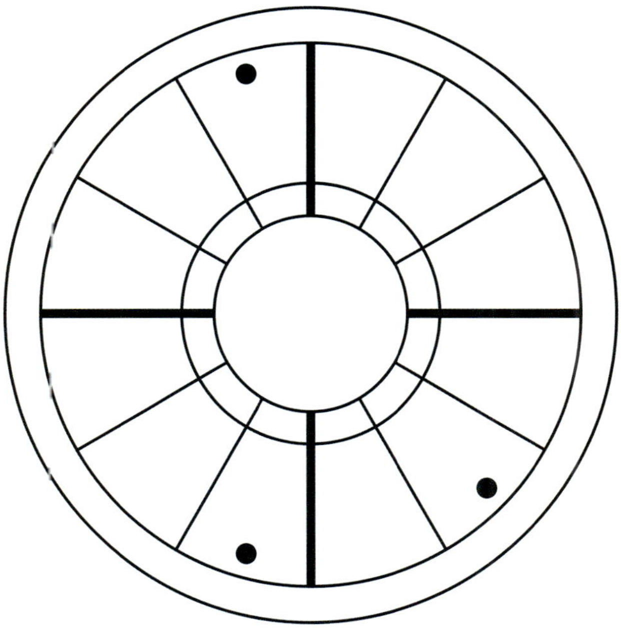

Quatrième étape : tout le reste

Le reste comprend toutes les planètes, tous les aspects, l'ascendant et le milieu du ciel, tous les signes du zodiaque, et toutes les maisons, y compris celles qui sont vides (pour trouver des instructions afin d'interpréter le vide, consultez le chapitre 10).

En étudiant un thème, vous allez probablement découvrir quelques contradictions, un trait occasionnel qui semble ne pas aller avec le reste de l'horoscope, et un groupe de caractéristiques qui semblent apparaître partout où vous regardez. Il est ahurissant de voir que, dans certaines cartes du ciel, certains thèmes apparaissent encore et encore – et soudain, vous comprenez. Lorsque vous avez identifié ce phénomène, vous savez que vous êtes sur la bonne voie, celle d'une interprétation précise.

DANS CE CHAPITRE

Analysez les éléments et les modes manquants

Les effets des maisons vides

Autres manifestations par l'absence

Chapitre 10
Le facteur zéro

L'espace négatif joue un rôle dans votre thème, par les maisons et les signes qui sont inhabités, par les éléments manquants et les qualités qui n'apparaissent pas dans un thème astral. Cet espace négatif, que j'appelle le *facteur zéro,* affecte tout horoscope. Qu'il s'agisse d'un élément manquant (tel qu'un vide dans les signes de la terre), d'une qualité manquante (peut-être aucune planète dans les signes cardinaux), ou simplement d'une maison vide, l'interprétation de ce qui n'est pas là peut apporter un éclairage utile à l'interprétation d'un thème individuel.

Les éléments manquants

Tout le monde n'a pas d'éléments manquants. Dans la plupart des horoscopes, on trouve au moins une planète dans chacun des quatre éléments : le feu (Bélier, Lion, Sagittaire), la terre (Taureau, Vierge, Capricorne), l'air (Gémeaux, Balance, Verseau) et l'eau (Cancer, Scorpion, Poissons). Mais un élément manque parfois à l'appel.

Les vides élémentaires se produisent fréquemment dans des figures qui affectent des générations entières. Entre 1943 et 1955 par exemple, Pluton se trouvait dans le Lion flamboyant et Neptune dans la Balance aérienne. En conséquence, aucune personne née pendant cette période n'a de vide dans les éléments feu et air. C'est la raison pour laquelle les personnes nées pendant le baby-boom, quoi qu'on en dise, ne manquent ni d'énergie (feu), ni d'idées (air). Toutefois, certaines d'entre elles (bien que ce ne soit pas le cas de la plupart) sont affectées par un vide dans l'élément terre (sens pratique) et dans l'élément eau (conscience des émotions).

Si vous êtes né dans les années 1960, alors que Neptune était dans le Scorpion, signe de l'eau, et Pluton dans la Vierge, signe de la terre, il n'est pas possible que vous ayez un vide dans l'élément eau (sensibilité) ni dans l'élément terre (productivité). Mais il peut plus facilement arriver que l'élément feu (enthousiasme) ou air (intellect) soit vide, car les forces d'une génération sont les faiblesses de la suivante.

Toutefois, les vides ne sont pas seulement un phénomène de génération. Si vous êtes né au cours des années durant lesquelles les planètes lentes faisaient la navette entre les signes (comme cela a été le cas pour Pluton, Uranus et Neptune à la fin des années 1950), vous avez peut-être un vide dans n'importe lequel des éléments. Voici comment interpréter ce vide :

» **Pas de signes de feu :** Il vous est difficile de vous affirmer, de maintenir un niveau d'enthousiasme constant et de mobiliser l'énergie dont vous avez besoin.

» **Pas de signes de terre :** Le côté matériel, pratique de la vie vous dépasse. Régler les affaires quotidiennes, payer le loyer, vous faire dresser un bilan de santé, changer l'huile de la voiture, tout cela vous ennuie (au mieux) ou vous démoralise (au pire). Ou alors vous pourriez exagérer et vous concentrer sur le monde matériel.

» **Pas de signes d'air :** Vous réagissez de façon émotive et vous vous sentez personnellement concerné. Il vous est vraiment difficile d'évaluer objectivement une situation (ou vous-même). L'abstraction vous rend anxieux, même si vous vous enfermez dans une tour d'ivoire et que vous vous encouragez avec des théories.

» **Pas de signes d'eau :** Les sentiments vous embrouillent et vous débordent. Vous tardez souvent beaucoup à reconnaître vos propres émotions, et vous éprouvez des difficultés à comprendre celles des autres. On vous a peut-être dit de « suivre le courant ». Le problème, c'est que vous ne pouvez pas sentir le courant, ni dire dans quelle direction il va.

La surcompensation comme réponse à un manque

Certaines personnes ayant un vide dans leurs signes terrestres réagissent à leur inconfort en refusant de faire face à l'aspect pratique de la vie. Ce sont les gens qui n'équilibrent jamais leurs comptes, qui oublient les échéances de déclaration de revenus et qui sont totalement mal à l'aise avec le monde matériel. D'autres font exactement le contraire et surcompensent.

La surcompensation se produit par exemple lorsqu'une personne n'ayant aucune planète dans les signes d'air adopte un comportement d'intellectuel, lorsqu'une personne ayant un vide dans les signes compatissants de l'eau exerce une profession de thérapeute, lorsqu'une personne sans aucune planète dans les signes du feu est constamment en mouvement – et cela tourne parfois à la manie – et lorsqu'une personne avec un vide dans les signes terrestres est capable de construire une station spatiale qui fonctionne avec seulement deux bouts de bâton et un morceau de chewing-gum.

Les facteurs atténuateurs des effets du vide dans les éléments

Même si vous manquez de planètes dans un élément spécifique, le fait d'avoir l'ascendant, le milieu du ciel, l'astéroïde Chiron ou les nœuds lunaires (voir page XX) dans un signe de l'élément où manquent les planètes facilite grandement la compensation de ce vide.

Les positions des planètes en maisons peuvent aussi procurer l'équilibre :

» **Des planètes dans les maisons 1, 5, et 9 compensent l'absence de feu.**

» **Des planètes dans les maisons 2, 6 et 10, les maisons de la substance, procurent une concentration terrestre.**

» **Des planètes dans les maisons 3, 7 et 11, les maisons des relations, possèdent une influence aérienne.**

» **Des planètes dans les maisons 4, 8 et 12, les maisons de l'émotion, peuvent forcer les pauvres âmes sans eau à régler leurs dilemmes émotionnels.**

Une planète dans l'une de ces maisons peut-elle faire la différence ? La réponse est : « Oui, absolument. » Car les maisons contribuent à déterminer les préoccupations les plus importantes dans la vie, et donc les zones dans lesquelles vous êtes prêt à faire un effort.

Les vides dans les modes

Il est moins commun de ne pas avoir de planète dans les signes cardinaux, fixes ou mutables (voir le chapitre 1) que d'avoir un vide dans l'un des éléments, mais c'est peut-être plus grave. Si votre thème présente un tel vide dans un mode, voici comment l'interpréter :

» **Pas de planètes cardinales :** Il vous est difficile de démarrer et de prendre l'initiative. Lorsque le changement se produit, très bien ; vous n'avez pas de problèmes à suivre. Mais vous préférez rester dans une situation misérable plutôt que de prendre le risque de la changer.

» **Pas de planètes fixes :** Vous vous pliez au vent, en fonçant joyeusement dans de nouvelles directions lorsque la situation le réclame. La persévérance n'est pas votre fort, c'est le moins qu'on puisse dire !

» **Pas de planètes mutables :** Vous plier au vent ? Pourquoi donc ? Vous êtes inflexible, et vous vous en tenez à vos objectifs et à vos décisions, même lorsqu'il est grand temps de changer.

Des facteurs atténuateurs de vides dans les modes

Comme pour les vides dans les éléments, la présence de l'ascendant, du milieu du ciel, de Chiron et de l'un des nœuds lunaires dans un signe de la qualité manquante facilite grandement l'équilibrage de votre thème.

Les positions planétaires dans les maisons ont aussi un impact :

» Des planètes dans les maisons angulaires (1, 4, 7 et 10) contribuent à compenser un manque dans des signes cardinaux.

» Des planètes dans les maisons succédentes (2, 5, 8 et 11) compensent, du moins en partie, un vide dans les signes fixes.

» Des planètes dans les maisons cadentes (3, 6, 9 et 12) contribuent à compenser un vide dans les signes mutables.

Ces positions n'éliminent pas l'impact du vide, mais elles l'atténuent.

L'aide des astéroïdes

Croyez-moi : il y a bien trop de gens qui tentent d'excuser leur impuissance à agir de façon sensée en avançant la théorie qu'ils ont un vide dans l'élément terre. Mais est-ce vraiment le cas ? Même si vous laissez de côté les positions dans les maisons, vous trouverez peut-être un facteur supplémentaire qui explique habilement pourquoi ces personnes sont incapables de régler leurs propres affaires, alors que d'autres, malgré toutes leurs plaintes, y arrivent relativement bien. Je parle des astéroïdes. C'est vrai que les astéroïdes sont si nombreux que les astronomes les appellent « la vermine du ciel ». Entre les mains d'astrologues désespérés, ils peuvent servir à expliquer absolument n'importe quoi. Mais lorsqu'ils sont utilisés de manière intelligente, les astéroïdes majeurs peuvent être extrêmement utiles. Flanquez-en un ou deux dans un thème, et vous verrez peut-être le vide disparaître.

L'interprétation des maisons vides

Faites le calcul : douze maisons, et seulement dix planètes. Tout le monde a des maisons vides, c'est inévitable. Il ne faut pas s'en faire à ce sujet.

Souvent, une maison inoccupée signifie que les thèmes habituels de cette maison ne constituent pas de manière générale une préoccupation majeure. La vérité, c'est que les préoccupations couvertes par une maison occupée jouent toujours un rôle important dans la vie du natif. Mais un simple coup d'œil ne pourra suffire à expliquer si les thèmes d'une maison vide sont importants. Ce n'est pas parce qu'elle est vide qu'elle est sans importance.

Pour étudier une maison vide, je vous propose la méthode suivante, en trois étapes :

1. Regardez le signe dans lequel se trouve la cuspide (ou pointe) de la maison.

2. Étudiez la position de la planète qui gouverne le signe dans lequel se trouve la cuspide. La position de cette planète vous apprendra beaucoup. Pour continuer avec le même exemple, si la cuspide de votre deuxième maison de l'argent se trouve en Bélier, alors la position de Mars, la planète maîtresse du Bélier, vous donne une information supplémentaire quant à vos finances. Si Mars se trouve dans votre sixième maison, celle du travail, vous gagnez de l'argent par vos propres efforts, probablement grâce à un job. Si Mars se trouve en Lion, vous recherchez aussi des occasions d'être créatif, de vous exprimer et d'être remarqué par votre travail.

3. Étudiez les aspects de la planète maîtresse. Si Mars est opposée à Saturne, vous vivrez de la frustration et devrez lutter dans vos efforts vers la réussite professionnelle (ce qui ne signifie pas que vous ne pouvez pas réussir, mais simplement que vous devrez lutter sur votre chemin vers le sommet). Si Mars forme un trigone avec Uranus, vous bénéficiez d'opportunités inattendues. Et ainsi de suite.

N'oubliez pas

Le signe sur la cuspide détermine la façon d'aborder les thèmes de cette maison. La cuspide (ou pointe) est le début de la maison. La cuspide de la première maison se trouve à 9 heures sur le cadran de l'horoscope ; la cuspide de la deuxième à 8 heures, celle de la quatrième à 6 heures, etc. En outre, chaque signe peut se trouver sur n'importe laquelle des cuspides des maisons. Cela dépend toujours de l'ascendant. Par exemple, avec un ascendant Sagittaire, il est probable que la cuspide de la cinquième maison, celle des histoires d'amour, se trouve en Bélier. Si le Capricorne est l'ascendant de votre horoscope, la cuspide de la quatrième maison, celle du foyer, se trouve probablement en Bélier. Et si vous êtes d'ascendant Poissons, il est probable que la cuspide de la deuxième maison, celle de l'argent, se trouve en Bélier, ce qui indique que vous abordez les finances de manière téméraire, en prenant des risques. Le tableau ci-dessous propose des manières d'interpréter le signe sur la cuspide d'une maison. (Au fait, vous pouvez aussi utiliser ce tableau lorsqu'une maison n'est pas vide. Même si une seule maison abrite tout un gang de planètes, le signe dans lequel se trouve sa cuspide détermine encore l'attitude que vous adoptez par rapport aux thèmes de cette maison.)

Si la cuspide de la maison se trouve en…	Votre approche des thèmes de cette maison est…	Et le gouverneur de cette maison est…
Bélier	spontanée, dynamique	Mars
Taureau	productive, délibérée	Vénus
Gémeaux	souple, communicative	Mercure
Cancer	intuitive, défensive	Lune
Lion	digne, expressive	Soleil
Vierge	analytique, pointilleuse	Mercure
Balance	diplomatique, artistique	Vénus
Scorpion	intense, pénétrante	Pluton
Sagittaire	indépendante, expansive	Jupiter
Capricorne	responsable, traditionnelle	Saturne
Verseau	anticonformiste, détachée	Uranus
Poissons	réceptive, vulnérable	Neptune

Davantage sur les maisons vides

Dans la plupart des cas, une maison est couverte par une portion d'un signe et par une portion du suivant. Par exemple, si la cuspide de votre dixième maison se trouve en Poissons à 22° et la cuspide de votre onzième maison en Bélier à 29°, votre dixième maison inclut un peu de Poissons et quasiment tout le Bélier. Mais que se passe-t-il si cette maison de la plus haute importance est vide ? Pour l'analyser, cherchez d'abord le déroutant Neptune, qui gouverne les Poissons. Puis, ayant étudié la position de Neptune, vous pouvez également penser à celle de Mars, la planète maîtresse du Bélier, parce que Mars est le sous-maître de la dixième maison. Vous avez maintenant deux signes à étudier et deux planètes maîtresses, chacune d'elles dans un signe différent et occupant une autre maison, formant divers aspects avec d'autres planètes, certains harmoniques et d'autres dissonants. En bref, si vous décidez de continuer, les implications d'une maison vide peuvent être tout aussi compliquées et aussi infinies que n'importe quoi d'autre dans l'horoscope.

D'autres manifestations du facteur zéro

Certains degrés sont plus influents que d'autres. L'un des plus forts est le *0° du Bélier*, c'est-à-dire le point qu'occupe le Soleil à l'équinoxe de printemps et au début de la nouvelle année astrologique. Ce point, l'endroit où commence le zodiaque, est un point sensible, surtout si une planète ou la pointe d'une maison s'y trouve. Mais même si le 0° du Bélier ne se trouve nulle part près d'une planète, sa position dans une maison et les aspects qu'il forme révèlent quelque chose sur ce qui vous donne de l'énergie, sur ce qui vous stimule et sur ce que votre potentiel pourrait être.

Pareillement, une planète située à 0° de n'importe quel signe sera forcément importante. Chaque fois qu'une planète en transit change de signe, que cette planète soit la Lune, qui tourne autour du zodiaque en un mois, ou Pluton, qui ne passe d'un signe à l'autre que quelques rares fois dans toute une vie, cette planète à 0° dans votre thème astral le sent en premier. Saturne change de signe ? La planète à 0° est la première à sentir la restriction. Uranus fait un mouvement ? La planète à 0° est la première à sentir l'électricité. Si vous avez une planète comme celle-là dans votre horoscope, considérez-vous comme une sorte d'éclaireur cosmique. Vous êtes sur les lieux en avance sur la plupart des gens. Lorsque les grands changements cosmiques se produisent, vous êtes parmi les premiers à les sentir. Même si cela semble ne pas avoir d'autre importance dans votre thème, une planète à zéro degré est toujours le premier soldat sur le champ de bataille.

Partie 4

Les couples cosmiques

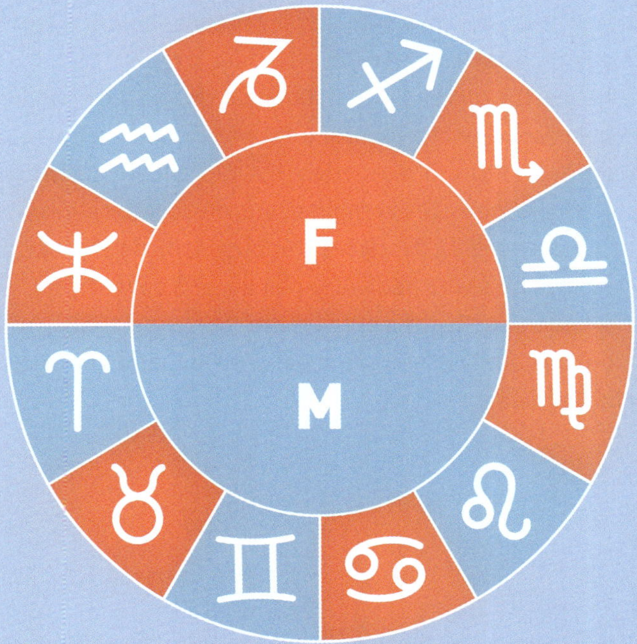

Dans cette partie...

L'astrologue ne porte pas de jugement. Les douze signes ont tous la même valeur. C'est le discours officiel, mais en réalité tout le monde a ses propres préférences. En scrutant l'espace de votre propre horoscope, vous avez sans aucun doute l'impression que certains signes sont plus agréables que d'autres. L'astrologie explique ces sentiments et, en éclairant dans le même temps les manières étranges et merveilleuses de penser des autres personnes, elle vous aide à dépasser vos propres jugements et à améliorer vos relations avec tout le monde, aussi bien avec les gens avec lesquels vous vous sentez naturellement à l'aise qu'avec ceux qui vous exaspèrent.

Cette partie est consacrée aux relations de couple. Le chapitre 11 explique quelques liaisons planétaires spécifiques qui font que deux personnes s'attirent mutuellement (ces combinaisons peuvent les aider à transcender des combinaisons de signes solaires difficiles). Le chapitre 12 décrit les combinaisons de signes solaires. Après tout, vous ne savez peut-être pas où se trouvent Vénus, Mars ou la Lune dans le thème de l'autre personne, mais vous pourrez toujours trouver son signe solaire – et cette information sera parfois suffisante.

DANS CE CHAPITRE

Étudiez le Soleil et la Lune

•

Faites correspondre Mars et Vénus

•

Évaluez l'ascendant

•

Recherche autres facteurs désespérément

•

Les thèmes de comparaison : deux méthodes qui marchent

Chapitre 11

Utilisez l'astrologie pour choisir votre partenaire

S'il était aussi simple de tomber amoureux et de vivre heureux avec l'être aimé à partir de ce jour-là que de trouver un être né sous un signe compatible, le divorce ne serait pas devenu le sport national (sauf parmi les signes mutables). En vérité, la compatibilité est un domaine compliqué, et les signes solaires, bien qu'ils soient importants, ne sont pas la seule chose qui compte.

En théorie, votre partenaire idéal(e) est une personne dont les planètes interagissent avec les vôtres de certaines manières spécifiques. Mais dans la vie, les gens se retrouvent avec toutes sortes de partenaires pour toutes sortes de raisons. Certains ont trouvé la véritable « âme sœur » (c'est du moins ce qu'ils disent) ; d'autres s'accommodent. Certaines personnes trouvent des partenaires qui sont des miroirs parfaits ; d'autres recherchent précisément chez le partenaire les qualités qui leur manquent, comme les nombreux couples que je connais dont les thèmes comblent les vides respectifs : lui, a six planètes dans les signes de l'eau et un vide dans le signe de l'air ; et elle, quatre planètes dans les signes d'air et rien du tout dans les signes d'eau. Ces personnes se comprennent-elles ? Peut-être pas. Mais à elles deux, elles couvrent toute la palette.

En comparant les thèmes de deux personnes, les points de comparaison principaux sont le Soleil, la Lune, Vénus, Mars, l'ascendant et le maître de l'ascendant. Les sections de ce chapitre vous expliquent ce que vous devez analyser.

Le Soleil et la Lune

Le Soleil, qui représente le cœur de votre identité, et la Lune, qui symbolise vos sentiments et votre inconscient, sont les planètes qui jouent le rôle le plus important dans n'importe quel horoscope. Un partenaire idéal – supposons ici que vous êtes une femme et appelons-le « M. Idéal » – est une personne dont le signe solaire et le signe lunaire sont compatibles avec les vôtres. Comment juger de la compatibilité ? Au niveau le plus simple, ce qui revient à ceci : des signes positifs – air et feu – s'accordent avec d'autres signes positifs, et les signes négatifs – eau et terre – avec d'autres signes négatifs.

En outre, votre Soleil et la Lune de votre partenaire interagissent de certaines manières qui sont spécifiques, pas simplement par les signes, mais aussi en formant des aspects. Voici les possibilités :

» **Votre Soleil est en conjonction avec la Lune de M ou Mme Idéal** (ou vice versa). C'est l'un des deux aspects « Eurêka ! » (l'autre est formé par Vénus en conjonction avec Mars). Si votre Soleil et la Lune de votre partenaire sont en conjonction dans le même signe, il est très probable que vous avez une compréhension profonde et intuitive l'un de l'autre, qui vous permet de bien supporter toutes sortes de tempêtes.

» **Votre Soleil forme un sextile ou un trigone avec la Lune de M ou Mme Idéal.** Vos sentiments s'harmonisent. Vous êtes complémentaires. Tout va bien. Si cet aspect marche dans les deux sens, c'est d'autant mieux.

» **Votre Soleil forme un carré ou une opposition avec la Lune de M ou Mme Idéal.** La personne qui a le Soleil domine et, sans en avoir l'intention, manque peut-être d'égards ; il est probable que la personne qui a la Lune se sente moins puissante à l'intérieur de la relation et soit plus facilement blessée. Pourtant, le carré et l'opposition peuvent être motivants, excitants, et donc constituer un indice positif. En comparant des cartes natales, le fait qu'il existe un aspect entre le Soleil et la Lune est ce qui compte le plus. La nature exacte de cet aspect est moins importante.

Si votre Soleil et la Lune de votre partenaire (ou vice versa) sont liés par un aspect majeur, vous avez de la chance. S'ils se trouvent dans des signes compatibles ou s'ils sont liés par un aspect mineur, au moins ils communiquent. S'il n'existe aucun aspect entre le Soleil et la Lune et s'ils ne se trouvent même pas dans des signes compatibles, cela ne signifie pas nécessairement le baiser de la mort – en supposant que d'autres aspects lient les planètes d'un thème au Soleil ou à la Lune de l'autre thème.

Par exemple, un aspect entre votre Soleil ou votre Lune et la Vénus de votre partenaire peut apporter un dévouement qui durera toute la vie ; un aspect avec Mercure ouvre toutes grandes les portes de la communication ; et ainsi de suite. Tout aspect majeur pourra faire l'affaire. Mais les conjonctions ont une magie qui leur est propre.

Une *conjonction* est formée lorsque deux planètes sont proches l'une de l'autre, de préférence à 8° au maximum dans le même signe du zodiaque. Lorsqu'une planète de votre thème est conjointe à une planète du thème de l'autre personne, vous vous entendez immédiatement dans le domaine particulier concerné – surtout si l'une de ces planètes est le Soleil ou la Lune. Jetez un œil au tableau ci-dessous pour en savoir plus sur ces conjonctions romantiques.

Si votre Soleil ou votre Lune est en conjonction avec la planète suivante de votre partenaire…	Votre relation sentimentale se caractérise par…
Mercure	une communication et une compréhension faciles
Vénus	l'attraction et l'estime
Mars	la passion, la vitalité et la compétition
Jupiter	la sympathie, la confiance et l'encouragement
Saturne	la responsabilité, les soucis, une dépression possible
Uranus	l'engouement passager, l'originalité, les frissons et les émotions
Neptune	la compassion, un lien médiumnique ou spirituel ; ou l'illusion
Pluton	l'attraction, la transformation, et la jalousie possible

Attention

Un mot sur Saturne, la plus crainte des planètes. Saturne est la planète de la restriction, de la limitation et de la dépression. Saturne a une très mauvaise réputation, et on pense facilement qu'une conjonction, un carré ou une opposition formés par le Saturne de l'une des personnes avec le Soleil ou la Lune de l'autre sont quelque chose de terrible. En fait, en partant du principe que les deux thèmes ont d'autres arguments en leur faveur, un aspect avec Saturne, même si c'est un aspect majeur, ne fait qu'ajouter une note de sérieux à la relation. Saturne stimule le besoin de structure, d'organisation et de sécurité, il favorise la discipline et l'effort, et c'est la planète des leçons apprises. Elle joue donc toujours un rôle dans les relations durables et sérieuses.

Vénus et Mars

Dans la mythologie classique, Vénus, la déesse de l'Amour, fut mariée au dur travailleur Vulcain, le dieu du Feu et du travail des métaux, qui était infirme. Elle avait toutefois de nombreux amants, dont le principal était Mars, le dieu de la Guerre. Les autres dieux méprisaient Mars, mais Vénus le trouvait irrésistible – et c'est ce qui compte.

En astrologie, un lien entre la douce Vénus et le vigoureux Mars, c'est-à-dire entre la déesse de l'Amour et le dieu du Désir, crée de l'attirance, stimule la passion et favorise la longévité des histoires d'amour. Voici ce qu'il faut chercher :

» **Votre Vénus est en conjonction, en sextile ou en trigone avec la Vénus de votre partenaire.** Vous êtes affectueux, sympathiques et complètement agréables l'un pour l'autre.

» **Votre Vénus forme un carré ou une opposition avec la Vénus de votre partenaire**. Vous exprimez l'affection de manières différentes, et vos goûts sont eux aussi peut-être différents. Pourtant, le lien qui vous unit est fort, surtout si c'est une opposition.

» **Votre Mars forme une conjonction, un sextile, un trigone ou une opposition avec le Mars de votre partenaire**. Vos niveaux d'énergie et de désir sexuel sont semblables (dans le cas d'une conjonction) ou harmonieux.

» **Votre Mars forme un carré ou une opposition au Mars de votre partenaire**. Un fleuve d'énergie vous relie, surtout en cas d'opposition. Mais la friction et la combativité peuvent être intenses.

» **Votre Vénus est en conjonction avec le Mars de votre partenaire** (ou l'inverse). Il s'agit d'un autre aspect « Eurêka ! » Vous êtes fortement attirés l'un vers l'autre. Même si les planètes sont dans le même signe, mais pas conjointes sur le plan purement technique, vous ressentez une attraction magnétique l'un pour l'autre.

» **Votre Vénus est en trigone ou en sextile avec le Mars de votre partenaire** (ou vice versa). Autre indication d'attraction, sans l'attachement irrésistible et obsédant qui peut se produire avec la conjonction.

» **Votre Vénus forme un carré ou une opposition avec le Mars de votre partenaire** (ou l'inverse). Un flux puissant d'énergie et d'attraction sexuelle circule entre vous, mais votre relation est peut-être un peu difficile. Un lien puissant et rempli de tension.

L’ascendant et le descendant

N'oubliez pas

L’ascendant, qui est le signe dans lequel se trouve la cuspide de votre première maison, révèle votre personnalité externe. Le descendant, qui est le signe dans lequel se trouve la cuspide de la septième maison, décrit votre attitude envers le mariage et les autres partenariats. Ces deux domaines, avec le maître de l’ascendant, jouent des rôles majeurs lorsque vous comparez votre thème natal à celui de votre bien-aimé(e). Le maître de votre ascendant (sa planète maîtresse) est aussi le maître de votre horoscope.

Ce que vous recherchez, lorsque vous effectuez une comparaison de thèmes, c’est un lien entre le maître de l’un des horoscopes et les planètes, l’ascendant ou le descendant de l’autre thème. Si votre ascendant est par exemple le signe des Poissons, la planète qui régit votre thème est Neptune (le chapitre 1 donne la liste des signes et des planètes qui les maîtrisent). Donc une conjonction, un sextile, un trigone ou une opposition entre votre Neptune et une planète dans l’horoscope d’une autre personne est particulièrement irrésistible, surtout si cette planète est le Soleil, la Lune, Vénus ou Mars.

Voici quelques autres liens qui valent la peine qu’on les recherche :

» **Le maître de votre horoscope se trouve dans le même signe que l’ascendant de votre partenaire.** Vous êtes peut-être né par exemple avec un ascendant Gémeaux. Le maître de votre thème est Mercure. Si votre Mercure se trouve en Scorpion – et si votre partenaire est d’ascendant Scorpion –, vous avez de la chance.

» **Le maître de votre horoscope se trouve dans le même signe que le descendant de votre partenaire.** Disons que votre ascendant se trouve en Verseau, et donc que le maître de votre thème est Uranus, qui se trouve en Balance dans cet exemple. Votre partenaire a peut-être son ascendant en Bélier et son descendant en Balance (si vous connaissez l’ascendant, vous connaissez instantanément le descendant, car les deux points sont toujours directement opposés l’un à l’autre : un ascendant en Bélier implique un descendant en Balance). Donc le maître de votre thème, Uranus en Balance, se relie au descendant en Balance de l’être qui vous fait palpiter, ce qui est bon signe.

» **Le maître de votre thème se trouve dans le même signe que le maître du thème de votre partenaire.** Par exemple, vous avez pour ascendant la Balance (ce qui signifie que la maîtresse de votre horoscope est Vénus), et Vénus en Vierge. Votre partenaire a un ascendant Sagittaire et pour maître de thème Jupiter, avec Jupiter placé lui aussi dans la Vierge. Une fois encore, vous faites la paire.

Les facteurs supplémentaires

Attention

D'abord, un avertissement : si vous comparez votre thème à celui de quelqu'un d'autre et que vous trouvez que vos signes solaires et lunaires ne se relient en aucune façon ; si aucune des Vénus ne se relie au Mars de l'autre personne ; si l'ascendant de l'un des thèmes ne se connecte en aucune façon avec l'autre horoscope, alors vous êtes peut-être en train de perdre votre temps à essayer de faire débuter la relation. En termes d'amour, il vaut mieux avoir au moins quelques interactions entre ces planètes, parce que ces interactions constituent les premières forces motrices de n'importe quelle relation amoureuse.

Elles ne sont pourtant pas les seules. Les planètes transsaturniennes jouent aussi un rôle, surtout lorsqu'elles sont en contact avec les planètes personnelles, ou visibles.

N'oubliez pas

Les planètes transsaturniennes, c'est-à-dire Uranus, Neptune et Pluton, se déplacent si lentement que la plupart des gens de votre promo ont ces planètes pratiquement à la même place. En conséquence, une conjonction Pluton/Pluton, Neptune/Neptune ou Uranus/Uranus ne fait qu'indiquer que vous êtes peut-être des camarades de classe, elle ne prouve pas que vous soyez des âmes sœurs.

Deux autres facteurs qui valent la peine d'être mentionnés sont le mi-point Soleil/Lune et la *part de fortune*.

Le mi-point Soleil/Lune

Entre le Soleil et la Lune se trouve un point équidistant à ces deux luminaires, où leurs énergies fusionnent. Selon l'astrologue Rose Murray, ce point sensitif est un « point sensible du mariage » parce qu'il tombe à mi-chemin entre le Soleil, qui symbolise les caractéristiques masculines (yang) et la Lune, qui gouverne les caractéristiques féminines (yin). Une conjonction ou une opposition entre le mi-point Soleil/Lune d'un thème et le Soleil, la Lune, l'ascendant ou le mi-point Soleil/Lune d'un autre thème peut créer un lien fort.

Il n'est pas difficile de trouver votre mi-point Soleil/Lune, bien que ce soit, je l'admets, rébarbatif. Cela vaut pourtant le temps qu'on y consacre, parce que ce mi-point Soleil/Lune est trop souvent ignoré dans les thèmes de comparaison.

La part de fortune

Calculées selon une technique connue des anciens Grecs, les *parts arabes* sont associées aux astrologues arabes du Moyen Âge. Ce sont des points astrologiques qui, contrairement aux planètes, n'existent pas dans la réalité. Leur existence est entièrement mathématique.

Il en existe un nombre ahurissant, y compris la part de mariage et la part de divorce, la part d'esprit et la part de servitude, sans parler de la part de voyage, de la part de compréhension, de la part de mort, de la part de discorde, etc. Vous ne serez pas surpris d'apprendre que les astrologues contemporains en ignorent la vaste majorité.

Toutefois, les choses sont différentes avec la *part de fortune*. Il s'agit d'un point heureux ou chanceux de votre thème, qui est exactement aussi éloigné de votre ascendant que votre Lune l'est de votre Soleil. Donc si vous êtes né sous la nouvelle lune, le Soleil et la Lune étaient proches l'un de l'autre dans le ciel, et votre part de fortune est en conséquence proche de votre ascendant. Si vous êtes né sous un quartier de la lune, alors qu'il existe approximativement 90 degrés entre le Soleil et la Lune, votre part de fortune se trouve à 90 degrés de votre ascendant (consultez le chapitre 5 pour en savoir plus sur les ascendants).

Lorsque la part de fortune d'un thème touche le Soleil, la Lune, Vénus, Neptune ou l'ascendant dans un autre thème, ce contact est une conjonction heureuse qui ajoute un élément de facilité dans une relation – on sent tout simplement que c'est juste.

En elle-même, une conjonction à la part de fortune ne transformera pas une relation inexistante en une histoire d'amour éternelle. Mais en combinaison avec quelques autres facteurs, elle dynamise l'histoire et fournit une liaison aussi bonne que n'importe quelle autre pour tomber amoureux.

Comment établir des thèmes de comparaison (et ce qu'il faut rechercher)

La meilleure manière de penser à une relation en termes d'astrologie, c'est d'étudier séparément les thèmes, puis de les comparer. Une manière efficace de procéder consiste à surimposer un thème sur l'autre. Une autre manière consiste à créer un thème composite qui représente la relation elle-même. Les deux sections suivantes décrivent les deux méthodes.

Thèmes doubles

1. Prenez un couple, disons vous-même et l'objet de votre désir. Imprimez une carte du ciel vierge à partir d'un site Web spécialisé.

2. Puis, placez votre ascendant et les cuspides des maisons à l'intérieur du bord extérieur étroit du thème.

3. Placez vos planètes dans l'anneau intérieur.

4. Prenez l'horoscope de la deuxième personne et copiez-le dans l'anneau restant du milieu.

5. Vous devez ignorer les positions des maisons de votre partenaire. À la place, étudiez les signes. Votre bien-aimé(e) a trois planètes dans le Taureau ? Placez ces planètes dans la partie de la roue où se trouve le Taureau dans votre thème. Pour inclure l'ascendant et le milieu du ciel de l'autre personne, placez-les à l'intérieur du bord externe en utilisant les abréviations AC (ou AS) et MC.

6. Vous avez maintenant un thème double, qui se compose d'un thème dans l'anneau intérieur et d'un autre thème dans l'anneau extérieur.

Ce double thème facilite la détection des points de contact entre les deux horoscopes. Vous pouvez remarquer les endroits où un thème est vide et où l'autre est fort, et les endroits où une planète dans un horoscope entre en contact avec une planète dans l'autre. Les conjonctions vous sautent tout de suite aux yeux. Les autres aspects sont plus difficiles à repérer, mais si vous faites des efforts vous y arriverez aussi.

Ce type de comparaison de thèmes facilite également l'examen de la manière dont les maisons d'un thème sont influencées par les planètes de l'autre. Votre Soleil tombe-t-il dans la cinquième maison de votre amour ? la Lune touche-t-elle votre descendant ?

Ce sont des indices positifs, mais difficiles à détecter, à moins de vraiment prendre la peine de surimposer un thème sur l'autre.

Que devriez-vous espérer découvrir dans cette comparaison de thèmes ? Il serait bien de trouver un être dont les planètes – et en particulier le Soleil, la Lune, Vénus et Mars – tombent dans votre cinquième maison de l'amour et des enfants, votre septième maison du partenariat et votre première maison de l'ego.

Thèmes composites

Une méthode fascinante de comparaison, dont Robert Hand fut le pionnier aux États-Unis, consiste à créer un thème astral composite en utilisant la position du mi-point entre chaque paire de planètes (avec les milieux du ciel, les ascendants et toutes les cuspides des maisons). Les exemples suivants permettent d'expliquer comment procéder.

Si votre Soleil se trouve à 16° en Vierge et que le Soleil de votre bien-aimé(e) se trouve exactement éloigné de deux signes à 16° en Scorpion, le Soleil composite se trouve à mi-chemin entre les deux : à 16° en Balance.

Votre Lune se trouve peut-être à 28° en Gémeaux et vous êtes follement amoureux d'une personne dont la Lune est placée à 8° en Lion ; 40 degrés séparent les deux Lunes : les 2 degrés restants en Gémeaux, les 30 degrés du Cancer, et 8 degrés en Lion. La moitié de 40, c'est 20. Ajoutez les 20 degrés aux 28° en Gémeaux pour obtenir 18 degrés en Cancer, qui constitue la position de la Lune composite (voir le chapitre 1 pour une explication des degrés zodiacaux.) Pour achever votre thème composite, vous devez trouver le mi-point du Mercure de l'un et de celui de l'autre, de la Vénus de l'un et de celle de l'autre, et de toutes les autres paires de planètes.

Conseil

Sans ordinateur, ce travail est rébarbatif à l'extrême. La vie est trop courte pour que vous perdiez votre temps à effectuer tous ces calculs à la main à propos de quelqu'un que vous venez juste de rencontrer. Mais si votre relation a déjà évolué, une heure ou deux d'arithmétique en valent bien la peine.

Voici ce qu'il faut chercher dans un thème composite :

1. Les composants les plus importants sont le Soleil, la Lune, l'ascendant et tout amas, ou *stellium*, de trois planètes ou davantage dans le même signe. Les signes et les maisons valorisées par ces placements vous apprennent beaucoup sur la relation, comme le montre ce tableau.

2. Étudiez tous les aspects formés par le Soleil, la Lune, Vénus et Mars. Les conjonctions, les sextiles et les trigones indiquent une relation d'amour. Une série de carrés et d'oppositions indique une relation accablée par le conflit, mais rien n'est grave s'il y a un carré ou deux : cela épice juste un peu la relation. En revanche, le fait de ne pas avoir du tout d'aspects parmi ces quatre planètes indique un manque de points communs qui pourrait bien être difficile à surmonter.

3. **Puis tous les aspects formés par les autres planètes.** Ne l'oubliez pas : Jupiter amène la bonne fortune. Saturne crée la restriction et l'inhibition, mais il peut aussi apporter la responsabilité et la stabilité. Uranus provoque l'excitation, mais il renverse aussi complètement les choses. Neptune apporte de l'inspiration et un lien spirituel si les aspects sont harmoniques (conjonction, trigone ou sextile), l'illusion et la tromperie si les aspects sont dissonants (carré ou opposition). Pluton amène la transformation.

Avec l'accent en…	Votre relation est…
Bélier, première maison	dynamique, indépendante, prenante
Taureau, deuxième maison	centrée sur l'argent et sur les biens matériels
Gémeaux, troisième maison	nourrie par la communication et l'activité
Cancer, quatrième maison	basée sur la création commune d'un foyer
Lion, cinquième maison	romantique, spectaculaire et amusante
Vierge, sixième maison	centrée sur le travail, la santé, et les activités quotidiennes
Balance, septième maison	un partenariat
Scorpion, huitième maison	intense sur le plan émotionnel et sexuel
Sagittaire, neuvième maison	expansive, exploratrice, animée par les voyages
Capricorne, dixième maison	centrée sur la carrière, le statut social et l'image
Verseau, onzième maison	amicale, sociable, marquée par des objectifs communs
Poissons, douzième maison	spirituelle, karmique, cachée ou réprimée

En résumé

Voici les règles à respecter pour la comparaison de thèmes :

1. Jugez en vous fondant sur votre connaissance de l'autre personne, et pas seulement sur son thème astral. Peut-être ne disposez-vous pas des informations correctes sur la naissance. Si le thème a l'air idéal mais qu'il est clair que la relation ne l'est pas, partez du principe qu'il vous manque quelque chose. En cas de doute, fiez-vous à votre expérience.

2. Ne vous cramponnez pas à une relation pour laquelle vous savez au fond de vous-même qu'elle ne mène nulle part, simplement parce que, avec autant de merveilleux trigones reliant les thèmes, vous êtes sûr que cette alliance va finir par se consolider un de ces jours. Des liens puissants sont nécessaires pour qu'une relation continue à se développer, mais ils ne suffisent pas : les deux parties doivent vouloir la même chose. Le moment doit également être le bon.

3. Ne rejetez pas une relation naissante simplement parce que vous ne trouvez pas les aspects planétaires que vous voudriez y voir. Il se peut que vous ne cherchiez pas là où il le faut.

4. Ne commettez pas l'erreur de scruter deux thèmes en détail pour finalement découvrir, après des efforts herculéens, un détail qui a l'air positif. Votre Mercure en sextile avec son mi-point Vénus/Jupiter ? Votre part de fortune en conjonction avec la cuspide de sa cinquième maison ? Vous commencez à vous emballer... Mais vous ne devriez pas. Ne vous laissez pas séduire par des éléments isolés. Vous avez probablement des aspects plus puissants et plus nombreux avec la personne qui vous vend votre café au lait chaque matin. Car pour que deux êtres se lient à un niveau profond, leurs thèmes respectifs doivent interagir de nombreuses façons. Un aspect mineur par-ci, par-là ne fera pas l'affaire.

L'astrologie, ce n'est pas de la magie. La comparaison de thèmes peut vous donner une idée de la manière dont deux personnes sont en relation, mais le seul fait que deux thèmes astraux aillent ensemble ne signifie pas que les deux personnes arriveront à dépasser la case départ.

DANS CE CHAPITRE

L'amour, signe par signe

Toutes les combinaisons

Chapitre 12

Les signes et l'amour : toutes les combinaisons !

Chaque relation de couple, comme chaque personne, est entièrement unique. Les possibilités sont infinies, mais pas les probabilités. Comment s'aimer ? Il existe soixante-dix-huit manières, une pour chaque combinaison de signes solaires.

Dans ce chapitre, je traite chaque combinaison de signes sous le signe qui vient le premier dans le zodiaque. Donc si vous êtes un fougueux Bélier et que votre bien-aimée est une Balance qui aime sa tranquillité, consultez la section sur le Bélier pour y lire une description de la dynamique de la relation. Et si vous êtes un Poissons sentimental amoureux d'une Vierge bourreau de travail, vous trouverez la description de cette combinaison sous la section consacrée au signe de la Vierge.

Le Bélier amoureux

Vigoureux et exubérant, vous êtes passionné, idéaliste et dévoué, surtout lorsque vous êtes amoureux. Mais vous êtes également impatient, et vous n'aimez pas vous sentir enfermé. Les partenaires qui essaient de contrôler votre comportement perdent rapidement vos faveurs, de même que les amis qui vous appellent trop souvent ou qui exigent trop d'intimité. Voici comment vous interagissez avec les autres signes du zodiaque :

» **Bélier + Bélier :** Pensez à du piment rouge, à des saxophones et à des volcans – à tout ce qui est chaud. Ce duo rapide, qui adore l'action et la compétition, mène au feu d'artifice – lorsque vous le voulez mais aussi à des moments où vous pourriez bien vous en passer.

» **Bélier + Taureau :** Le Bélier impétueux est fougueux, dynamique et prêt à démarrer au quart de tour ; le Taureau, stable, entêté et séduisant, n'est absolument pas pressé, il est immuable. Comme pour toutes les autres combinaisons avec le voisin d'à côté, les différences de style et de rythme peuvent perturber gravement, à moins que l'un des deux ou les deux aient des planètes dans le signe de l'autre.

» **Bélier + Gémeaux :** Vous avez tous les deux beaucoup d'esprit, vous êtes dynamiques, et vous vous ennuyez facilement. Vous avez aussi un million de centres d'intérêt et un amour pour les activités de toutes sortes. Les natifs du Bélier sont francs et très physiques, alors que les Gémeaux vivent dans leur tête. C'est quand même une formidable combinaison.

» **Bélier + Cancer :** Vous êtes tous les deux vigoureux et expressifs, mais le Cancer est sensible et craintif, alors que le Bélier au sang chaud est dominant, spontané et courageux. Le Bélier n'est pas particulièrement à l'écoute sur le plan émotionnel, ce qui frustre en permanence le Cancer chagrin et intuitif.

» **Bélier + Lion :** Deux signes du feu qui génèrent ensemble beaucoup de chaleur. Sauf lors des éclats de vanité d'un côté ou de l'autre, impossible de faire mieux que cette combinaison joyeuse et qui a beaucoup d'esprit.

» **Bélier + Vierge :** Le Bélier turbulent préfère sauter d'abord et regarder ensuite ; la Vierge inhibée veut examiner les choses. Le Bélier appelle un chat un chat, de façon directe et précise ; la Vierge analytique pense avant de parler et essaie d'être sensible. Les natifs de chaque signe ont donc des plaintes légitimes vis-à-vis de l'autre.

» **Bélier + Balance :** Les opposés s'attirent. Le Bélier amène de l'énergie passionnée, de la curiosité et de l'enthousiasme au pot commun ; la Balance, de l'intelligence, de la courtoisie et du charme. Bien que les différences ne puissent pas être ignorées – le Bélier est spontané et direct, la Balance est douce, réfléchie et contenue –, il s'agit pourtant d'une bonne recette pour une histoire d'amour.

» **Bélier + Scorpion :** Sur le plan sexuel, cette combinaison est hors concours. Mais le Bélier impétueux est franc, alors que le Scorpion jaloux est tout sauf ça. De manière générale, cette association attire les ennuis.

» **Bélier + Sagittaire :** Deux signes du feu qui se stimulent l'un l'autre : un duo classique à haute tension et qui s'amuse bien.

» **Bélier + Capricorne :** C'est au début le Capricorne qui se lance dans l'aventure et décide de s'allier avec une créature aussi téméraire et violente que le Bélier. Mais le Capricorne est implacablement adulte, alors que le Bélier est un adolescent perpétuel, débordant d'enthousiasme et de plans qui ne tiennent pas la route. La plupart du temps, le frisson disparaît.

» **Bélier + Verseau :** Bien que ces deux signes soient en sextil, il ne s'agit pas du duo heureux que vous vous imaginez peut-être. Le Verseau visionnaire pense au futur ; le Bélier est effronté, téméraire, et veut vivre ici et maintenant. Un solide lien Vénus/Mars peut constituer une aide précieuse.

» **Bélier + Poissons :** Le Poissons fluide et compatissant peut domestiquer le dominant Bélier pendant un moment. Mais que se passe-t-il lorsque le Poissons émotif a besoin qu'on s'occupe de lui ? Le Bélier est en cavale. Protégez-vous, Poissons. Cherchez ailleurs.

Conseil

Si vous êtes amoureux d'un Bélier, ne soyez pas timide, subtil ou hésitant. Flirtez hardiment. Suggérez quelque chose en passant et sur un coup de tête. Ne laissez aucun doute dans l'esprit du Bélier quant au fait que vous êtes intéressé. Mais si vos efforts restent sans réponse, retirez-vous immédiatement et essayez de vous rendre inaccessible et indisponible. Surtout, ne suppliez pas, n'implorez pas et ne vous plaignez pas. Le Bélier n'a aucune patience pour tout comportement impliquant faiblesse et médiocrité.

Le Taureau amoureux

Possessif, fidèle, et pas aussi doux que vous aimeriez l'être, vous avez besoin de contact physique, de sécurité sur le plan émotionnel et financier, et de confort domestique. Une fois que vous avez trouvé quelqu'un qui partage votre sensualité et vos valeurs de base, vous êtes satisfait. Pour être heureux, il vous suffit de passer du temps ensemble, sans rien faire d'autre. Les problèmes surgissent lorsque votre partenaire veut un changement de rythme. Car, inévitablement, vous résistez : vous êtes immuable. Apprenez donc la souplesse !

» **Taureau + Taureau :** En supposant que l'un de vous deux ait la jugeote de faire le premier pas, c'est une histoire d'amour qui pourrait durer. Mais lorsque les désaccords apparaissent, vous croisez les cornes. Grandes passions, grandes disputes, mais aussi une réussite certaine.

» **Taureau + Gémeaux :** Le Gémeaux effervescent décontracte l'impassible Taureau. Mais le Gémeaux adore le changement et s'y jette sans réfléchir, alors que le Taureau préfère l'éviter aussi longtemps que possible. Comme toujours, les signes voisins peuvent poser problème. Regardez si vous avez des planètes dans le signe de l'autre.

» **Taureau + Cancer :** Bienvenue à la maison. Le Taureau est sensuel, affectueux et recherche la sécurité ; le Cancer est intuitif, attentionné, et recherche aussi la sécurité. Un couple parfait.

- **Taureau + Lion :** Le Taureau fiable veut mener une vie normale, se coucher à une heure régulière, et avoir un compte en banque qui prospère. Le Lion exigeant veut vivre la grande vie. Et aucun des deux n'est prêt à céder un pouce de terrain.
- **Taureau + Vierge :** Vous appréciez tous deux les solutions pratiques, même si le Taureau sensé a besoin de plus de temps pour y parvenir que la Vierge efficace. Outre que vous partagez des valeurs communes, le Taureau au bon sens peut calmer les nerfs de la Vierge, et la Vierge peut stimuler le Taureau pour qu'il entre en action. Un bon couple.
- **Taureau + Balance :** Vous êtes tous deux gouvernés par l'érotique Vénus, mais quelles différences existent entre vous ! La Balance, qui est intellectuelle, apprécie le raffinement, la musique, l'éclairage tamisé ; le Taureau, qui a le sens pratique, veut sauter les préliminaires et passer à l'action. Lorsque le frisson du moment est passé, vous avez peu de choses à vous dire.
- **Taureau + Scorpion** : Le terrain de jeu de la passion. Le Scorpion déborde d'idées érotiques, et le Taureau suit. L'amour du Scorpion pour le secret, le mélodrame et le contrôle est reçu froidement par le Taureau, qui est bien plus franc. Lorsque les problèmes surgissent, vous êtes tous les deux aussi entêtés l'un que l'autre.
- **Taureau + Sagittaire :** Sur le plan sexuel, vous allez bien ensemble, du moins pour un bout de temps. Sinon, vous êtes tellement différent qu'il est surprenant que vous vous soyez mis ensemble. Le Sagittaire collectionne les points de fidélité des compagnies aériennes, il a besoin de beaucoup d'espace et désire ardemment la stimulation ; le Taureau jardine, il a besoin de tas de câlins (et d'un nid douillet) et il adore ne rien faire, ce qui donne une combinaison difficile.
- **Taureau + Capricorne :** Un beau couple. Vous avez des valeurs partagées, vous appréciez le confort physique, vous avez le désir de la prospérité financière (et la volonté de travailler pour l'obtenir) ainsi qu'une croyance dans le pouvoir guérisseur de la sexualité, qui se confirme fréquemment.
- **Taureau + Verseau :** Le Verseau désinvolte ne pense qu'aux idées ; le Taureau stable ne pense, lui, qu'à la réalité. Les deux sont rigides. Pas de bonnes perspectives.
- **Taureau + Poissons :** Outre que le Taureau est de l'espèce pratique et que le Poissons est un rêveur, ces deux-là partagent des rythmes, des goûts et des notions romantiques semblables.

Conseil

Vous êtes fou d'un Taureau ? Fréquentez-le. Soyez présent. Soyez patient. Évitez les disputes. Ne révélez aucune névrose profondément enracinée. Et faites en sorte que le Taureau puisse se sentir à l'aise. La sécurité joue un rôle essentiel pour le Taureau. Pour lui procurer un havre de paix, donnez-lui des aliments riches, des touchers légers, des après-midi paresseux, du bon vin et des promenades de détente dans les bois. Le Taureau réagit aux odeurs et à la texture, donc portez de la soie, du velours, du cachemire, du tweed – tout ce que l'on peut caresser avec volupté. C'est dans ce monde que vit le Taureau.

Le Gémeaux amoureux

L'exubérant Gémeaux est le dernier des partisans des rapports sexuels de rencontre. Il flirte à outrance et se branche facilement, mais il disparaît aussi à la vitesse de la lumière lorsque les choses se gâtent. Car vous adorez la diversité, vous appréciez les défis intellectuels, et vous recherchez des personnes qui ont de l'esprit et partagent votre goût pour les badinages légers et les stimulations constantes. Vous êtes animé et enchanteur. Mais vous êtes aussi inconstant : une victime de plus du mythe que « c'est toujours mieux ailleurs ».

» **Gémeaux + Gémeaux :** Malgré le niveau général d'énergie nerveuse que vous produisez ensemble, vous vous amusez mutuellement. Et vous n'avez jamais affaire à ces silences de mort qui planent parfois sur les relations des autres. Un festival de discussions.

» **Gémeaux + Cancer :** Les jumeaux facilement distraits sont des poids plumes sur le plan émotionnel, ils sont capables de refuser d'admettre leurs sentiments pendant des années et des années ; le crabe lunatique, champion olympique de l'événement qui fait pleurer, exige un contact émotionnel, de préférence à la maison. Recherchez des liens puissants entre les planètes, car ce n'est pas un couple béni par le ciel.

» **Gémeaux + Lion :** Ces deux joyeux noceurs éprouvent un véritable plaisir à être ensemble, bien qu'ils soient inconsciemment en compétition pour le devant de la scène, que le Lion revendique et que le Gémeaux, bavard invétéré, déteste abandonner. En outre, le Lion est fidèle à l'excès, alors que le Gémeaux...

» **Gémeaux + Vierge :** La bonne nouvelle : vous vous entendez tout de suite dès le premier contact (même si c'est au téléphone), et vous avez des tas de choses à vous raconter. La mauvaise nouvelle : vous pouvez vous taper réciproquement sur les nerfs.

» **Gémeaux + Balance :** Une combinaison naturelle et facile qui favorise le flirt affectueux et une conversation qui ne s'arrête jamais. Bien que cette liaison ne soit pas des plus passionnées, vous ne pouvez pas vous tromper.

» **Gémeaux + Scorpion :** Le Scorpion considère la sexualité comme le mystère central de la vie. Le Gémeaux (un signe plus charnel qu'on ne le croit en général) l'aime aussi, mais pas au point de complètement s'émouvoir à ce sujet. Le Scorpion jaloux se sent rapidement blessé, tandis que le Gémeaux volage se demande où il peut bien y avoir un problème.

» **Gémeaux + Sagittaire :** En dépit des coups de tête occasionnels, ce couple qui adore la liberté et les discussions se trouve sur la même longueur d'onde. Un conseil : remplissez vos agendas, à la fois séparément et ensemble, avec beaucoup d'activités et de voyages, et empilez des tas de choses à lire sur les tables de nuit.

» **Gémeaux + Capricorne :** Le sombre Capricorne se prend très au sérieux ; les Gémeaux peu difficiles rient facilement, prennent les choses à la légère, et partent toujours dans de nouvelles directions. Ce n'est pas une combinaison facile.

- **Gémeaux + Verseau :** Il est possible que vous soyez des âmes sœurs. Vous êtes tous les deux sociables, vous aimez tous les deux vous amuser, et vous avez tous les deux l'esprit actif (bien que le Verseau veuille discuter de problèmes sociaux alors que le Gémeaux s'intéresse à des sujets moins ambitieux). Mais vous n'êtes ni l'un ni l'autre particulièrement en contact sur le plan émotionnel, et donc, lorsque les temps sont rudes, le lien qui vous soude peut faiblir.
- **Gémeaux + Poissons :** Le Poissons décontracté veut faire la grasse matinée ; le Gémeaux veut en revanche se lever tôt. Le Poissons mystique veut analyser les rêves ; mais le Gémeaux a envie de regarder la télévision. Vous venez de planètes différentes. Heureusement, vous êtes tous les deux prêts à apprendre.

Conseil

Si un Gémeaux occupe vos pensées, soyez optimiste, branché, imprévisible et disponible. Le Gémeaux a l'esprit vif, il est curieux, bien informé et toujours partant. Pour attirer l'attention d'un Gémeaux, faites preuve des mêmes qualités. Ne soyez pas morose. Ne vous apitoyez pas sur le triste état des choses du monde d'aujourd'hui. Ne vous plaignez pas. N'exigez pas de planifier les choses des semaines à l'avance. Et surtout, ne lassez pas le Gémeaux, qui apprécie la conversation animée par-dessus tout. Savez-vous pourquoi les Gémeaux ont la réputation d'être infidèles ? C'est parce qu'ils s'ennuient aussi facilement.

Le Cancer amoureux

Le Cancer est doué pour l'intimité, pour s'occuper des autres et pour l'amour. Lorsque vous êtes amoureux, vous ignorez allègrement les défauts qui sautent aux yeux, et vous n'avez de pensées que pour le potentiel caché de votre bien-aimé(e). Affectueux, généreux, sentimental et maternel, vous avez besoin d'un être qui partage votre dynamisme et votre volonté d'explorer des problèmes émotionnels complexes. Une fois que vous avez trouvé une telle personne, vous vous donnez totalement. Vous soutenez complètement l'autre. Mais vous avez aussi tendance à vous accrocher à lui. Pas étonnant que l'archétype de la mère étouffante soit du signe du Cancer : parfois, vous ne pouvez pas lâcher prise, ne serait-ce qu'un peu.

- **Cancer + Cancer :** Vous êtes intuitif et vous réagissez bien l'un à l'autre, avec beaucoup d'énergie et de dynamisme. Allez-y, essayez. Mais souvenez-vous que les sentiments sont exacerbés pendant les pleines lunes, et que vous sentez tous les deux la tension.
- **Cancer + Lion :** Le Lion dominant adore la passion, l'aventure et les hôtels cinq étoiles ; le Cancer lunatique veut une vie plus tranquille dans un cottage douillet couvert de vigne vierge. Si le Lion est prêt à réduire ses exigences, et si le Cancer est prêt à caresser l'ego fragile du Lion dans le sens du poil et à tenter sa chance, vous pourrez trouver un terrain d'entente.

» **Cancer + Vierge :** Une fois la confiance établie, le Cancer aide la Vierge à se détendre, et la Vierge aide le Cancer à se sentir plus en sécurité. Mais le domaine des émotions présente des difficultés, car le Cancer sensible à l'extrême veut discuter des sentiments, alors que la Vierge critique préfère éviter tous ces sujets émotionnels (à moins qu'ils ne puissent être approchés de façon systématique) et s'occuper de choses pratiques.

» **Cancer + Balance :** Le Cancer casanier et la Balance artiste passeront ensemble un moment merveilleux à décorer leur maison. Mais les besoins émotionnels du Cancer font se retirer la Balance logique. Ce n'est pas une paire naturelle, bien que le désir de la Balance de se trouver dans une relation puisse constituer un facteur atténuant.

» **Cancer + Scorpion :** Vous êtes tous deux bien conscients de vos sentiments et amoureux de l'amour. Votre relation est probablement profondément intuitive, bien que je connaisse plusieurs exemples où cette paire se soit enlisée. Les problèmes surgissent lorsque le Scorpion ne peut pas faire face au flux et au reflux rapides des émotions du Cancer. Les sentiments du Scorpion, profonds, changent lentement – si jamais ils changent. Les sentiments du Cancer changent constamment.

» **Cancer + Sagittaire :** Le Cancer veut aimer, nourrir et posséder ; le Sagittaire ne peut pas être possédé. Bien que vous vous aimiez peut-être intensément, vous êtes complètement différents. À éviter.

» **Cancer + Capricorne :** Comme toute paire d'opposés, celle-ci a ses avantages et ses inconvénients. Le Cancer lunatique possède un sens intuitif de la façon dont les choses devraient être faites ; le Capricorne sensé préfère suivre les règles écrites dans les livres. Mais le Capricorne donne au Cancer le sentiment d'être protégé, et le Cancer au Capricorne celui d'être aimé, et vous partagez tous les deux le respect de la tradition et de la famille.

» **Cancer + Verseau :** Le Cancer chaleureux et nourricier avec le Verseau décontracté et détaché ? Ce n'est pas recommandé. Ce qui ne veut pas dire que certains couples n'aient pas tenté leur chance.

» **Cancer + Poissons :** Vous êtes aussi sensibles l'un que l'autre. Un grand courant passe entre vous deux, vos rythmes sont semblables, et vous partagez peut-être même un rare lien spirituel. Un couple parfait, bien que le Cancer, qui adore jouer le sauveteur, ait peut-être des difficultés à surmonter le talent notoire des Poissons à s'autodétruire.

Conseil

Si vous tombez amoureux d'un natif du Cancer, n'oubliez surtout pas les roses, le chocolat et les bougies. Au plus profond de lui complètement monogame, le crabe est un véritable romantique, le vrai de vrai ! Allez ensemble au bord de l'océan. Allez danser. Allez vous promener au clair de lune. Les natifs de certains signes font ces choses parce qu'ils désirent ce vécu. Les Cancer les font parce qu'ils réagissent à ces symboles traditionnels – et parce qu'ils désirent l'intimité par-dessus tout. Trois suggestions : demandez à votre crabe préféré son arbre généalogique intégral ; prouvez-lui que vous savez cuisiner ; et n'hésitez pas à lui parler de vos émotions, avec moult détails.

Le Lion amoureux

Naturellement sexy, vous êtes romantique, manipulateur, fidèle, et, malgré votre apparente confiance, vous avez désespérément besoin d'amour. Lorsque quelqu'un gagne votre cœur, vous voulez que cette personne reste pour toujours dans votre vie. Mais vous exigez d'être courtisé de la manière qui vous convient exactement, vous insistez pour tenir les rênes du pouvoir, et vous avez peut-être aussi tendance à vous mêler de ce qui ne vous regarde pas et à vouloir tout contrôler. Malgré votre comportement impossible, vous êtes si radieux et si agréable que vous réussissez à vous tirer de n'importe quelle situation.

» **Lion + Lion :** Vous avez tous deux de grandes personnalités théâtrales, et votre maison est remplie de rires. Mais vous avez également de grands ego assoiffés de gloire, qui ont des besoins constants d'applaudissements et de louanges. Sur le plan sexuel, vous êtes de la dynamite. Mais une question demeure : qui de vous deux est le maître de ce château ? Pas évident d'y répondre.

» **Lion + Vierge :** Le Lion flamboyant fait de grands gestes ; la Vierge collet monté se concentre sur les détails. Ce n'est pas un duo naturel. Idéalement, l'un de vous – ou les deux – a au moins une planète dans le signe de l'autre, pour combler la distance considérable qui vous sépare.

» **Lion + Balance :** La Balance adore flirter ; le Lion est ludique, et le duo fonctionne. Bien que le Lion soit plus théâtral que la Vierge bien tempérée, ces deux-là se stimulent et se ravissent mutuellement.

» **Lion + Scorpion :** Le Lion resplendit, le Scorpion brûle ; les deux sont des héros dramatiques. Flamboyante, intense, plaisante et profondément prenante, cette alliance passionnée et compliquée génère de bons moments et des batailles majeures, c'est le feu et la glace.

» **Lion + Sagittaire :** Ce duo flamboyant et exubérant génère des rires à la pelle, beaucoup de passion, et des aventures partagées dans le grand monde. Mais le Lion fidèle, qui veut tout faire ensemble, devrait se souvenir qu'il faut de temps en temps laisser libre cours au Sagittaire qui a besoin d'indépendance, et le franc Sagittaire doit s'habituer au fait que le Lion mélodramatique est aussi hautement manipulateur.

» **Lion + Capricorne :** Le Lion flamboyant adore les grands gestes, alors que le Capricorne conservateur préfère rester modéré en minimisant sa ou ses réactions. Mais ils adorent tous les deux les environnements luxueux et les plus fines des choses de la vie. Avec beaucoup d'argent, ce couple peut marcher.

» **Lion + Verseau :** Si le Lion expressif arrive à accepter les manières (et les amis) excentriques du Verseau, et si le Verseau jaloux de sa liberté n'éprouve pas de problème à couvrir d'adoration le Lion, qui en a tellement besoin, ce couple peut marcher. Cependant, le Lion doit aussi relâcher un peu le contrôle qu'il exerce, parce que le Verseau ne se laisse pas facilement embrigader dans les plans de quelqu'un d'autre.

» **Lion + Poissons :** Le Poissons est ensorcelé par la confiance flamboyante du Lion audacieux, qui à son tour est enthousiasmé par le Poissons expressif et romantique. Mais bien que le Poissons se sente au début protégé par le Lion, qui veut tout réparer, le Poissons (qui a entre-temps semé la pagaille à un point tel que le Lion n'arrive pas à y croire) finit quand même par se sentir critiqué et condamné. À éviter.

Conseil

Pour capturer le cœur d'un Lion, ayez un look magnifique, rayonnez de confiance, et ouvrez votre portefeuille. Le Lion s'attend à recevoir des fleurs dès le deuxième rendez-vous, et la mise ne cesse ensuite de monter : les dîners dans des restaurants gourmets et les beaux bijoux font partie du jeu. Ne pensez surtout pas vous en tirer avec de la pacotille, car le Lion sait très bien faire la différence. En plus, c'est un boulimique d'affection, d'attentions et de compliments. Vous n'en ferez jamais trop : les grenouilles Lion pensent qu'elles sont des princes ; les princes Lion pensent qu'ils sont des rois ; les rois Lion pensent qu'ils sont des dieux. N'ayez donc pas peur d'exagérer.

La Vierge amoureuse

Vous êtes compréhensif, d'abord facile, et bien plus sexy que votre symbole virginal ne le suggère. Mais vous placez la barre de vos exigences idéalistes tellement haut qu'elles en deviennent inaccessibles, et les simples mortels ont des problèmes à atteindre ce niveau pour les satisfaire. Lorsqu'un être a finalement prouvé qu'il en valait la peine, vous êtes chaleureux avec lui, vous l'adorez, vous êtes tout dévoué et prêt à l'aider. Malheureusement, vous apprenez souvent à vos dépens que vos suggestions et vos conseils, bien que partant d'un bon sentiment, font très mal, peu importe la gentillesse avec laquelle vous les prodiguez.

» **Vierge + Vierge :** Vos cerveaux fonctionnent de façon semblable. Si vos compulsions perfectionnistes arrivent à coexister, cette union est heureuse et saine.

» **Vierge + Balance :** La Vierge analytique et la Balance réfléchie se connectent mentalement. Mais la Vierge efficace et industrieuse vise la perfection, alors que la Balance, qui aime flirter et qui est un tant soit peu paresseuse, a besoin de davantage de temps pour les câlins et le repos, même si la lessive est en attente. Comme toujours pour les signes voisins, cherchez la présence de planètes dans le signe de l'autre personne.

» **Vierge + Scorpion :** Une adéquation admirable. La Vierge est suffisamment terrestre pour satisfaire les exigences les plus charnelles du Scorpion, alors que ce dernier, qui est un détective naturel et adore plonger profondément dans la signification des choses, peut rencontrer la Vierge sur son propre terrain intellectuel.

» **Vierge + Sagittaire :** Un courant érotique brûlant passe souvent entre vous, et vous vous connectez mentalement, bien que l'extravagant Sagittaire préfère voir en grand d'abord et s'occuper des détails ensuite (si jamais cela arrive), alors que la Vierge prudente préfère rester dans la réalité. Une fois la fascination initiale disparue, la différence sera peut-être trop grande pour être surmontée.

» **Vierge + Capricorne :** Ces deux signes du même élément se comprennent mutuellement. Vous éprouvez une grande harmonie sans avoir besoin de vous forcer. Vous avez tous les deux le sens pratique, vous êtes méthodiques, doués, ardents. Un bon plan pour une relation durable et agréable.

» **Vierge + Verseau :** L'esprit analytique unique de la Vierge excite le brillant Verseau, dont les manières rebelles aident la vertueuse Vierge à se décontracter. Vous vous amusez beaucoup ensemble et vous connectez au niveau intellectuel. Mais vous n'êtes ni l'un ni l'autre à l'aise dans le royaume des émotions, et, lorsque des problèmes surgissent dans ce domaine, vous vous trouvez tous deux complètement embarrassés.

» **Vierge + Poissons :** Vous vous fascinez mutuellement parce que vous êtes les oppositions polaires. La Vierge a besoin d'ordre, de calendriers, de raisons sensées. Le Poissons intuitif réagit instinctivement et se sent profondément et constamment attiré par le chaos. Naturellement, c'est la Vierge qui l'emporte en cas de conflits. Mais le Poissons facile à vivre possède aussi des moyens de ne pas du tout suivre : anal-compulsif rencontre passif-agressif.

Conseil

Pour séduire une Vierge, admirez son intelligence ; apportez-lui des articles de journaux ; engagez-vous dans des joutes verbales ; flattez son esprit astucieux. Au lit, la Vierge peut être totalement enflammée, mais c'est aussi une fanatique de contrôle qui est parfois aussi guindée qu'il est possible de l'être. En conséquence, évitez de montrer des émotions qui feraient désordre. En fait, évitez même toute sorte de désordre. Et souvenez-vous-en : la Vierge veut toujours avoir un comportement très « comme il faut » et une apparence correcte. Évitez donc les marques d'affection en public.

La Balance amoureuse

Sociable, attirant, vous aimez tout naturellement flirter. Né pour vivre en couple, vous êtes réservé en public, mais affectueux en privé, et vous vous identifiez profondément à l'objet de votre affection. Comme individu pris séparément, maintenant, vous êtes romantique, charmant, populaire, et vous aimez flirter. Mais pour vous réaliser, il vous est essentiel de faire partie d'un duo, et vous êtes en fin de compte bien content de laisser derrière vous la vie des rendez-vous galants.

» **Balance + Balance :** L'inconvénient de ce duo, c'est que, lorsque vous butez tous les deux sur la même question, vous pouvez flotter éternellement dans l'indécision. Sinon, vous êtes tous les deux créatifs, courtois, logiques et agréables.

» **Balance + Scorpion :** Ces signes sont tous les deux à la recherche de l'histoire d'amour. Mais tandis que le Scorpion souhaite ardemment l'intensité émotionnelle et le mélodrame, la Balance raisonnable aspire à la sérénité. À moins que la Balance n'ait des planètes en Scorpion, l'attraction initiale est forte, mais pas l'attachement à long terme.

» **Balance + Sagittaire :** Bien que le besoin d'aventures de l'Archer indépendant rende parfois la Balance jalouse, le charme de la belle ramène en général le vagabond au bercail. Une union facile et naturelle.

» **Balance + Capricorne :** L'histoire d'amour traditionnelle vous attire tous les deux, et vous aimez faire partie d'un couple. Mais vous avez aussi, tous les deux, tendance à réprimer vos émotions. Lorsque surgissent les problèmes, ce qui est inévitable, le défi consiste à admettre qu'il y a un problème et qu'il faut le résoudre.

» **Balance + Verseau :** Vous êtes capable de discuter toute la nuit. Votre connexion mentale est extraordinaire. Mais les autres aspects de l'amour romantique laissent à désirer. Recherchez un lien fort entre Mars et Vénus.

» **Balance + Poissons :** À première vue, il semble que vous soyez des âmes sœurs, mais ce n'est pas le cas. Le Poissons mystérieux est une masse effervescente de sentiments et d'émotions, tandis que la Balance, bien qu'elle soit romantique en surface (ce qui la rend attirante), est froide, calme, et mal à l'aise dans le domaine des émotions. Au bout d'un moment, le Poissons sensible a le sentiment d'être ignoré, alors que la Balance, qui n'a jamais été la capitale énergétique du zodiaque, est épuisée.

Conseil

Amoureux d'une Balance ? Alors soyez intelligent, cultivé et beau. Emmenez la Balance dans des endroits enchanteurs, car elle se met à fondre en présence de la beauté de la nature. Essayez de ne pas être indigent (la Balance ne réagit que lorsque c'est pertinent, ne criez donc pas au loup) ni jaloux (car elle flirte sans retenue et attire partout des admirateurs). Ne parlez pas trop fort, et ne soyez pas non plus vulgaire : la Balance a horreur de ça. Elle est pourtant capable de supporter un désaccord sain ; en fait, ça lui réussit souvent. C'est parce que la Balance est en réalité à la recherche d'une véritable relation de couple, et pas d'un clone.

Le Scorpion amoureux

Vous êtes intense, dévoué et fasciné par le jeu de l'amour. Vous avez de l'amour une conception idéale, vous exigez une passion grandiose sur tous les plans, sexuel et autres, et vous vous enlisez souvent dans les sables mouvants de l'obsession. Comme vous rayonnez l'érotisme et que votre présence est fascinante, vous exercez souvent sur les autres un charme obsédant. (Notez pourtant que, bien que le Scorpion ait la réputation bien méritée d'être le plus sexy des signes du zodiaque, de nombreux natifs de ce signe se débattent aussi avec toutes sortes de problèmes sexuels, qui vont des excès de sexe à l'impuissance, en passant par de nombreux détours bizarres entre les deux.) Finalement, vous attendez que l'amour et la sexualité vous transforment – et c'est exactement ce qui se passe.

» **Scorpion + Scorpion :** La communication est étrangement facile, et la sexualité est excitante au-delà de toute imagination. Mais un soupçon de suspicion ou une tentative de manœuvre pour dominer l'autre suffit à déclencher une guerre psychologique qui sera insupportable. Cela peut donner une union qui durera une éternité, ou une relation torturée et marquée par les excès.

» **Scorpion + Sagittaire :** Le Scorpion est compliqué et secret ; le Sagittaire est franc et honnête. Le Scorpion recherche l'immersion totale ; le Sagittaire veut son indépendance. Ces signes solaires sont incroyablement différents. Mais, lorsqu'au moins l'un des partenaires a des planètes dans le signe de l'autre, l'attraction est irrésistible.

» **Scorpion + Capricorne :** Ces signes sérieux et vigoureux semblent différents, parce que le Scorpion plonge profondément dans la mer tropicale des émotions, alors que le Capricorne, bien qu'il soit prédisposé à la bouderie, préfère glisser légèrement sur une surface gelée. En fait, le Scorpion donne au Capricorne la permission d'avoir des sentiments, et le Capricorne protège le Scorpion toujours émotif, ce qui fait que vous avez tous les deux le sentiment d'être enfin arrivés à bon port.

» **Scorpion + Verseau :** Les signes fixes ne se soumettent pas facilement, et ils n'ont pas de respect pour ceux qui le font. Le problème, c'est que le Scorpion recherche l'attachement et qu'il est absorbé par la complexité émotionnelle, alors que le Verseau préfère un peu de distance sur le plan des émotions, mais qu'il s'engage passionnément pour des idées. Un mélange explosif.

» **Scorpion + Poissons :** Vous êtes tous les deux sensuels, intuitifs et attentifs aux émotions. En règle générale, le Scorpion possessif est plus à l'aise avec les manières du monde réel que le Poissons rêveur et irréaliste. Mais le Scorpion désire ardemment la magie, et le Poissons peut faire en sorte qu'elle se produise.

Conseil

Si un Scorpion vous obsède, soyez romantique. Chantez Brel ou Gershwin, et invitez votre Scorpion préféré à voir *Casablanca*. Contemplez ensemble une éclipse de soleil. Exploitez vos avantages lorsque vous êtes en terrain bien connu. N'hésitez pas à jouer, à faire des allusions, à flirter, à vous dérober. Le Scorpion adore ça. Soyez secret, suggestif, manipulateur, et toujours un tant soit peu agressif – tout en restant simultanément disponible sur le plan des émotions. Regardez le Scorpion dans les yeux. Faites-lui savoir à quel point il est fascinant et complexe. Absolument incomparable ! Pas vrai ?

Le Sagittaire amoureux

Vous chérissez votre liberté, vous désirez ardemment l'aventure et ne voulez surtout pas avoir le sentiment que l'on vous enferme. Il va sans dire que la vie sociale est importante. Lorsqu'une relation vous remet en cause ou élargit votre horizon, vous êtes intrigué et excité. L'imprévisibilité vous attire ; au contraire, trop de règles, trop de dîners formels et trop de vie de famille vous accablent.

» **Sagittaire + Sagittaire :** Vous vous comprenez bien, tels deux Don Quichotte. Toujours jeune au plus profond de vous-même, vous partagez des aventures, des aspirations, et l'aptitude à vous amuser mutuellement. Mais vous avez tendance à rêver de choses impossibles, et vous pourriez manquer de vous occuper de problèmes concrets lorsqu'ils surgissent. Vérifiez fréquemment que vous êtes bien dans la réalité.

» **Sagittaire + Capricorne :** Le Capricorne est charmé par les manières écervelées du Sagittaire, alors que le Sagittaire enjoué est ébahi de voir à quel point le Capricorne est organisé et adulte. Comme deux pays voisins, vous pouvez soit entrer en guerre, soit établir des échanges culturels. Lorsque l'un de vous a une ou plusieurs planètes dans le signe de l'autre, cela facilite les choses.

» **Sagittaire + Verseau :** Vous êtes tous deux vifs, larges d'esprit, et sans discipline trop stricte. Mais aucun de vous deux n'a vraiment beaucoup de talent pour la vie de famille. Préparez-vous à une vie de repas à emporter, d'amis excentriques, de visionnage de vidéos tard dans la nuit, et de nuits blanches passées à bavarder. Et n'oubliez pas d'avoir chacun un téléphone portable. Sinon, vous risquez de ne jamais vous voir.

» **Sagittaire + Poissons :** Voilà deux chercheurs, chacun avec un penchant pour le rêve. C'est la bonne nouvelle. Mais le Sagittaire dégonfle l'ego fragile du Poissons, alors que le Poissons sensible, bien que d'une certaine manière ensorceleur, peut devenir étrangement passif, ce que le Sagittaire enflammé ne supporte pas.

Conseil

Pour accrocher un Sagittaire, n'y allez pas trop fort. Les grands gestes romantiques mettent l'Archer très mal à l'aise. À la place, soyez désinvolte, spirituel, spontané et ayez le cœur léger. Les sorties improvisées font monter votre cote, mais pas la mise en place de trop de règles. Rappelez-vous que le Sagittaire est un esprit libre qui raffole de l'inattendu. En conséquence, gardez votre passeport à jour. Soyez audacieux. Et ne le bousculez pas : peu importe tout ce qu'ils peuvent bien raconter, la plupart des Sagittaires ont horreur de s'engager. Ils ont besoin de se détendre dans une relation.

Le Capricorne amoureux

Conservateur et épris d'élégance, vous voulez une relation traditionnelle avec tous ses apparats. Les essais sauvages ne vous intéressent pas particulièrement, ce qui ne veut pourtant pas dire que vous n'aimiez pas le sexe. Au contraire, en tant que signe de la terre, vous êtes un amant hautement hormonal avec une grande endurance. Mais la sexualité au hasard des rencontres n'a pour vous aucun sens. Vous êtes un conjoint dévoué, un parent attentif, un véritable ami, un fils ou une fille fidèle : bref, le grand jeu. Vous recherchez l'engagement qui dure toujours, et rien de moins.

» **Capricorne + Capricorne :** Vous êtes tous les deux ambitieux, impliqués et vigoureux. Mais vous courez le danger de mener une vie tellement réglée, tellement centrée sur le travail et à l'emploi du temps si chargé que vous ne vous amuserez pas, sauf dans la sexualité (et vous n'êtes pas non plus les amants les plus créatifs de la planète). Si l'un d'entre vous fait de la déprime, vous avez un problème.

» **Capricorne + Verseau :** Le Capricorne est un traditionaliste qui croit aux systèmes ; le Verseau progressiste est un anticonformiste incorrigible qui adore les renverser. Le Capricorne se fait du souci alors que le Verseau est persuadé que l'avenir nous réserve des choses merveilleuses. Cette combinaison pourrait bien tourner au désastre, à moins que l'un de vous n'ait des planètes dans le signe de l'autre.

» **Capricorne + Poissons :** Le Capricorne entreprenant sait comment s'y prendre dans le monde réel, mais il peut s'y enliser ; le Poissons compatissant, qui a d'autres valeurs, a pour spécialité de s'échapper des exigences de la réalité (ou de les ignorer). Mais le Poissons pourra remonter le moral du Capricorne, et le Capricorne aidera le Poissons à mettre un orteil ou deux sur le sol. Vous vous inspirez et vous vous soutenez mutuellement.

Conseil

Obsédé par un Capricorne ? Froid et réservé, le Capricorne suit les règles. Vous feriez mieux de faire de même. Habillez-vous avec élégance, soyez poli, admiratif, et réussissez ce que vous entreprenez. Proposez des activités respectables et de haut niveau : théâtre, expositions, conférences. Ne vous précipitez pas tout de suite au lit. Ne soyez ni agressif ni vulgaire. Ne le harcelez pas. Laissez les choses se développer naturellement. Et soyez patient : le Capricorne réprime ses émotions et prend en général son temps. Mais, lorsqu'il joue, c'est pour de bon.

Le Verseau amoureux

Vous êtes un être agréable et anticonformiste. Intrigué par tout le monde, vous établissez facilement des contacts (mais ceux-ci sont superficiels) et vous appréciez votre liberté. Et pourtant, malgré votre réputation de bohème, lorsque vous trouvez quelqu'un que vous respectez, vous vous engagez volontairement – ce qui ne veut pas dire pour autant que vous ayez l'intention d'abandonner votre indépendance, vos amis ni vos manières excentriques (ces dernières demeureront toujours). Vous pouvez être aussi passionné que n'importe qui d'autre (et plus extravagant que la plupart), mais pour autant que vous l'aimiez, vous n'êtes pas un esclave du sexe. Vous vivez dans votre tête.

» **Verseau + Verseau :** Ah ! Les gens que vous rencontrez, les causes pour lesquelles vous vous engagez et les fêtes que vous organisez ! Sans parler de la décoration de votre maison. Vous êtes sans entraves, non orthodoxes, arrêtés dans vos opinions et visionnaires : un couple différent des autres. Sur le plan mental, vous êtes en contact. Sur celui des émotions, c'est une autre histoire. Mais peut-être n'est-ce pas si important que cela. Vous vous laissez facilement entraîner dans un océan de conversation.

» **Verseau + Poissons :** Une relation séduisante au début, mais décevante à la longue : le doux Poissons est bien trop sensible pour vivre avec quelqu'un d'aussi détaché et d'aussi cérébral que le Verseau. Mais n'allez pas dire cela à Paul Newman ni à Joanne Woodward. Il a le Soleil en Verseau et la Lune en Poissons. Elle a le Soleil en Poissons et la Lune en Verseau. Tout le monde devrait être aussi veinard.

Conseil

Si vous êtes séduit par un Verseau, préparez-vous à rencontrer plus d'excentriques qu'il n'en existe au pays d'Oz. Le Porteur d'eau les collectionne. Votre mission consiste à frapper l'esprit du Verseau, afin qu'il vous considère comme irremplaçable et suffisamment fascinant pour être ajouté à la collection. N'essayez pas de jouer faussement un rôle, ni de dissimuler vos défauts. Soyez indépendant (mais disponible). Exprimez vos opinions. Et soyez vous-même : moins vous serez orthodoxe, plus grandes seront vos chances. Une douzaine de roses ? Non, non, non, surtout pas ! Une invitation à se faire une toile à minuit dans le quartier des abattoirs ? Ça pourrait marcher.

Le Poissons amoureux

Les gestes symboliques ont pour vous la plus grande importance, qu'il s'agisse de l'unique rose rouge, de la promenade au clair de lune ou des mariachis. Vous êtes un romantique sentimental à la recherche d'une union étroite et enchantée avec l'âme sœur, d'une fusion karmique en harmonie totale avec le cosmos ! Bien que votre intuition soit dans d'autres circonstances extrêmement précise, vous êtes incroyablement crédule et dépendant lorsque vous êtes amoureux, et plus exigeant que vous ne vous en rendez probablement compte. Gouverné par vos émotions, vous êtes également généreux, érotique, affectueux, encourageant et gentil.

» **Poissons + Poissons :** Les unions du même signe sont un bonheur mitigé, car elles amplifient à la fois les forces et les faiblesses du signe. Deux Poissons rêveurs peuvent communiquer d'une manière que les natifs d'autres signes ne peuvent même pas imaginer. Pourtant, l'aspect pratique vous échappe. Mais est-ce important ? À la fin, sans doute.

Conseil

Si vous êtes amoureux d'un Poissons, soyez romantique. Le Poissons veut être enlevé, mais pas dans le style Jane-Tarzan. Si vous êtes trop agressif, cela fonctionnera peut-être à court terme (le Poissons peut être passif), mais ce ne sera pas bien vu à la longue. Pour le Poissons, l'amour signifie l'union de deux âmes jumelles, celle de deux compagnons soudés pour surmonter ensemble les entraves et les coups durs de la vie quotidienne. Le Poissons s'attend aussi à des cadeaux sentimentaux, à des dîners aux chandelles, à des petits souvenirs à la Saint-Valentin, et à tout le tralala. En revanche, ce que le Poissons ne veut pas, ce sont de conseils. Peu importe la façon dont vous les formulerez, le Poissons les prendra toujours comme des critiques. Alors évitez d'en donner.